新时代"三农"问题研究书系

● 重庆工商大学学术著作出版基金资助
● 本项目为重庆工商大学高层次人才科研启动项目系列研究
　成果之一（项目批准号：2355026）

住房选择对新生代农民工社会融入的影响机制研究
——基于社会资本理论视角

方　浩○著

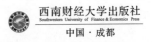

西南财经大学出版社
Southwestern University of Finance & Economics Press
中国·成都

图书在版编目(CIP)数据

住房选择对新生代农民工社会融入的影响机制研究:基于社会资本
理论视角/方浩著.—成都:西南财经大学出版社,2024.1
ISBN 978-7-5504-6089-8

Ⅰ.①住… Ⅱ.①方… Ⅲ.①民工—社会问题—研究—中国
②民工—住宅问题—研究—中国 Ⅳ.①D669.2

中国国家版本馆 CIP 数据核字(2024)第 019033 号

住房选择对新生代农民工社会融入的影响机制研究——基于社会资本理论视角

ZHUFANG XUANZE DUI XINSHENGDAI NONGMINGONG SHEHUI RONGRU DE YINGXIANG JIZHI YANJIU
——JIYU SHEHUI ZIBEN LILUN SHIJIAO

方浩 著

责任编辑:王甜甜
责任校对:李建蓉
封面设计:何东琳设计工作室
责任印制:朱曼丽

出版发行	西南财经大学出版社(四川省成都市光华村街55号)
网　　址	http://cbs.swufe.edu.cn
电子邮件	bookcj@swufe.edu.cn
邮政编码	610074
电　　话	028-87353785
照　　排	四川胜翔数码印务设计有限公司
印　　刷	成都市火炬印务有限公司
成品尺寸	170mm×240mm
印　　张	15.25
字　　数	251 千字
版　　次	2024 年 1 月第 1 版
印　　次	2024 年 1 月第 1 次印刷
书　　号	ISBN 978-7-5504-6089-8
定　　价	78.00 元

前言

　　随着以人为本的新型城镇化建设在全国迅速推进，以新生代农民工为主体的流动人口已经成为我国当前城市发展的主力军。大多数新生代农民工都希望在城市扎根并完全融入城市，他们是市民化最为迫切的群体之一。相较于国外的二代移民，国内新生代农民工有可能面临"回不去"又"进不来"的困境：一方面，成长经历使他们从乡村的互惠关系中"脱嵌"；另一方面，他们的身份和经历又会限制自身人力资本和社会资本的发展，使其在城市中面临社会融入问题。

　　当前我国学者关于农民工的社会融入研究，主要集中在探讨其社会融入的发展模式、影响因素以及解决办法等，现有研究对农民工社会经济融入、心理融入的关注较多，对农民工居住融合的研究相对较少。虽然有研究涉及移民和农民工的居住融合问题，但这些研究更多是从住房空间的物质属性关注农民工住房选择的影响因素，以及从政策供给的角度来解决其住房问题，其研究的重点集中在农民工"住进社区之前"的环节，而对"住进社区之后"的环节的研究还很欠缺，特别是新生代农民工内部社会阶层地位的差异，使得他们受到不同社会资源与市场机会的制约，因此他们会做出不同的住房选择行为。在他们进入不同类型居住空间之后，居住空间社会环境质量对他们社会融入差异产生影响的机制，学术界尚未探究。本书研究的主要问题是为什么新生代农民工进入不同类型居住空间之后，彼此之间社会融入结果会存在较大的差异性。对该问题的研究有利于形成被理论和实证证据充分支持的社会融入导向住房政策，从而推动新型城镇化高质量发展，加快非户籍人口市民化进程。

本书的研究基于社会资本理论视角，围绕居住空间的社会属性，构建了新生代农民工住房选择、社会资本与社会融入的研究分析框架，遵循"行为—结果—机制—实践"的逻辑思维，利用 2017 年全国流动人口监测数据（China migrant dynamic survey，CMDS），运用探索性因子分析、卡方分析、多元回归、调节变量、分组回归等统计研究方法，分别实证检验了新生代农民工群体内部产生住房分化的行为表现及原因，不同住房选择行为对其社会融入结果的影响程度，以及住房选择行为通过个体社会资本积累的形式差异影响社会融入结果的机制。此外，考虑到新生代农民工具有较强的流动性，本书的研究进一步比较了个体社会资本在不同居住空间的异质性效果，归纳了国内外解决外来移民或城市低收入阶层的住房问题的实践经验。具体而言，本书的主要研究发现如下：

第一，基于边燕杰教授关于获取住房资源的二维度分析框架——社会位置与个人能力，比较新生代农民工与老一代农民工在住房选择行为方面的差异。从代际比较来看，相较老一代农民工而言，新生代农民工选择购买住房的比例整体相对较低，在社会位置与个人能力方面占据优势的新生代农民工更偏爱体面且宜居的保障性住房，在这些方面不占优势的新生代农民工更偏爱经济实惠的集体宿舍。从代内比较来看，在社会位置和个人能力方面占据优势的新生代农民工选择购买住房、保障性住房的比例相对较高，而在社会位置和个人能力方面处于劣势的新生代农民工更多选择集体宿舍或租赁住房。户籍制度产生的马太效应以及城中村排斥性改造政策加剧了劣势新生代农民工在住房选择上的弱势地位，而获取社会支持、身份转变、子代教育成为农民工群体内部产生住房选择分化的动力因素。

第二，相较租赁住房而言，新生代农民工选择集体宿舍对社会融入的影响不显著，内部的网络支持带来的积极作用与外部的网络拓展带来的消极作用在居住空间内部相互抵消。虽然选择保障性住房和购买住房与社会融入都呈现显著正相关关系，但购买住房的影响系数更大。保障性住房为群体成员的社会互动提供场所，对社会关系的再生产起到积极作用，而拥有产权代表着身份与社会地位的提高，这有助于他们积极地参与社区公共活动。其中，在经济整合方面，集体宿舍呈现显著的正相关，购买住房呈现显著的负相关，保障性住房影响不显著；在社会适应方面，三种住房选择均呈现显著的正相关，但购买住房影响系数较小；在文化习得方面，集体宿舍影响不显著，而保障性住房与购买住房呈现显著的正相关；在心理认同方面，集体宿舍呈现显著的负相关，而保障性住房与购买住房呈现显著的正相关。

第三，从住房的社会空间属性出发，本书的研究发现，相较租赁住房而言，集体宿舍与桥梁型社会资本的交互项呈现显著的负相关，其居住空间的同质性会强化内卷化的群体互动，并切断与异质化社会关系网络的节点；保障性住房与桥梁型社会资本的交互项不显著，其形式上的混合居住只是给不同阶层居民提供了在场交往的空间场域，但群体之间的行为规范与生活路径的差异使得两类群体无法形成共同在场的情形以及有效的交往与互动；购买住房与桥梁型社会资本的交互项呈现显著正相关，其居住空间往往具有丰富的社会资源，能为他们创造更多加入本地组织、参与本地活动的机会，并且拥有住房产权，能极大地增强个人融入社区和与本地人交往的信心，这有助于他们投入更多的时间和资源建立良好的邻里关系。考虑到新生代农民工自身具有较强的流动性，本书的研究进一步比较了个体社会资本在不同居住空间内的异质性效果。在群体成员异质性较低的居住空间内，个体桥梁型社会资本更有助于促进新生代农民工社会融入——不仅有助于发挥社会资本的功效机制，促进互惠规范的社会行为发生，而且这种弱关系是增加信息渠道以及更大程度地利用权力和资源的关键，它能有效地减少信息的冗余；而在群体成员异质性较高的居住空间内，个体黏合型社会资本更有助于促进新生代农民工社会融入——不仅有助于发挥心理认同机制，催发邻里之间的人际信任，而且有助于增强群体内部的凝聚力，动员居民参与社区公共事务。

第四，考虑到定量研究只回答了"新生代农民工的不同住房选择行为如何影响个体的社会融入结果"，并未给出新生代农民工在大城市居住问题的解决方案，本书的研究进一步梳理了国内外解决外来移民或城市低收入阶层的住房问题的实践经验。归纳起来有三种可供借鉴的实践经验：一是积极制定住房法，并成立专门的非营利性住房保障机构，规范住房租赁市场和社会住宅的建设、运营和管理；二是发挥社区的社会化场所优势，通过社区营造和社区活动的项目化运作，有效提升新生代农民工的归属感；三是重视城市更新与公共租赁住房建设的结合，在更新改造过程中兼顾新生代农民工的居住需求。

本书的主要贡献在于以下几个方面：①从综合住房选择、社会资本及社会融入等视角，建立了新生代农民工住房选择行为对社会融入影响的研究分析框架。②从居住空间的社会属性出发，建立了社会资本与住房类型的联系。社区公共空间为同伴效应的发挥提供了不同的展示机会；社区社会结构为同伴效应的发挥创造了不同的结构性条件，为认同机制的发挥营造了不同的文化氛围，并通过学习机制、固化机制、权利意识、阶层意识这四个因素共同作用于个体社会资本积累；实证检验了新生代农民工住房选择通过个体社会资本积累形式的差异影响社会融入的机制，以及群体成员异质性对个体社会资本作用效果的差异化影响。③提出了扩大保障性住房政策的保障对象，构建以公租房、集体租赁住房与村民租赁住房为支柱的新型住房保障体系，以及采取嵌入式更新方式建设小面积社会住房的政策建议。

本书的研究，有利于决策部门更好地关注新生代农民工住房选择与社会融入的相关关系，以及转变住房改革的思维，由注重物质环境更新转变为关注社会空间互动，进而更有效地推进新生代农民工市民化进程。

方浩

2023 年 7 月

目录

住房选择对新生代农民工社会融入的影响机制研究——基于社会资本理论视角

1 绪论

1.1 研究背景与问题的提出

1.1.1 研究背景

随着以人为本的新型城镇化建设在全国迅速推进，以新生代农民工为主体的流动人口已经成为当前城市经济发展的主力军。根据 2020 年国家统计局《农民工监测调查报告》①，1980 年及以后出生的新生代农民工数量已累计达到 1.41 亿人，约占全国农民工总量的一半。大多数新生代农民工都渴望在城市扎根并完全融入城市，他们也是市民化最为迫切的群体之一（李培林等，2011）。与老一代农民工相比，新生代农民工在个人性格、成长经历、与农村联系、就业偏好、城市认同感、流动方式等方面都有着较大的变化，呈现出"三高三低"的特征，如期望报酬高、受教育水平高、消费水平高，但对老家土地的依恋程度低、对工作的抗压能力低、对不公平现象承受能力低（王春光等，2010；杨菊华，2010；刘传江等，2010）。此外，老一代农民工只是为了赚钱而短暂地居留在城市之中，新生代农民工对城市生活极其向往，他们打算永久地生活在城市之中（悦中山等，2009）。

然而，仅以出生年份作为代际判断标准，很难区分以后的"新生代"与现在的"新生代"，同时也容易混淆生命周期特征与代际特征，本书的研究在以往"新生代农民工"概念基础上延伸出新的"新生代农民工"概念②，

---

① 国家统计局. 2018 年农民工监测调查报告［EB/OL］.（2019－04－09）［2023－04－28］. http://www.stats.gov.cn/tjsj/zxfb/201904/t20190429_1662268.html.

② 两个"新生代农民工"概念介绍详见本书第 10 页概念界定。

即父母为农民工的新生代农民工。受到制度性排斥、个人资源禀赋以及其他社会文化因素的影响，新生代农民工在居住选择、消费观念、心理归属、就业稳定性、个人权益等方面存在不平等、不均衡的问题（吴华安等，2011）。王春光（2006）将这种徘徊在农村与完全市民化之间的生活状态称为"半城市化"，即虽然他们实现了地域转移以及职业获取，但是他们并没有成功地融入城市的制度、文化与社会系统，他们在城市的社会地位得不到认可，个人权益受损后也缺乏申诉的渠道。如果这一问题长时间得不到解决，将有可能演变成一个结构性问题——"城市贫民窟"现象。因此，研究新生代农民工的社会融合问题具有重大的理论与现实意义。

对新生代农民工而言，城市融入需要遵循一个循序渐进的过程，即职业非农化—居所城市化—生活市民化，只有经过这个过程，他们才能在城市里安居乐业（王星，2013）。目前，随着城镇化进程的进一步加快，户籍制度、土地流转制度、公共服务均等化等制度改革以及流动政策的放宽，他们由农村进入城市从事非农职业已无障碍，但真正实现"人的城市化"还面临诸多阻碍。住房问题已经严重影响到他们在城市的长期稳定就业与幸福生活，成为他们实现城市融入的主要障碍之一。特别是当他们大部分人到了成家立业的阶段，困扰他们融入城市的居住问题被进一步放大。本书根据 2011 年国家统计局针对新生代农民工开展的专题调查的结果，得到了新生代农民工的居住情况（见表 1-1）。

表 1-1　新生代农民工的居住情况

居住类型	全样本	上一代农民工	新生代农民工	夫妻一起外出务工的新生代农民工
单位集体宿舍	37.4%	27.2%	43.9%	32.7%
工地工棚	11.3%	18.9%	6.5%	5.4%
生产经营场所	8.4%	8.6%	8.2%	7.3%
与人合租住房	19.3%	16.0%	21.3%	18.5%
独立租赁住房	18.8%	24.0%	15.5%	32.7%
务工地自购房	0.9%	1.3%	0.7%	2.0%
其他	3.9%	4.1%	3.8%	1.4%

资料来源：新生代农民工基本情况研究课题组. 新生代农民工的数量、结构和特点 [J]. 数据，2011（4）：68-70.

根据表 1-1 的调查数据，我们发现新生代农民工虽然有多种居住方式可以选择，但在居住结构上却表现出明显的单一化特征，即租赁住房和单位集体宿舍两项占比高达 80%。此外，近些年大城市房屋租金上涨过快，促使很多新生代农民工的居住地被迫集中于三类地带：城乡接合部（城市近郊区）、城市远郊区、老旧城区及城中村。这些地方可供出租的房屋数量相对充足，租金便宜且交通相对便利，与其他同类群体紧密而牢固的联系成为他们在日常生活中获取物质和心理支持的重要社会资本。就居住条件而言，新生代农民工居住地人均居住面积狭小，聚居的人群相对混杂，建筑密度较大，小区物业服务缺失，绿化率较低，室内配套设施也非常简陋（王星，2013）。

这些居住特征共同揭示了这样一个社会现象，新生代农民工聚居区正在与市民社区之间形成空间隔离，这种空间隔离无形地将底层边缘群体与主流社会分割开来（江立华等，2013）。更令人担忧的是，居住结构单一化使得他们的社会互动多局限于同质性群体成员内部，这会不断地固化他们所处的亚文化生态环境，对本地的异质性文化产生排斥或畏惧的心理，从而强化内卷化的群体互动（张晨，2011），并且这种同质性的社会网络对于他们在城市中获取信息、寻找工作所起的作用甚微。对于底层新生代农民工而言，如果技能缺乏、就业渠道狭窄、工作收入低、社会地位低以及权益弱势等因素使其一直处于城市社会的边缘，那么，其居住特征则加剧了底层新生代农民工的"劣势的集中"，成为影响其城市融入的重要因素之一。

1.1.2　问题的提出

随着国家城市土地使用制度和住房制度的改革，商品住宅市场化快速发展，新生代农民工的居住选择更加"自由"，也更加"不自由"。新生代农民工内部已经发生了二次分化，其按照资本、资源、生产资料的拥有状况及其声誉得分评价，分化成拥有明显等级差异的若干团体，形成了一个独立于城市主体分层结构之外的农民工群体内部分层体系，即"阶层化"（牛喜霞等，2007）。其中，部分新生代农民工通过人力、社会和文化等资本的积累从居住隔离模式中摆脱出来，虽然他们居住到城镇居民小区之中，但与城镇居民仍处于相互隔离的状态。

此外，新生代农民工的流动模式也从"候鸟式"迁移逐步转为举家迁移，并表现出在城市长期居住的趋势（杨菊华等，2013；段成荣等，2013）。换言之，新生代农民工在社会融入方面面临的困境开始进入一个新的发展阶段：从居住隔离困境进入社区参与和融入困境。这也成为我国城市化进程进入新阶段后面临的一个新问题：在新型城镇化高质量发展的时代背景下，如何促进有能力在城镇稳定就业的新生代农民工有序实现"市民化"。这个问题既体现了新生代农民工的内在分化和社会流动，也展现了城镇化下一步将要面临的挑战。

　　社会融入源于欧美的族裔研究和社会整合研究，最初由芝加哥学派的 Park 和 Burgess（1921）提出，后经由 Gordon（1964）发展成为经典的同化论，其认为同化是一个长期的演变过程，可细分为结构同化、婚姻同化、文化同化、认同同化、态度同化、行为同化及市民同化七个阶段（杨菊华，2016）。Gordon 的这一单向、直线发展过程的同化理论受到了其他学者的批判（Alba& Nee，2009）。后来的学者在 Gordon 的研究基础之上，提出了多元文化论（Kallen，1956）、区隔融合论（Portes & Zhou，1993）和居住融合论（Massey & Denton，1993），这些理论更强调融合结果的多元化。此外，Gordon 的融入理论还忽略了居住融合的空间维度，居住融合研究基于芝加哥学派的生态学研究传统，其认为移民群体在城市的居住区位选择是由个体社会融入状态与其人力资本因素共同决定的。居住融合意味着移民个体与所移入社区居民在居住等方面相当，并且拥有相近的职业社会资源。国际移民理论普遍认为，社区是移民融入的一个基本推动器，但多数理论是从移民群体所在的社区对移民的推动作用而言的，将住房视为一种生活的物理空间（即居住设施的室内外环境及相应的配套设施），而忽视住房的社会空间属性，尤其是对移民进入社区后所面临的融入问题关注不足。

　　20世纪90年代以来，外来人口社会融入问题也开始进入我国学者的研究视野，我国学者也提出了诸多融入理论的发展模式，如"农民工市民化说"（王桂新等，2008）、"城市适应说"（朱力，2002）、"新二元关系说"（马西恒和童星，2008）及"维度融入说"（杨菊华，2009；周皓，2012）等。在借鉴国外社会融入理论的基础上，我国学者分别对流动人口或农民工社会融入的影响因素、社会后果等问题展开了大量的研究（蔡禾等，2007；任远，2008；谢桂华，2012），这些研究对农民工的社会经济融入及心理融入关注较多，对居住融合的研究则相对有限。现有研究虽然涉及移民和农民工的居住融合问题，但这些研究更多是从住房物质空间属性关注农民工住房现状、影响其选择的因素以及如何从政策供给方面解决其住房问题，研究的重点集中在农民工"住进社区之前"的环节，而对农民工"住进社区之后"的环节的研究还很欠缺，特别是对住进不同类型居住空间之后的社会融入差异，以及产生差异的原因与解决对策缺乏系统的探究。

本书的研究首先以新生代农民工的住房选择为出发点，探讨他们内部住房选择行为产生差异的表现及原因；其次，探讨他们的住房选择行为差异如何影响其社会融入程度；再次，围绕居住空间的社会属性，揭示住房选择对新生代农民工社会融入的影响机制；最后，考虑到定量研究只回答"新生代农民工的不同住房选择行为如何影响个体的社会融入结果"的问题，并未给出新生代农民工在大城市居住问题的解决方案，本书的研究进一步归纳了国内外解决外来移民或城市低收入阶层的住房问题的实践经验。对该问题的研究，有利于决策部门更好地关注新生代农民工住房选择行为与其社会融入的相关关系，以及转变住房改革的思维，由以前注重物质更新转变为关注社会空间互动，进而更有效地推进新生代农民工市民化的发展进程。

1.2 技术路线、研究框架、概念界定与数据来源

1.2.1 技术路线

本书的技术路线如图 1-1 所示。本书将新生代农民工的住房选择行为限定为购买住房、保障性住房、租赁住房、集体宿舍这四种类型，按照"行为—结果—机制—实践"的逻辑思路，利用 2017 年全国流动人口监测数据（CMDS），运用探索性因子分析、卡方分析、多元回归、调节变量、分组回归等统计研究方法，分别实证检验了新生代农民工群体内部产生住房分化的行为表现及原因，不同住房选择行为对其社会融入结果的影响程度，以及住房选择行为通过个体社会资本积累的形式差异影响社会融入结果的机制，并归纳国内外解决外来移民或城市低收入阶层的住房问题的实践经验，最后形成被理论和实证证据充分支持的社会融入导向住房政策，从而推动新型城镇化高质量发展与非户籍人口市民化进程。

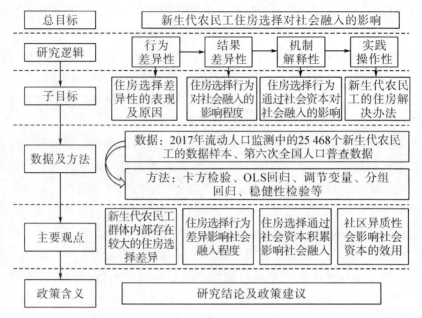

图 1-1　技术路线

1.2.2　研究框架

本书遵循"提出问题—建构理论框架—提出假设—实证检验—解释问题—解决问题"的研究思路,按照"行为—结果—机制—实践"的研究逻辑,首先以新生代农民工住房选择行为作为研究的逻辑起点,阐述不同住房选择行为模式下新生代农民工社会融入的结果是否具有较大的差异性,并重点探讨住房选择行为对其社会结果产生影响的机制,归纳国内外解决外来移民或城市低收入阶层的住房问题的实践经验,从而构建新生代农民工住房选择对社会融入影响的一般分析框架;其次,运用全国性调研数据,分别实证检验了新生代农民工群体内部产生住房分化的行为表现及原因,不同住房选择行为对社会融入的影响程度,住房选择通过社会资本积累的形式差异影响社会融入结果的机制;最后,归纳了新生代农民工住房问题解决的实践经验。本书主要包括五个部分的内容:

本书第一部分作为研究基础,包括第 1 章与第 2 章的内容。第 1 章主要介绍了研究背景,明确要研究的问题,探讨其学术价值与现实意义,阐述本研究的技术路线、整体分析框架、重要概念界定、研究方法及主要创新等;第 2 章首先梳理了国内外关于住房选择的影响因素的相关文献,其次介绍了社会融入的由来及其定义、影响因素、测量指标与方法，最后围绕住房选择与社会融入关系梳理了国内外相关研究成果，并对上述研究内容进行评价，找出现有研究的不足之处，从而为本书的研究奠定相应的理论基础。

第二部分作为理论分析，分布在第 3 章。在第 2 章的基础之上，本章系统地提出了全书的理论分析框架。首先，本书的研究遵循"行为—结果—机制—实践"的逻辑，以新生代农民工住房选择行为作为研究的逻辑起点，阐述不同住房选择行为模式下新生代农民工社会融入的结果是否具有较大的差异性，以及这种差异性如何体现在经济、社会、心理、文化等维度；其次，在探讨住房选择行为对社会融入结果的影响时，进一步反思产生影响的机制，这种行为通过何种机制对其结果产生影响，从而引出社会资本理论，并对该理论的概念、特征与作用进行系统的阐述，为本书的研究做好理论铺垫；再次，重点探讨住房选择、社会资本与社会融入三者之间的逻辑关系，分别阐述住房类型如何影响个体社会资本积累形式，不同积累形式的个体社会资本如何影响个体社会融合结果，以及考虑到新生代农民工自身具有较强的流动性，进一步讨论个体社会资本在不同居住空间内的异质性效果；最后，探讨新生代农民工不同住房选择行为如何通过个体社会资本积累的形式差异，加剧他们社会融入的结果差异，并在此基础上分别提出相应的研究假设，构建新生代农民工住房选择、社会资本与社会融入的研究框架。

第三部分作为实证分析，包括第 4 章至第 6 章的内容。其中，第 4 章主要打破了以往农民工研究单一户籍制度或代际划分观念。传统研究认为农民工受整体性制度排斥影响，导致其与本地居民存在较大的住房差距，但群体内部并不存在较大的差异。然而，新生代农民工在进入城市若干年后，由于社会流动导致其差异性与异质性不断增加，势必也会加剧他们内部的住房选择差异。因此，本书的研究基于边燕杰教授关于获取住房资源的二维度分析框架——社会位置与个人能力，比较老一代农民工与新生代农民工之间住房选择行为差异，从而突出新生代农民工住房选择行为特征。对于新生代农民工来说，其群体内部住房分化是由外部宏观环境、农民工自身因素和家庭状况共同决定的，进而从宏观视角与微观视角，解释新生代农民工群体内部住房分化形成的原因。

第 5 章主要探讨新生代农民工不同住房选择行为对其社会融入及其各

维度的影响程度。首先，本研究利用 2017 年全国流动人口动态监测调查数据，使用探索性因子分析法，借鉴杨菊华（2015）提出的社会融入四维度分析框架，分别测算新生代农民工与老一代农民工社会融入程度的综合得分，以此突出新生代农民工社会融入状况；其次，探讨新生代农民工住房选择行为对其社会融入的影响程度；最后，探讨新生代农民工不同住房选择行为模式如何影响其社会融入的各维度。

第 6 章主要探讨新生代农民工住房选择对社会融入的影响机制。现有研究较多地从居住空间的物质属性来探讨住房选择与社会融入之间的关系，认为农民工较差的居住环境与居住质量会加剧他们在城市的相对剥夺感，从而影响他们的自我身份认同与社会交往，现有研究较少从居住空间的社会属性来探讨住房选择与社会融入之间的关系，特别是考虑到新生代农民工自身具有较强的流动性，研究人员需要进一步讨论个体社会资本在不同居住空间内的异质性效果。因此，本章重点从居住空间的社会属性出发，探讨新生代农民工住房选择如何通过社会资本积累差异影响社会融入程度。对该问题的研究有利于启发相关决策部门更新老旧小区的治理思维，使其由关注传统的物质规划转变为加强空间的社会规划，从而破解新生代农民工社会融入导向的住房难题。

第四部分作为实践经验，包括第 7 章的内容。本章考虑到定量研究只回答"新生代农民工的不同住房选择行为如何影响个体的社会融入结果"的问题，并未给出新生代农民工在大城市居住问题的解决方案，因此，本书进一步梳理了国内外关于如何解决外来移民或城市低收入阶层的住房问题的实践经验，国外部分主要介绍欧洲发达国家的社会住房建设与管理经验，国内部分主要介绍重庆、广州、深圳三个典型的住房制度改革创新经验，从而为解决新生代农民工住房问题提供有益的启示。

第五部分作为总结部分，包括第 8 章的内容。本章通过系统地梳理主要研究，根据研究结论提出了促进社会融入导向的住房政策建议，同时指出当前研究的不足之处，以及进一步拓展研究的展望。图 1-2 为本书的研究框架。

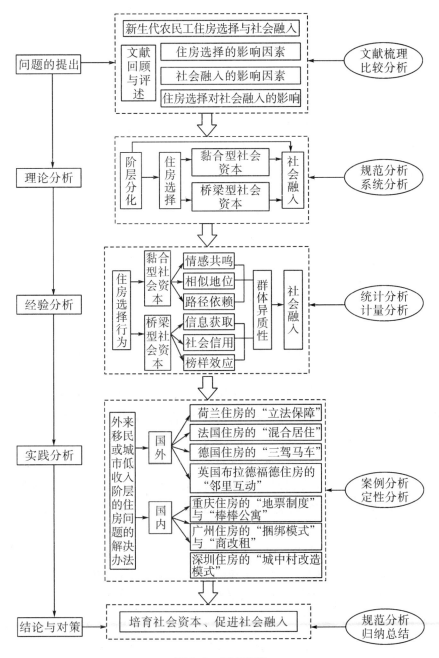

图 1-2　研究框架

1.2.3 概念界定

（1）新生代农民工

农民工（migrant workers）的概念在 1984 年由社会学家张雨林教授在中国社会科学院《社会学通讯》中提出，随后逐渐被人口学、社会学的研究者广泛使用。自 20 世纪 80 年代末以来，农村家庭联产承包责任制在全国各地推广与实施，极大地提高了农民种粮的积极性，同时也解放了大量的农村剩余劳动力，加上城乡收入差距不断拉大的客观事实，这些因素导致了农村劳动力大规模、跨地区地向城镇转移，并形成了罕见的"民工潮"现象（程姝，2013）。伴随"民工潮"在东南沿海城市的大规模出现，农民工这个特殊的社会群体也逐渐被大众熟知。从其称谓来看，"农民"反映该群体的身份标志，说明他们的户籍主要在农村；"工"则表明他们从事的是非农职业（罗恩立，2012）。由此可见，农民工的概念是其个人身份与个人职业的结合体，是从农民群体分离出来的一个特殊社会群体。

新生代农民工（new-generation migrants）作为城市社会学与社会学的核心概念之一，最早由王春光教授于 2001 年提出，他认为农村流动人口内部之间存在明显的代际差异，不仅反映了流动动机的区别，更体现了社会特征的差异（王春光，2001）。2010 年的中央一号文件明确提出要解决新生代农民工在城市发展中的一系列问题，此后，针对该群体的学术研究大量出现。与老一代农民工相比，新生代农民工从学校毕业后直接进入城市打工，他们并没有经历完整的农业生产活动，与老一代农民工在城市认同、社会观念以及居留意愿等方面都有较大的差别，并且与同龄本地城市居民和城—城流动人口相比，他们在社会保障、劳动就业、居住条件等方面处于劣势（杨菊华，2010）。因此，新生代农民工通常在学术界被界定为 1980 年及以后出生，户籍身份为农村，90 年代后期才开始进入城市打工，从事非农职业的群体（刘传江等，2011；Yu Chen，2015）。由于数据操作上的便利性，后来的学者以出生日期不早于 1980 年以及户籍为农村来共同界定新生代农民工。

然而，这种以户籍和年龄来界定新生代农民工概念的方式存在较多的问题。首先，以年龄界定会导致随着年限增长被纳入的对象越来越多，最后所有流动人口都被归纳进来，这显然不符合"新生代"的最初内涵；其次，随着时间的推移，现在的新生代变为未来的老一代，以后的新生代与现在的新生代特征将无法辨析；最后，年龄不仅反映个体的生命周期特征，而且还体现着成长过程中所面临的相同的文化变迁、社会环境、经济状况，单纯地以出生年份作为判断标准，很容易混淆代际特征与生命周期特征（段成荣等，2017；梁宏，2020）。此外，现有研究更多地关注从小生活在农村的新生代农民工，较少地关注那些从小跟随父母在城市漂泊的新生代农民工。

Kasinitz P 等（2008）选取移民历史悠久的城市纽约，对城市中生活的第二代移民开展长期跟踪调查，研究发现大多数第二代移民的社会阶层都实现向上流动，从而提出二代优势理论。第二代移民在文化上善于利用来自父母移民社区的优势和所处环境资源，并整合两者从而创造出新的优势；在政治上，第二代移民比他们的父辈更积极参与所在地区组织机构的活动，以及更关心公共事务。西方第二代移民从小生活在出生的城市，他们往往因出生地法律而自动获得教育和国民身份，从而在语言、教育、职业上相对第一代移民具有相当的优势，享有公民所有的正式权利。而我国第二代农民工不会因其在城镇出生就自动获得市民身份与教育权利，并且他们与本地居民之间的社会距离相较于上一代农民工更大（史斌，2010）。他们可能面临更严重的社会融入问题，属于"双重脱嵌"，一方面，他们的成长经历使他们从乡村的互惠关系中"脱嵌"；另一方面，他们的留守或迁移经历限制了其人力资本和社会资本的发展（黄斌欢，2014）。

现有关于新生代农民工的界定标准有三种：第一，梁宏（2011）依据父母是否有流动经历来区分新生代农民工，并且以少年时期是否有流动经历来进一步细分为流动一代和留守一代；第二，张庆武（2015）依据来到流入地时的年龄以及居住时长来界定；第三，段成荣（2017）以户口性质、第一次外出流动年龄以及出生地信息共同作为判断标准，据此将流动人口划分为三个类别，分别为"二代""1.5代"与"一代"。鉴于数据的可获得性，本书的研究借鉴梁宏（2011）的研究经验，根据父母是否有流动经历、出生日期在1980年以后，以及户籍为农村户口来共同界定新生代农民工，并对流动人口、农民工、新生代农民工、修正后新生代农民工等相关概念进行梳理，最终得到图1-3。

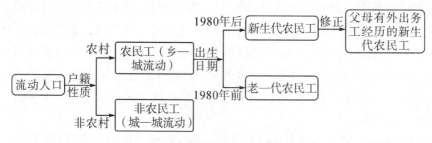

图1-3 新生代农民工相关概念辨析

（2）住房选择

住房选择（housing choices）作为城市经济学的核心概念之一，是指在一定的住房市场环境下具有何种特征的家庭选择或偏好何种特征的住房，主要包括家庭的住房消费量（居住面积）和支出选择（租赁住房的租金或购买住房的价格）、来源与产权选择（使用模式）、建筑属性选择（产品）、区位选择（易成栋，2012）。

现有的研究主要从建筑质量（采光、通风、日照）、住房区位、住房性质、居住面积、景观绿化、公共空间、社区类型、住房支出等多维度进行描述（邹静等，2017）。郭新宇等（2011）将农民工的住房选择分为两个层面，其一为农民工解决住房的形式，即住房的来源；其二为农民工选择的住房类型，即依据住房的质量分类。刘婷婷等（2014）在郭新宇（2011）的研究基础上，从社区类型、居住区位以及住房性质三个方面，探究举家迁移式流动人口的住房选择情况。李含伟等（2017）则在综合上述研究之后，将流动人口住房选择系统地划分为住房类型、住房区位、住房性质、住房条件、居住环境，分别探讨这些要素对其社会融合的影响。相较本地城市居民而言，拥挤是新生代农民工居住环境最显著的特征，其余特征还包括居住区位偏远、治安状况较差、室内配套设施简陋（朱祥波等，2015）。

根据《2018年农民工监测调查报告》[①]，在所有进城务工的农民工群体成员之中，有19%的农民工购买住房，12.9%的农民工居住在集体宿舍，61.3%的农民工租房，2.9%的农民工享受保障性住房（国家统计局，2018）。现实中新生代农民工的住房选择与城市经济学中住房选择并非同

---

① 国家统计局. 2018年农民工监测调查报告［EB/OL］.（2019-04-29）［2023-03-16］. http://www.stats.gov.cn/tjsj/zxfb/201904/t20190429_1662268.html.

一个概念，由于户籍制度和自身能力的限制，他们被排斥在城市保障性住房体系之外，并且他们的选择大多是被动的选择，除了那些能买得起住房的人，剩余的人都没有选择，买不起房只好住集体宿舍。如果没有集体宿舍，他们只好去租赁非正规住房，这并非他们主观努力选择的结果。此外，随着国家大力改革保障性住房制度，新生代农民工未来将会有更多的机会申请到保障性住房（经济适用房、廉租房、公租房）。因此，根据新生代农民工住房选择的现实条件，本书的研究将其住房选择定义为购买住房、集体宿舍、租赁住房以及保障性住房四种类型。

（3）社会资本

"社会资本"一词来自社会学研究领域，社会学家借鉴经济学中"资本"的概念来表达个体或群体所形成的社会关系网络对促进社会发展的重要作用，其认为这种网络是人们建立信任、开展合作以及促成集体行动的重要基础，能够为关系网络中的成员带来回报，进而强调个人可以通过对社会网络进行投资来获得社会资本（李安芳，2009）。此后，社会资本理论逐步向经济学、政治学、管理学等学科领域扩散，成为一个涉及多个社会学科的跨学科的概念。来自不同学科的研究者从不同的研究目的出发，对社会资本的概念进行了不同的解读。法国社会学家 Bourdieu（1986）从关系网络存在的形式来定义社会资本，Coleman（1988）从社会结构的角度来定义社会资本，Lin Nan（2001）从网络资源的角度来定义社会资本，政治学家 Putnam（1993）从社会组织的角度定义社会资本，Fukuyama（1996）从社会文化的角度来定义社会资本。总而言之，社会资本作为一种无形的特殊资本，嵌在一定的社会关系网络之中，并以一定的文化秩序作为行为标准，通过情感性行动或工具性行动获取社会关系网络中潜在的社会资源。

西方有关社会资本理论的研究根据不同的划分标准，将社会资本划分为宏观与微观、个体与集体、结构与认知、垂直与水平、积极与消极等维度。其中，最重要的维度划分就是个体与集体，集体社会资本注重群体成员的行为规范与凝聚力，而个体社会资本更看重社会关系的投资、维护与可持续性。因此，社会资本内部是有差别的。针对这种内部差别，Putnam（2011）在其著作——《独自打保龄球：美国社区的衰落与复兴》中，根据社会资本的功能差异提出社会资本的二分法，分别为黏合型社会资本（bonding social capital）和桥梁型社会资本（bridging social capital）。前者通常指在同质性群体之间，如地缘关系、血缘关系、亲缘关系等，可以让原本有关系的人或人群加强联系；而后者通常指在异质性群体之间，如不同社会经济地位、不同种族和民族的人民等，可以让本来不认识的人或人群建立关系。Lancee B（2012）在 Putnam 社会资本二分法基础之上，增加个体与集体的维度，将社会资本进一步细分为个体的黏合型社会资本与桥梁型社会资本，以及集体的黏合型社会资本与桥梁型社会资本，如表 1-2 所示。从个体角度来看，个体社会资本称为"以个人为中心的社会资本"，关注个体如何投资社会关系，以及如何通过行动策略获取嵌入在网络关系中的社会资源以及预期的回报。集体社会资本称为"以社会为中心的社会资本"，Putnam（2001）认为其表现为"居民间的网络，以及从中产生的互惠的规范与信任"，有助于参与者更加有效地共同行动以追求共同的目标，提高社会效率。

本书的研究重点关注个体的黏合型与桥梁型社会资本。个体黏合型社会资本被定义为个体通过巩固原有的社会关系，可以动用嵌入在同质性群体网络内的资源；个体桥梁型社会资本被定义为个体通过建立广泛的社交网络，可以动用嵌入在异质性群体网络内的资源。

表 1-2　移民黏合型社会资本与桥梁型社会资本的维度划分

项目	黏合型（bonding）	桥梁型（bridging）
个体	个体通过巩固原有的社会关系，可以动用嵌入在同质性群体网络内的资源	个体通过建立广泛的社交网络，可以动用嵌入在异质性群体网络内的资源
集体	在同类人之间建立的排外性团结，形成同质性群体网络	在具有不同背景的人之间建立包容性团结，形成异质性群体网络

资料来源：LANCEE B. The economic returns of bonding and bridging social capital for immigrant men in Germany [J]. Ethnic and Racial Studies, 2012, 35（4）: 664-683.

（4）社会融入

在 19 世纪 90 年代，美国芝加哥学派著名社会学家 Park R E（1921）基于文化论的理论基础，研究来自欧洲的美国新移民如何适应新的城市环境，并将社会融合界定为个体与群体之间相互渗透与理解的过程，即个体在与其他群体互动的过程中，获取对方的情感、态度、记忆等信息，并且共享彼此曾经的回忆与人生经历，逐渐形成多元的文化生活（张文宏等，2008）。西方移民的社会融合问题主要围绕着外来移民对主流社会文化的习得程度来研究，社会融合可以被划分为同化论与多元论两大流派（李明欢，2000）。前者主要强调对本地主流文化的社会认同，放弃自己原有的生活习惯与文化传统，一般需要经历定居—适应—同化的过程；而后者强调在尊重外来移民传统文化习俗的基础之上保持一定程度"差异"的权利，有助于多元文化社会的形成（任远等，2006）。

国内学术界在探讨农民工或流动人口社会融合问题时，使用的主要概念和理论体系均源于西方，其中最常用的是上述所提到的同化论与多元论。在英文文献中，有多个描述融合或融入的词汇，例如：inclusion、incorporation、integration、cohesion、adaptation、assimilation 等，学界并没有对其差别予以区分，就笼统地翻译为"融合"，这种做法把概念之间的细微差别模糊掉了，并且由于我国农民工的特殊性，原封不动地照搬西方概念并不合适。因此，本书对"融合"与"融入"的概念作了区分，两者之间虽只有一字之差，但本质内涵却存在较大的差异。

"融合"是双向的，反映流入地与流出地之间的文化互相渗透、互相交融，最终形成一种具有共生关系且包含彼此特征的新文化体系。相反，"融入"则是单向的，指农民工主动融入本地的主流社会文化体系之中，并以本地人的经济、行为、文化与观念为标准，缩小自己与本地人在各方面的差距。融入是融合的基础条件，而融合则是不同文化之间博弈的最终结果。融入从本质上暗示着一种不平等的主从关系，以流入地文化为主导，流出地文化向流入地文化逐步转变，而融合本质上反映的是一种平等互惠的关系。结合当前农民工的实际城市融入状况，本书的研究认为"融入"比"融合"更好地体现新生代农民工流动的动机与过程。他们的行为规范与心理认同都是以本地居民作为参照对象，而不是以流出地的同类群体作为参照标准，他们希望自己能够融入主流社会文化体系之中，享受到与本地人同等的社会福利待遇，进而成为主流社会的一部分。同时，社会融入一方面强调个体在自己社会关系管理与生活质量改善中的主体责任，另一方面也强调个体对社会关系与发展机会的主动选择，更能突出新生代农民工在城市融入过程中的主体能动性。因此，本书的研究使用"社会融入"概念来反映新生代农民工的城市融入过程，它是一个多维度的概念，包含经济、社会、文化、心理等多个维度，经济整合是社会融入的物质基础，社会适应是社会融入的行为要求，文化习得与心理认同是社会融入的终极目标。

1.2.4 数据来源

本书第 4 章至第 6 章的实证分析数据主要来自 2017 年流动人口动态监测数据，其也是目前国家卫生健康委在网站上公开最新、最全面的数据。此次调查主要采用 PPS 抽样方法（即多阶段、分层、与规模成比例）。该调查数据是目前国内研究流动人口问题的权威数据库，基于该数据库已经形成了大量的科研成果，其被广泛地应用于教学、科研、政府决策之中，因此应用该数据具有较强的适用性与代表性。为了保护调查者的隐私信息，实际的数据只反映调查地点所在的城市以及区县的具体名称，并未直接反映调查地点的街道与居/村委会的名称，但是反映了样本点的编码，样本点代码由中国人口与发展研究中心调查评估部编制，每个样本点都有自己唯一的对应代码。每个样本点实际上代表一个村委会或居委会，它是作为问卷调查实施过程中的最小一级单位。

CMDS 数据的调查群体主要针对非本地户籍、15~59 周岁的流动人口，他们在流入地居住时间超过一个月，涵盖了全国 31 个省（自治区、直辖市）和新疆生产建设兵团的流动人口数据，样本总量为 168 192 个。本书的主要研究对象为新生代农民工，借鉴梁宏（2011）的研究经验，根据父母是否有流动经历、出生日期在 1980 年以后以及户籍为农村户口来共同界定新生代农民工群体。首先，剔除出生日期晚于 1980 年的样本，获得 99 285 个基准样本；然后，根据户籍是否为农村户口对数据进行清洗，获得 77 496 个数据样本；最后，根据父母是否具有外出务工经历对数据进行清洗，获得 25 468 个数据样本。同时，根据 1980 年前出生，户籍为农村界定老一代农民工，共获得 57 778 个数据样本。

由于城市规模不同，新生代农民工的住房和社会融入情况存在较大的差异，特别是对于大城市与小城市而言，大城市新生代农民工可能更多选择租赁住房或集体宿舍，而小城市新生代农民工选择购买住房的比例较高。在实证研究过程中，为了保障研究结论的准确性和代表性，本书将"城市规模"作为很重要的一个控制变量。根据 2014 年《国务院关于调整城市规模划分标准的通知》①，以城区常住人口数量为城市规模的统计标准，将城市划分为五类七档。其中，小城市人口规模为 50 万以下，中等城

---

① 国务院. 国务院关于调整城市规模划分标准的通知 [EB/OL]. (2014-11-20) [2023-03-16]. http://www.gov.cn/zhengce/content/2014-11/20/content_9225.htm.

市人口规模为 50 万~100 万，大城市人口规模为 100 万~500 万，特大城市人口规模为 500 万~1 000 万，超大城市人口规模为 1 000 万以上。现有研究通常采用 2010 年第六次全国人口普查数据来反映城市常住人口规模。虽然该数据距离 2017 年流动人口调查问卷时间滞后大约 6 年，但人口普查中的城市人口数据比中国其他统计来源更可靠（Liu T &Wang J, 2020）。因此，本书的研究利用第六次人口普查数据中各地级市城区常住人口数量来反映城市规模变量。

1.3　研究意义

综上所述，围绕为什么新生代农民工进入不同类型居住空间之后，彼此之间社会融入程度还存在较大差异的问题，本研究首先根据新生代农民工的社会位置与个人能力差异，比较新生代农民工与老一代农民工住房选择行为差异，并对其住房分化产生的原因进行解释；其次，从住房社会空间属性出发，探讨新生代农民工进入不同类型居住空间之后，他们的社会融入程度是否存在显著的差异，以及这种差异在经济、社会、文化与心理方面如何体现；再次，解释住房作为一种社会空间，它通过社会资本积累差异显著地影响社会融入程度；最后，考虑到定量研究只回答"新生代农民工的不同住房选择行为如何影响个体的社会融入结果"，并未给出新生代农民工在大城市居住问题的解决方案，因而本书进一步梳理了国内外关于如何解决外来移民或城市低收入阶层的住房问题的实践经验。该研究为新生代农民工社会融入问题提供一个新的视角，有利于决策者关注新生代农民工群体内部分化所带来的社会行为与社会结果差异，并在未来以住房的社会空间互动为抓手，进一步推动流动人口市民化发展进程。

1.3.1　理论意义

第一，聚焦"住进社区之后"环节，实证检验新生代农民工进入不同类型居住空间之后，他们在经济整合、社会适应、文化习得与心理认同方面的差异，以此拓展西方居住融合论在本土化的应用。居住融合理论的研究始于 Massey 和 Denton（1987）的居住隔离模型，其延续了芝加哥学派的生态学传统，认为移民家庭在美国社会完成文化融合和社会经济地位融合之后，他们本种族不太成功的成员，进入到白人占多数的郊区社区居住，从而实现与主流社会群体的居住融合，以促进与其他社会成员的接触和交流，但他们并没有继续对移民群体进入白人占比较高的社区之后的融入问题进行研究。相较于国外研究，国内在探讨农民工居住问题时，也将重点集中在农民工"住进普通社区之前"的环节，关注制度因素以及经济因素对其住房选择的影响，以及如何提高新生代农民工的住房购买能力或增加住房供给，较少地考虑新生代农民工进入不同类型居住空间之后如何与本地居民开展社会空间互动。因此，本书的研究重点是检验新生代农民工进入不同类型居住空间之后，在经济整合、社会适应、文化习得与心理认同方面的差异，进一步拓展西方的居住融合理论在外来移民"进入社区之后"的环节的研究内容。

第二，重点关注社会资本理论应用，实证检验新生代农民工住房选择行为通过社会资本积累差异影响社会融入的机制，以及社区群体成员异质性对社会资本作用效果的差异，以此丰富社会资本理论的研究内容。虽然现有研究关注到不同类型社会资本对农民工社会融入的影响，例如：以血缘、地缘等同质关系建立的社会网络，这种初级社会资本有助于农民工快速适应城市环境，但长期依赖这种同质性的强关系，容易强化内卷化的群体互动；农民工要在城市中进一步发展，必须扩展新型社会资本，即与本地城市居民结成网络，充分利用具有异质成分和制度因素的弱关系来获取新的信息、机会和资源。然而，这些研究并未关注社会资本与住房类型之间的关系，实际上不同住房类型选择代表居住空间与居住环境质量具有差异性，不同居住空间特征对居民的社区交往和社区参与行为具有形塑作用，社区公共空间为同伴效应的发挥提供不同的展示机会，社区社会结构为同伴效应的发挥创造不同结构性条件，以及为认同机制的发挥营造不同的文化氛围，并通过学习机制、固化机制、权利意识、阶层意识这四个因素共同作用于个体社会资本积累。本书的研究将住房视为一种居住空间，重点围绕居住空间的社会属性，探讨社区社会结构如何通过同伴效应与认同机制影响个体社会资本积累的形式差异，有利于进一步丰富城市社会学关于个体社会资本形成的研究内容。

1.3.2 现实意义

第一，加快推进新生代农民工的城市融入有利于推进非户籍人口市民化的进度。西方发达国家的经典融合理论与实践经验已经充分论证外来移民社会融入程度的提高，不仅有利于激发经济增长的活力，缓解社会转型过程中阶层的矛盾，而且还有利于经济结构的优化与调整（国务院发展研究中心课题组，2010）。相较于国外二代移民，国内新生代农民工有可能面临"回不去"又"进不来"的困境，一方面成长经历使他们从乡村的互惠关系中"脱嵌"；另一方面，他们的身份和经历又会限制其人力资本和社会资本的发展，面临在城市的社会融入问题。如果他们长期不能迈过市民化这道门槛，社会融入问题累积到一定程度将有可能演变成一个结构性问题——"城市贫民窟"。因此，解决好新生代农民工群体的城市融入问题，有利于推进非户籍人口市民化的进度，以及促进"以人为本"的新型城镇化建设。

第二，探讨新生代农民工群体内部住房分化的表现及形成原因，有助于从社会公平视角保障底层新生代农民工的住房利益。之前的研究在探讨新生代农民工住房选择问题时，普遍将该类群体视为一个高度同质化群体，在制定相应的福利政策时，少数中上层阶层因为位置优势与资源优势获得大部分社会福利，而大部分底层阶层由于资源劣势，教育文化水平低、社会关系网络狭窄、信息闭塞，享受到的政策福利相对较少。如果将规模巨大的新生代农民工仍视为一个高度同质化群体，一方面容易忽视处于社会底层的新生代农民工的住房需求，另一方面由此制定的住房政策可能无法实施。因此，本书关注新生代农民工内部住房分化的表现及形成原因，有助于从社会公平视角保障底层新生代农民工的住房利益，从而在住房政策改革上采取有针对性的帮扶措施，更有效地推进新生代农民工市民化进程。

第三，构建新生代农民工住房选择、社会资本与社会融入的研究分析框架，有助于启发相关决策部门转变城市更新的思维，由以前注重物质环境更新转变为关注社会空间互动。长期以来，城市规划学科领域关于居住空间的主题研究表现为"见物不见人"，主要集中于物质空间形态，而缺乏对社会空间的剖析，特别是关于农民工的居住空间研究，主要是描述农民工相对较拥挤且室内配套设施简陋的居住环境，严重影响他们在城市的生活质量以及幸福体验，从而降低他们的心理认同与归属感。虽然社区的物质空间设计能够为居民的日常相遇与社会互动提供空间场所，但对亲密的邻里关系与集体信任的形成及公民意识提升没有影响（Haggerty，

1982），这也使得我们将住房选择的研究视角从注重物质空间更新转变为关注社会空间互动，着重探讨新生代农民工进入不同类型居住空间之后，如何与本地居民开展社会空间互动。有效地解决新生代农民工在居住空间上的社会互动问题，不仅能够帮助他们适应本地的生活方式，接受当地文化环境和风俗习惯，促进与本地居民之间的相互理解，营造良好的、包容与合作的氛围，而且能够使他们建立主体意识和获得身份归属感，最终融入城市主流社会。

1.4 研究方法与主要创新

1.4.1 研究方法

本书的研究基于 2017 年流动人口监测数据（CMDS），以社会学、人口学、心理学、统计学等相关学科的理论观点和工具方法为基础，通过历史分析、比较研究、数据统计分析等方法来开展研究。具体研究方法包括：

（1）历史分析法

本书采用历史分析法，不仅要弄清楚事情发展的"来龙去脉"，更要从发展的过程中发现问题、启发思考，以便更清晰地认识现状以及预测未来。本书在第 2 章中探讨住房选择与社会融入的发展历程时，从社会融入对立面社会排斥（social exclusion）视角出发，系统地回顾西方外来移民住房选择与其遭受社会排斥之间的关系变迁，并将其划分为四个阶段：政府初步干预住房市场的阶段（1900—1930 年）、政府大规模干预福利住房建设阶段（1940—1970 年）、政府倡导住房私有化阶段（1980—1990 年）、政府主导的住房混合改革阶段（2000 年至今）。我们发现，西方关于外来移民住房问题的解决思路正在由物质与文化范式向社交与心理范式转移，也更加深了我们对移民住房问题与社会融入之间关系的理解。

（2）比较分析法

本书在第 2 章探讨住房选择影响社会融入的要素，相较于国外从住房制度变迁、住房选择要素以及中间影响机制等多个视角论述两者之间的关系，国内研究更倾向于关注农民工居住现状或从实证角度探讨两者之间的线性相关关系；第 4 章的研究从新生代农民工的社会位置与个人能力对其住房选择行为差异进行了代际比较与代内之间的比较；第 5 章的研究比较了新生代农民工进入不同类型居住空间之后，他们的整体社会融合水平以及在经济、社会、文化、心理等方面的差异；由于社会资本在不同居住空间的作用效果取决于社区内部的群体异质性程度，第 6 章的研究进一步比较桥梁型社会资本（bridging capital）与黏合型社会资本（bonding capital）在不同异质性群体成员居住空间内的作用差异。

（3）数据统计分析法

本研究使用 Stata、SPSS 等统计软件进行探索性因子分析、卡方分析、多元 OLS 回归分析、调节变量、分组回归、稳健性检验等，分析了新生代农民工群体内部住房分化的状况，住房选择行为对社会融入的影响程度，揭示了住房作为一种社会空间，对社会融入的影响机制等。在具体的数据处理中，还使用了最小—最大标准化法等统计分析方法。实证分析过程中涉及的变量选择、操作化测量、模型构建及实证结果等具体信息将分别在各章节的实证研究部分作详细说明。

1.4.2　主要创新

借鉴国内外相关研究，本书的研究从住房选择行为视角理论探讨与实证检验了新生代农民工的社会融入差异问题，本书的创新主要体现在以下三个方面：

第一，本研究聚焦新生代农民工"进入社区之后"的环节，实证检验了新生代农民工进入不同类型居住空间之后，在经济整合、社会适应、文化习得、心理认同方面的差异。西方学者对居住融合的研究普遍强调那些成功的移民群体成员通过个人的文化融合和社会流动，离开他们本种族不太成功的成员，进入到社会福利设施更好、白人较多的郊区社区居住，但他们并没有继续对移民进入白人占比较高的社区后的融入问题进行研究。当前国内关于新生代农民工住房问题的研究主要集中在两个方面：其一，较多地从国家干预论、城市增长机器论、权力支配论以及市场能力论角度出发，集中关注制度因素和经济因素对其住房选择的影响；其二，从住房政策视角出发，探讨如何通过政策制度改革（如户籍制度、劳动市场分割制度、社会保障制度、保障性住房制度等），来提高农民工的住房购买能力或增加住房供给。但这些研究的重点都集中在农民工"住进普通社区之前"的环节，且将住房视为一种遮风避雨的物理空间，较少地关注住房的社会空间属性，即新生代农民工进入不同类型居住空间之后与本地居民的社会空间互动。因此，本书从居住空间的社会属性出发，实证检验不同类型居住空间内，新生代农民工在经济整合、社会适应、文化习得、心理认同方面的差异。

第二，本研究基于社会资本理论基础，构建了新生代农民工住房选择行为、社会资本与社会融入的研究分析框架，并实证检验了新生代农民工住房选择行为通过个体社会资本积累差异显著地影响社会融入的机制。现有研究在探讨农民工社会资本与社会融入的关系时，注意到农民工自身的初级社会资本与新型社会资本对其城市融入的差异。大多数学者认为，以血缘、地缘等同质关系建立的社会网络这一初级社会资本对农民工自身具有双重影响：一方面，在物质与情感支持方面使刚进入城市的农民工尽快适应新环境，在一定程度上避免其沦为城市的失败者；另一方面，对这种同质性的强关系产生路径依赖之后，就会不自觉地固化原有亚文化社会生态环境，切断异质性网络的节点，从而对流入地的异质文化产生畏惧甚至排斥。农民工要在城市中进一步发展，必须扩展新型社会资本，即与本地城市居民结成网络，充分利用异质性网络关系或制度性因素来获取新的资源、信息与机会。然而，这些研究忽视了社会资本的作用效果在不同类型社区存在差异性，社区的空间特征对居民的社区交往和社区参与行为具有形塑作用，个体社会资本在不同社区的形成过程及其存量结构均存在较大的差异性。具体而言，社区公共空间为同伴效应的发挥提供了不同的展示机会，社区社会结构为同伴效应的发挥创造了不同的结构性条件，以及为认同机制的发挥营造了不同的文化氛围，并通过学习机制、固化机制、权利意识、阶层意识这四个因素共同作用于个体社会资本积累。因此，本书基于社会资本理论基础，构建新生代农民工住房选择行为、社会资本与社会融入的研究分析框架，实证检验了不同类型居住空间内个体社会资本积累差异对新生代农民工社会融入结果的影响，有助于启发相关决策部门转变住房更新的思维，由以前注重物质更新转变为关注社会空间互动。

第三，本研究针对当前保障性住房政策实施过程中的不足，提出了扩大保障性住房政策的保障对象，构建以公租房、集体租赁住房与村民租赁住房为支柱的新型住房保障体系，并采取嵌入式更新方式建设小面积社会住房的政策建议。近年来，大城市的房价与租金上涨过快，特别是房价收入比很高，中低收入者很难买得起或租得起房。长期以来，我国住房市场普遍存在"重购轻租"现象，一方面，承租人面临不稳定的租房环境，承租人的住房权益经常得不到保障；另一方面，部分农民工租赁的廉租房分布在城乡接合部，居住位置偏远导致通勤成本较高，且不健全的周边配套设施，降低了他们的居住生活质量和幸福感。对于新生代农民工而言，他们要求的不仅仅是"一张床"，还需要低租金、较舒适、秩序好、配套设施不错的房子。相较于租赁住房而言，虽然保障性住房可以满足上述住房需求，但现有保障性住房体系均面向城镇户籍的低收入群体，新生代农民工由于户籍制度被长期地排斥在城市住房福利体系之外。在保障性住房政策实施过程中，一方面，由于土地与资金短缺造成存量不足的问题，笔者提出了构建以公租房、集体租赁住房与村民租赁住房为支柱的新型住房保障体系，来有效地解决保障性住房建设过程中存在的资金短缺、土地短缺以及供不应求等问题；另一方面，由于住房选址偏僻导致供求结构失衡的问题，笔者提出了采取嵌入式更新方式建设小面积的社会住房的办法，促进保障性住房在城市整体层面均衡、分散布局。

2 文献综述

本章分别从住房选择与社会融入两个维度梳理已有的研究成果，并对相关的研究进行简要评述，旨在深入理解农民工住房选择行为的前因与后果。其中，2.1 节对影响外来人口住房选择的因素的国内外相关研究进行了系统梳理；2.2 节从社会融入的概念出发，从制度环境与个体资源禀赋两个方面分别梳理社会融入的影响因素，并对社会融入的测量维度与测量方法进行了比较分析；2.3 节重点对国内外住房选择与社会融入的相关研究进行了系统梳理，在此基础上归纳了住房选择对社会融入的直接影响与间接影响机制；2.4 节在上述基础上对当前社会融入实证研究和理论研究的不足之处进行评述。

2.1 住房选择的影响因素

2.1.1 国外关于移民住房选择影响因素的研究

国外关于移民住房选择领域的研究主要涉及住房产权（housing tenure）、居住迁移（housing mobility）、居住质量（housing condition）、居住区位（housing location）等，其中是否购买住房是其关注的核心点（刘望保，2006）。国外对住房选择的研究普遍从宏观制度约束、中观邻里环境、微观个体禀赋与家庭需求视角展开，将影响因素划分为制度约束（住房价格、城市规模、利率等）、邻里环境（地理区位、自然环境、社会结构、文化氛围、公共服务设施）、家庭生命周期（年龄、婚姻状况、家庭偏好、家庭结构等）以及个体社会经济地位（收入和教育水平、居住时间、职业地位等）四类（Constant A F, 2009），认为住房产权是在特定的住房政策与市场供需结构背景下,家庭根据自身住房需求特征以及获取住房的能力做出的理性决策(Clark W A V,1997),这类影响住房决策的因素适于包括外来移民在内的所有家庭及个体。然而,另一些学者发现内城的贫困黑人更倾向于在内部群体之间或向非贫困的黑人聚集区迁移,而很少向白人或拉美裔人聚集区迁移,即移民更倾向于选择在族裔内部进行迁移。为此,国外学者开始关注社会网络、隔离和歧视、社会距离、集体效能、集中劣势等社会文化因素,从移民与来源地的联系和迁移融入程度来探讨其对住房选择的影响程度(Constant A F,2009;Alba R D,1992)。在此研究基础上,一些学者依据外来移民在流出地群体的脱离程度与在流入地群体的融入程度,演化出了分层理论(stratification theory)、同化理论(assimilation theory)以及渗透理论(acculturation theory),突出移民的社会相似性与两地联系程度对移民住房选择的影响(冯长春等,2017)。

2.1.2 国内关于农民工住房选择影响因素的研究

国内探讨新生代农民工住房选择问题及其影响因素的研究日益增多,大体上可以将这些因素概括为四类:政策制度、邻里环境、家庭因素、个人因素。

首先,新生代农民工在住房选择上受到户籍制度、劳动力市场制度、社会保障制度、住房保障制度以及城市开发政策等制度性排斥的影响。早期,农民工一方面受到户籍制度约束被排斥在福利住房分配系统之外,另一方面由于自身的收入水平、职业类型、教育水平、社会资本等社会经济水平的局限性,导致他们在住房市场上长期处于劣势地位。但随着户籍制度、保障性住房政策等一系列制度改革,农民工的住房选择逐渐从"制度约束下被动承受者"转向"应对挑战的主动适应者"(冯长春等,2017),农民工留城意愿逐渐降低,迁移的工作导向、高储蓄意愿等特点将使其长期维持"两栖式"迁移模式,以及当下"家庭式"迁移模式,特别依靠几代人财富积累实现下一代"城市人"的身份转变,这些现象对流入地的城市住房管理提出了新的要求。家庭式流动会客观带来住房需求的增长,并改变了他们自身对未来的城市融入预期,从而主观选择不同以往工作导向的适应策略,可能更主动地增加城市的住房消费。此外,个体独住型、夫妻同住型、两代同住型、三代同住型和其他型等不同迁移模式的流动家庭,他们所面临的约束和采取的住房选择策略存在较大的差异,因而他们在城市融入中也会面临不同的机遇和挑战。

其次，农民工在住房选择上受到社区环境因素影响。社区环境指居住小区的品质因素，主要包括：社区自然环境，如小区内绿化率和容积率，代表了小区的宜居程度；房龄，反映建筑设施的新旧程度，体现了社区的建筑质量水平以及潜在的居住体验；社区管理水平，通常可以通过小区物业费收费单价来衡量；社区房屋平均价格，综合性地反映了小区的总体水平；社区建成环境，反映社区周边的公共服务设施水平（姚嘉玉，2016）。相较于居住环境较差的农民工而言，居住在较好环境之中的流动人口更容易融入社区之中。Zheng S 等学者通过实证研究，得出良好的生活环境和较强的邻里包容性可以促进农民工的社会融合的结论（Zheng S & Du R，2020）。

再次，农民工的住房权属和住房质量主要受到家庭类型、家庭社会经济特征、与老家联系等家庭因素影响。冯长春等（2017）基于 2009 年四大城市群（长三角、珠三角、成渝、环渤海）、12 个大城市的流动人口专项调查问卷数据，研究发现携带配偶入城同居并不会显著地增加购房可能性，而携带孩子与老人入城同居会显著地增加购房可能性，以及老家住房数量反映了流动家庭购房的实力和偏好，可以显著地预测其购房概率。Liu Z 等（2017）认为向老家汇款表明了农村移民与家乡亲朋好友的联系牢固，经常拜访家乡表明了对家乡的社会和心理依恋感较强烈，以及有孩子在老家表明定居城市的意愿较弱，这些因素都会显著地影响流动人口在城市中的住房选择。杨巧等（2019）基于 2016 年全国流动人口动态监测调查数据的实证研究发现，农民工家庭禀赋对其城市迁移意愿具有显著且重要影响，且家庭人力资本越丰富，经济水平越高，农民工城市迁移意愿越强。陶霞飞（2020）认为农民工对住房的需求已经从居住空间转向了生活空间，并开始向家庭空间转变过渡，需求层次也超越了遮风挡雨的物理空间，对住房的舒适度、稳定性、独立性甚至权属都有了新的追求，因而相关社会政策应该基于家庭化流动的特点，以家庭为单位，保障农民工的基本权益。

最后，农民工在住房选择上受到个体的婚姻、收入、年龄、文化水平、就业类型、企业性质、流动状态等个人因素的影响。杨菊华（2013）认为收入是影响农民工居住状况的最主要因素，并且人力资本水平的提升可以有效地改善农民工的居住质量。朱祥波等（2015）以 2012 年流动人口监测数据为研究样本，发现新生代农民工的收入水平、就业身份、婚姻状况、职业类型、流动时间以及流动范围对他们的住房选择都有显著影响。李君甫等（2018）利用武汉市 628 个农民工家庭的样本数据进行实证分析，发现农民工城市住房消费是其根据自身留城条件和预期进行理性选择的结果，城市居留意愿越强的农民工家庭，具有在当地长期生活和工作的稳定预期，越有可能诱导和释放出常态化的住房需求，其改善居住品质的倾向更明显。反之，倾向以农村为最终归宿地的农民工家庭，通常抱有"临时寄居"城市的心理预期，表现出更大的住房消费忍耐和节制，以尽量减少城市寄居带来的沉没成本和寻求务工净收益最大化。此外，高流动性约束下农民工住房总体上呈现"生产资本品"属性，其住房本身就作为经营场所这一固定资产要素，而非满足其城市生活需求的一般消费品，因而降低农民工的高流动性预期、提升其留城意愿将有效释放转移人口住房消费潜能。龙翠红等（2019）分析新生代农民工的住房模式及影响机制，发现收入水平、受教育程度、社会认同感越高、子女同住等因素对新生代农民工的住房选择产生显著正向影响，年龄越大、女性、已婚、收入水平越高、受教育程度越高、职业类型好、与子女同住、购买商业保险、社会认同度高的新生代农民工居住在商品房小区的概率越高，受教育程度较高的新生代农民工住在保障房社区的概率越大，劳务派遣工居住在单位社区发生比例更高，收入低、自我认同差、跟邻居交往偏多的新生代农民工居住在未经改造的老城区和城中村的概率更高。

2.2 社会融入

社会融入是一个复杂而多层次的概念，其内涵与外延随着人们认知范式的转变而持续变化。本章节的研究首先对社会融入的概念由来与定义进行梳理，其次从制度环境与个体资源禀赋两个方面梳理社会融入的影响因素，最后重点探讨社会融入的测量维度与测量方法。

2.2.1　社会融入的由来及其定义

（1）社会排斥概念的提出

社会融合在西方被当作一项基本的社会发展政策，它根源于欧洲社会学家对社会排斥概念（social exclusion）的研究。该概念最早由法国学者 Rene Lenoir 提出，他估算法国"被排斥"群体占到总人口的 1/10 左右，这些群体主要包括越轨者、老年患病者、多问题家庭、反社会的人、自杀者、残疾人、精神障碍者、边缘群体、吸毒者、单亲家庭（Paillat P. et al.，1975）。在法国出现的社会排斥现象也困扰着许多其他欧洲国家，因而社会排斥的概念也从法国迅速扩散到世界其他国家。1988 年，社会排斥的概念被欧洲共同体正式应用于反贫困计划。此后，该学术概念逐渐被越来越多的国家所熟悉，并体现在他们的各项社会发展政策中（嘎日达等，2008）。

（2）从社会排斥到社会融入

20 世纪 90 年代之后，越来越多的学者将此概念与自己的国情相结合，进一步拓展该概念的应用范围，该概念也突破原有的经济领域，逐渐发展成一个综合性的政策议题。1955 年，欧盟基金会明确地将社会排斥界定为个体或群体被全部或部分地排斥在社会参与之外的过程。Richardson L 等（2002）认为，如果个体愿意主动参与居住地的社会活动，但由于受某些制度或非正式控制因素的限制，使得他无法参加作为一个普通公民都可以参与的正常活动，他就可以被认定为遭遇了社会排斥。

随着学术界对社会排斥概念的深入探讨，该概念也超脱社会领域的范围，不仅包括最初的经济领域与社会服务领域，而且也包含种族文化与心理上的排斥，诸如社会疏离或歧视和文化排斥等。Walker（1997）将外来移民在融入城市过程中所遭遇的排斥现象，包括经济、政治、社会、文化等方面，统一界定为社会排斥。Percy-Smith（2000）对社会排斥的领域进行细分，所归纳出的社会排斥包括个体排斥（教育的低获得、身心健康）、群体排斥（老弱病残、少数民族等）、经济排斥、政治排斥、邻里排斥、社会排斥、空间排斥（边缘化或集中化）。Giddens（1991）也认为社会排斥具有很多形式，如在经济排斥方面，表现为在劳动力市场排斥以及日常生活消费中的购买限制；在社会排斥方面，表现为个体无法享受同等公共服务待遇，公共事务参与程度较低，与本地居民之间的社会距离较大；在政治排斥方面，表现为个体无法参与政治选举、投票等活动。

21世纪初，随着政府反社会排斥计划的制定以及行动实践的开展，政府以及学术界逐渐更偏好社会融合这一概念。由于反社会排斥就是要建立一个共治、共享、共建的有归属感的社区。在学术上，社会排斥特指一群被排斥的特殊人群，更强化他们的身份意识。相反，社会融合不仅可以被看作一项公共政策，而且还更具有包容性与可持续性，并不是预先拟定一个特殊的目标群体，故各国政府和学者们更偏好社会融合的概念（嘎日达等，2008）。

（3）社会融入的定义

现有文献中有关社会融入的概念比较混乱，因而必须先界定清楚相关概念的内涵。在西方社会，社会融入的表达方式主要有以下两类：social cohesion 和 social integration。两者均可翻译为社会融入，前者大多被心理学家使用，强调某一系统内部个体与整体之间的关系，注重社会群体或组织的共识和黏合状态；而后者大多被社会学家使用，埃米尔·迪尔凯姆在1987年的《自杀论》一书中，指出由于社会融入的概念缺失，从而导致某些社会成员的行为失去规范而产生自杀现象。社会融入的现象被归纳为四种类型：功能融合、规范融合、文化融合与交流融合，强调系统内部与外部的某一类群体逐渐合并到系统之内过程中的个体与整体之间的关系。

在研究社会融入时，通常存在两种对立的理论立场：同化论（assimilation）和多元论（pluralism）。狭义的社会融入研究主要采用同化论的研究范式，强调外来移民在融入城市的过程中，学习、适应主流文化时，逐渐放弃自己原有的文化习俗（Alba & Nee，2009）；而多元论（pluralism）则强调并行分割的融入，各种文化相互适应、并存，形成多元文化主义（Portes & Zhou，1980）。自多元论形成以来，社会融合（social integration）强调的是双向互动的过程，更关注群体之间的互动与社会交往，而社会整合（social cohesion）更注重群体内部成员之间的相互理解与包容。社会融入（social assimilation）被看作是社会排斥（social exclusion）的反义词，更注重群体成员享有公平的发展机会，关注公民各项基本权利与权益是否顺利实现。在空间上，其强调通过社区的混合居住而达到社会混合（social mix），特别指不同产权类型及人群属性在同一空间内的混合（Musterd & Andersson，2005）。社会嵌入理论（social embeddedness theory）通常被应用在社会治理领域，主要强调个体如何运用情感性行动或工具性行动，调动所嵌入社会网络中的关系资源。从治理角度看待社会融入，就需解释为何城市空间会出现分割。政治经济学视角对此的解释是，城市因国家实施私有化和市场化改革导致城市社会空间的分割，背后的理论基础是新自由主义（Jessop，2002）。在市场化运行机制下，集体的消费倾向逐步弱化，个体资源禀赋与经济能力作用凸显，空间私有化的现象也越来越多。

农民工的社会融入包含心理、身份、文化与经济等多个维度（张文宏等，2008）。他们的融入路径是多元化、多层次因素相互作用的结果，需要通过私人机制、公共机制与社会机制等方面的相互作用（梁宏等，2009）。其融入模式因个体资源禀赋不同而有所差异，通常遵循经济立足—文化适应—行为规范—心理认同的过程（杨菊华，2009）。近年来的实证研究发现，经济适应、社会交往、文化适应、心理认同等要素对农民工社会融入的影响越来越显著：经济立足是社会融入的物质基础，社会互动是社会融入的行为体现，心理认同与文化适应是社会融入的最终目标（陆淑珍等，2011）。因此，农民工的城市融入问题强调新移民建立个体和整体社会的嵌入关系，在邻里层面促进其他社群和自己社群交往互惠，在聚居区层面形成自己的社区，并拥有主导社区事务和社区发展的能力。

2.2.2　社会融入的影响因素

对于少数族裔移民社会融入的影响因素，国内外学者已经形成很多学术成果，大致认为流入地的政策制度、族群偏见、户籍制度、就业歧视、社会资本、人力资本、本地人态度、土地流转制度改革、社区文化、社会组织、个人经济能力、随迁子女等诸多因素都会影响外来移民的城市融入。这些因素大致可以划分为制度环境因素与个体资源禀赋因素。

（1）制度环境因素

制度排斥性理论主要强调宏观方面或具体的结构性政策制度对外来移民融入的客观限制。具体而言，这些制度包括移民国家关于移民在社会保障、社会救助、社会歧视、就业、住房、健康、教育、权利等多方面的制度安排（梁波等，2010）。制度的主要作用在于分配利益和调节社会关系，从而保障社会成员能平等地享受各项社会福利以及遵守各项社会规范（陆益龙，2004）。从政策的形成、演变与执行过程来看，每一项制度改革都包含着既得利益集团之间的利益妥协与调整。

相较于个体人力资本与社会资本的积累而言，结构性的移民政策对外来移民的城市融入具有根本性影响。例如：子女受教育制度、劳动力市场排斥等从根本上剥夺了外来移民提升人力资本与社会资本的机会，为移民的城市融入设置了不可逾越的制度障碍。1997 年，Dörr S 和 Faist T 通过搜集欧洲不同国家的移民福利政策，采用比较分析法探讨了不同国家的移民福利政策如何影响他们的社会融入，最后发现移民的合法性身份在融入过程中扮演了关键的角色，它决定了移民是否能从社会福利体系中获取收益。Penninx R（2005）进一步论证社会融入与公共政策之间的关系，他发现两种类型的制度对于移民融入特别重要。第一类制度通常是本地的一般性公共政策，如健康医疗制度、就业制度、政治选举、教育制度、住房制度等制度安排；第二类制度是为移民制定的专项政策，如移民子女的教育制度。这两种制度安排都会在一定程度上影响外来移民的行动、心态与机遇，也会对移民组织的孵化与成长产生显著的影响，进一步对个体的发展机会造成限制。

国内学者在探讨影响新生代农民工社会融入的制度因素时，政策制度对新生代农民工的影响随着时代发展逐步变化，但大体上经历"嵌入""漂移""融合"三个发展阶段（黎红，2021）。首先，在"嵌入"阶段，1984 年 1 月，中共中央发布《关于一九八四年农村工作的通知》，允许农民自理口粮，进入城镇务工经商，这是国家层面自 1952 年限制农民工进城就业后的关键性转变。1992 年随着市场经济体制改革，全国掀起经济建设的高潮，农民群众在农村的"推力"和城市的"拉力"双重作用下，大量中西部农业人口纷纷流向城市和东部沿海发达地区。这一时期农民工城市融入具有强制性"嵌入"特征，表现为劳动就业方面的被限制和排斥，以及市民群体对农民工的偏见与隔阂。其次，在"漂移"阶段，2000 年之后，我国进入全面建设小康社会时期，开始实施城乡统筹发展战略，特别是 2006 年 3 月，国务院出台《关于解决农民工问题的若干意见》，并颁布一系列有关农民工的人口流动、劳动就业、社会保障、公共服务、技能培训、土地承包、城镇落户等政策。这一时期流入地政府开始逐渐重视农民工城市融入问题，农民工在城市的工作与生活环境有所改善，歧视性劳动就业规定基本消除，但由于制度改革滞后性，他们的生活总体上还是处于"漂泊"状态。最后，在"融合"阶段，2012 年 10 月，党的十八大报告明确指出"加快户籍制度改革，有序推进农业转移人口市民化"，这是国家层面首次提出农民工市民化问题。2016 年 9 月 30 日，国务院办公厅发布《关于印发推动1亿非户籍人口在城市落户方案的通知》，降低大中城市落户条件，特别是农民工可以在保留农村土地的前提下在城镇落户。这一时期政府开始主动介入并主导农民工市民化进程，通过出台一系列政策措施来保障农民工的市民权利与待遇，并且有序地放开、放宽城市落户限制，推动农民工的城镇落户与身份转换。

制度性排斥的影响长期存在的原因，不仅与固有的利益格局难以打破有关，而且也与农民工无法有效地参与相关规则的制定有关。我国新生代农民工缺乏代表其利益并为其发声的专门组织，自身的组织化程度也相对较低（郭开元，2012）。由于缺乏向政府决策部门表达意见的制度化渠道，也没有相应的组织依托，流动人口在融入城市过程中丧失了话语权。此外，唐若兰（2010）也认为社区功能缺失以及参与不足是其市民化进程缓慢的一个关键因素。组织建设滞后或社区功能缺失导致农民工个体参与公共事务的热情和动力不足，与本地居民之间也缺乏沟通和互动，较少地参与社区的集体活动，在一定程度上被社会边缘化。这种强调个体自我责任导致的融入障碍，也被称为"功能性排斥"（Wilsons，1998）。刘建娥（2011）提出破解制度障碍的路径取决于"结构"与"功能"之间的平衡，通过政策制定与制度改革来破解结构性排斥，通过互动参与以及空间营造来破解功能性排斥，并提出了"乡—城移民的社会融入模式"（如图2-1所示），旨在通过外部的社会组织赋权，内部的社区成员赋能，有效地降低农民工的制度排斥性影响。

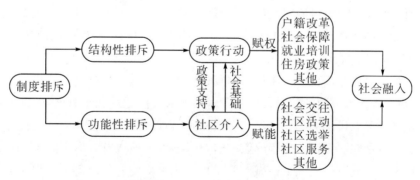

图 2-1 乡—城移民社会融入模式

资料来源：刘建娥. 中国乡城移民的城市社会融入 [M]. 北京：社会科学文献出版社，2011：86.

（2）个体资源禀赋因素

影响新生代农民工社会融入的个体因素，通常包括个体融入之前的一些因素以及融入过程中产生的新的因素，可以被概括为三个方面：社会经济属性、人力资本与社会资本。

①个体社会经济属性。从20世纪20年代至50年代美国移民的融入经验来看，随着移民与本地居民通婚率的提高、居住的时间增加、本地语言的熟练程度提高、受教育水平及专业技能的提升，这些因素均对移民及其后代的社会流动具有显著的促进作用（Sandberg N，1974）。另有研究发现，移民进入流入地的初始年龄也是影响他们适应新环境的重要因素。移民到达时的年龄对他们的语言掌握程度、文化融入程度以及在校成绩表现均有重要的影响。Myers等（2009）对美国墨西哥移民的生活经历进行研究，也发现移民到达时的年龄对本地语言掌握程度、就业、住房、教育获得以及其他社会后果均有不同程度的影响。

借鉴国外移民社会融入研究的理论成果，国内关于新生代农民工社会融入影响因素的研究主要涉及性别、文化水平、婚姻、收入、职业类型、居住时长等。陈湘满等（2013）发现，相较于男性，女性具有更高的社会融入程度，由于女性大多从事第三产业，工作相对稳定轻松，压力较小，而男性要承担更多的家庭责任，并且多在建筑业、制造业等劳动密集型行业工作，压力较大。此外，年龄对社会融合也具有显著的正向影响，年龄越大，拥有的闲暇时间越多，有更多时间和机会与本地人进行社会交往，而新生代农民工具有强烈的定居意愿，城市生活的高消费水平成为他们落户城市的障碍，因而他们的心理落差更大。受教育程度越高的农民工，拥有更多就业的选择，能够正常地享受到企业福利待遇，获得薪资报酬，拥有更多提升人力资本的机会。张文宏等（2008）在上述个体因素的基础之上，详细探讨个体社会经济属性对社会融入各维度的影响，发现女性新移民的经济融入程度显著高于男性，出于安定生活的考虑，女性更可能将收入用于购置房产，并且还可以通过婚姻方式来改善自己的经济条件。相较于未婚的农民工，已婚的农民工群体成员具有较高程度的经济融入与身份融入；受教育程度的提高对其身份融入具有显著的影响，而经济收入水平的提高对其心理融入具有显著的影响；居住时间会对社会融入各维度产生显著的积极影响，而职业对经济融入、身份融入、心理融入的影响有较大的差异。

②个体人力资本。人力资本的概念最早由美国经济学家 Schultz T W（1961）和 Becker G S（1962）于 20 世纪 60 年代提出，他们突破了传统土地、资本、劳动等物质资本的局限，将个体禀赋、文化水平、专业技能、工作时间、健康程度以及生命周期均视为人力资本范畴。与物质资本相比较，人力资本是劳动者自身价值的内在延伸。他们认为外来移民进入一个比原来生活的社会更现代化的城市空间，新环境必然要求移民拥有能够与之相匹配的人力资本，以维持在移民国家的基本生产，如个人技能、文化水平、工作经验、语言习得等，因而将他们的融入过程看成是人力资本的提升过程或社会能力的获取过程。其后，Chiswick 和 George Borjas 将人力资本的概念引入美国外来移民研究领域，发现移民在本地的居留时间越长，越有可能掌握本地的语言以及积累一定程度的工作经验，这实际上就是一种学习与模仿的社会化过程（赵延东，2002）。

国内的实证研究也肯定了人力资本对新生代农民工的城市融入具有积极作用。姚先国等（2006）研究外出劳动力的职业培训对其工作效率的影响，发现职业培训是流动者获得新的人力资本的有效方式，相较于未接受过职业培训的劳动者，职业培训使工业服务的效率提升高达 21 个百分点，而使服务业效率提升大约 6 个百分点。由于劳动力市场的制度分割对人力资本回报率有强烈影响，农民工的教育回报在市场化程度很高的非正式劳动力市场中，表现并不显著（曾旭辉，2004）。此外，谢桂华（2012）从户籍性质视角探讨人力资本与社会融入之间的关系，发现低技能的体力劳动者与高技能的外来务工人员在本地劳动力市场上不存在融入的障碍，但低技能的体力劳动者存在显著的收入劣势。周密等（2015）从城市规模视角来探讨本地人力资本积累如何影响新生代农民工的城市融入程度，发现在中小城市人力资本的积累更有助于促进社会融入，但在大城市这种促进作用不显著，并揭示了人力资本的积累对城市融入的影响机制，如图 2-2 所示。流入地积累人力资本固然重要，但在流出地提升人力资本对其社会融入的作用也不容忽视，杨菊华（2016）发现提升流动人口在流出地的人力资本，会强化流动后的工作经验积累，降低在流入地找工作的风险与门槛，其还发现提升人力资本对经济融入影响大，对文化融入影响小。

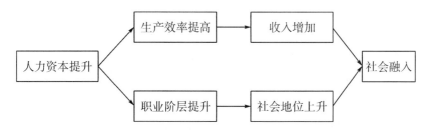

图 2-2　人力资本对新生代农民工城市融入决定影响的作用机制分析

资料来源：周密，张广胜，杨肖丽，等. 城市规模、人力资本积累与新生代农民工城市融入决定［J］. 农业技术经济，2015（1）：54-63.

③个体社会资本。对社会资本的理解大体可以分为两类。一类是社会学家眼中的个体社会资本，强调个人拥有的资本，类似于经济或人力资本，个人可以对其进行投资并获得收益。个体社会资本通过社会关系来捕获（Lin，2001），并由一个人的社会网络的特征和每个网络中自己的位置决定（Portes，1998）。该社交网络塑造了个人的机会集合，因为它提供了信息渠道、支持的杠杆作用或额外的信誉（Coleman，1988；Granovetter，1995）。另一类是政治学家眼中的集体社会资本，被视为集体的财产，只有当行动者调动或利用集体社会资本时，它才能被视为一种社会资源，并在个体的实践活动中发挥作用，否则它就只是一种静态的社会关系。社会成员通过社区层面的社会互动和社区参与，在互动过程中产生信任与行为规范，将更有助于集体社会资本的积累。

美国社会学家 Portcs Λ 于 1988 年将社会资本的概念引入外来移民的社会融合领域研究，他认为移民在迁移决策过程中的每一个步骤都与自身的社会网络构建息息相关，如向哪里迁移、是否迁移、如何适应流入地生活等，并且他们主要通过自身的社会资本来获取住房、寻找就业以及申请低息贷款等（赵延东等，2006）。此外，国内一些学者也对在国外华人的社会融入情况进行探究，王春光（1999）在研究法国巴黎的温州人时，发现温州人具有吃苦耐劳的精神，通过乡土性社会关系资源将温州人凝聚起来，帮助他们完成经济与社会的适应；周敏等（2004）在研究唐人街的华人时也发现社会资本具有类似作用，相较于个体的人力资本，早期的社会资本更有助于他们融入当地的主流社会。

20 世纪 90 年代以后，社会资本的概念被国内学者引入到农民工的社会融入问题研究。彭庆恩（1996）最早关注到建筑工地上的"包工头"现象，通过结构性访谈的方法，了解到这类群体如何在流入地积极主动地搭建一张张的"人脉网络"，并通过嵌入在这些网络中的资源来巩固自己包工头的社会地位，这些被有意识构建的网络实际成了他们个人的"关系资本"，其作用效果要超过物质资本与人力资本等结构性因素。随后，李培林（1996）对流动农民工整体的生活状况及社会交往进行调查，他发现农民工进城之后主要依赖以血缘和地缘为纽带的社会网络，这种社会网络有助于降低他们在城市中的交易成本和信息搜索成本，是一种理性的行为选择。李爱芹（2010）关注到社会资本积累困境会阻碍农民工的城市融入，并依据农民工社会资本来源形式的不同，将其拥有的社会资本划分为制度型社会资本、组织型社会资本以及私人关系型社会资本。

不同类型的社会资本对农民工社会融入的作用方式具有差异性。基于地缘、血缘等同质关系形成的原始社会资本对农民工自身具有"双刃剑"作用：一方面，其为刚进城的新生代农民工提供工具支持与情感支持，使他们能快速适应陌生的城市环境，防止他们沦为城市的失败者；另一方面，新生代农民工在对老乡关系产生路径依赖之后，就会不自觉地强化其亚文化生态环境，切断与异质性网络沟通的节点，对本地的异质性文化产生畏惧与排斥，最终强化内卷化的群体互动（张晨，2011），并且这种同质性的社会网络对他们在城市中获取信息、寻找工作所起的作用甚微。换句话说，农民工想要在城市中实现社会阶层向上流动，就必须扩展新的社会关系网络，即与本地城市居民进行社会互动，充分利用异质性资源以及制度资本来获取新的信息、资源、机会以及必要的社会支持。童雪敏等（2012）通过上海农民工的问卷调查，实证检验以老乡交往为主的黏合型社会资本对其城市融入起阻碍作用，而与本地居民互动形成的桥梁型社会资本对其城市融入具有积极影响。

桥梁型社会资本对农民工或流动人口城市融入的作用更大，但面临存量不足的问题。刘芳等（2015）从理论层面探讨桥梁型社会资本对新移民社会融入的推动作用，强调社会组织与基层社区提供的各项服务，能够帮助新移民群体构建新的桥梁型社会资本。周晨虹（2015）将社会资本的应用场景拓展到城中村社区，发现乡村黏合型社会资本减弱了城中村居民城市融入的动力与能力，而城乡连接型社会资本对其城市融入具有促进作用，但这种社会资本在城中村明显存量不足。陈纪（2016）将社会资本理论应用于少数民族流动人口城市融入问题之中，发现群外社会资本的形成意味着以社会网络作为获取外部资源的载体，以社会规范强制他者提供外部资源的约束，以信任作为维持资源获得的纽带，而群内社会资本无法解决族群内部面临的资源发展短缺问题，还会在一定程度上阻碍群外社会资本的形成。刘涛等（2020）根据2017年北京市流动人口调查数据，实证研究发现经常与本地人来往能显著提升流动人口总体和各维度的社会融入水平，而经常与外地人或同乡进行社会互动会形成特定的亚文化生态圈，切断与异质性网络连接的节点，与异质性文化产生隔阂。

如何增加桥梁型社会资本的存量成为流动人口社会融入研究的重点与难点。刘程（2012）将新生代农民工的城市融入视为行动与结构的二重化过程，核心的行动就是资本建构与转换，具体的策略就是关系嫁接与移植、不断进行投资、维护长期关系、有意识地笼络，以及反复地互动与互惠，为其提供可动员的资源网络。任远等（2012）构建流动人口本地化的社会资本测量模型，包含社会信任、社会参与以及社会交往，实证检验了流动人口本地化社会资本对其社会融合的影响程度（如图2-3所示）。刘芳（2015）认为非营利性社会组织（NGO）能够提供跨越群体边界和认同界限的桥梁型社会资本，社区公共服务有助于打破新移民群体原有的边界，形成新的桥梁型社会资本。方亚琴等（2019）提出三种培育社会资本的路径：一是通过社区内部公共空间营造，为居民共同在场创造互动机会；二是通过引入或孵化社区社会组织机构，动员居民参与社区集体活动；三是通过社区治理结构与治理方式的优化，为社区居民共建、共治、共享提供更好的服务。因此，探索新生代农民工新型社会资本的形成机制有利于改善其社会资本匮乏和质量低下的现状，促使他们更好地融入现代化的城市生活。

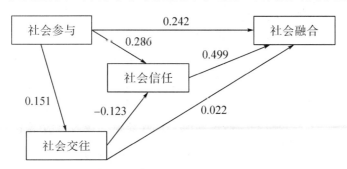

图2-3 本地化社会资本影响流动人口社会融合的效果

资料来源：任远，陶力. 本地化的社会资本与促进流动人口的社会融合［J］. 人口研究，2012，36（5）：47-57.

2.2.3　社会融入的测量指标与方法

科学有效的测量方法是探究变量间因果关系的基础，也是研究结论有可比性的保障。采用何种方法来测量社会融入，其背后的逻辑本质就是如何认识社会融入。由于社会融入的内涵具有复杂性，因此如何对社会融入进行科学测量成为社会学研究的难点。社会融入概念的复杂程度以及动态发展历程决定了其测量维度和测量工具的多元化。近年来，国内外有大量的学者对社会融入测量指标与方法进行深入的讨论和实证检验，对社会融入评估的科学性和规范化起到了重要的推动作用。

（1）社会融入测量指标的论述

国外社会融入认知是随融合理论的发展而推进的。融入理论最早的形态是文化适应，该理论经历了从同化论—多元论—区隔论的发展过程（杨菊华，2009）。与之相对应，社会融入的测量体系也从单一显变量向多维度的潜变量转化。随着融入理论的发展，社会融入的测量可以从主观视角与客观视角出发。20世纪初，美国芝加哥学派的社会学家Park和Burgess（1921）最早对移民的社会融入进行测度，主要从政治权力、经济基础、文化适应与社会规范四个方面进行。Landecker（1951）将融入分为四个阶段：行为规范、社会互动、文化适应以及功能融合。对于社会融入的测量，最有影响力的学者当属美国社会学家Gordon M M（1964），他提出"七维度模型"，分别为婚姻同化、行为同化、认同同化、结构同化、行为接受、态度接纳以及市民同化。其中，前面四个阶段主要依靠移民自身的主动性，紧接着的两个阶段主要依赖本地人的态度与行为，最后一个阶段主要依靠双方共同的努力。

随着社会融入研究的不断深入，其测量体系也越来越复杂。Goldlust J和Richmond A H（1974）从主观与客观两个视角提出"七维度适应"模型，客观因素包含四个方面：其一，经济，包括收入水平、职业稳定性、消费水平、行业类型等；其二，文化，包括语言技能、饮食习惯、宗教信仰、意识形态等；其三，社会，包括组织参与、社会信任等；其四，政治，包括选举权和被选举权获得等。主观因素有三个：其一，自我意识的转变；其二，对移民的价值观和态度的接受与内化；其三，对移民后生活的满意度。围绕着社会融合的主观与客观测量方法，Alwin D F（1985）借助社会网络分析方法，通过网络规模、网顶、网差、网络异质性、网络密度等社会网络测量指标来反映客观社会融合水平。与之相反，Bollen 和 Hoyle（1990）认为不能只考察行为等客观测量指标，更需要注重感知的社会融入测量，注重对外来移民个体的信任感、归属感等情感认知的考察，并从精神感受与归属感两个潜变量建立感知融入量表（perceived cohesion scales，PCS）。

Gordon（1964）提出结构与文化二维度融合测量模型，该模型中的结构融入主要强调组织层面的参与程度，而文化融入则强调个人在思想观念与心理认同上的转变。Josine Junger-Tas（2001）在 Vermeulen H 和 R Penninx（1994）的研究基础上，发现少数族裔移民群体总被本地居民视为"二等公民"，他们成了社会歧视与种族主义攻击的目标，从而造成实际的不平等，因而 Josine Junger-Tas 在其理论中加入了"政治—合法融入"维度，通过赋予他们平等的公民权，来消除结构性的制度障碍。Han Entzinge 等（2003）认为移民的融入过程不仅包含对当地文化的适应，而且也包含着流入地社会对移民群体的接纳，因而从双方互动角度提出"社会融入"的维度，并将原来的"结构性"维度替换为"经济融入"，最后形成国外社会融入的"四维度模型"，如图2-4所示。

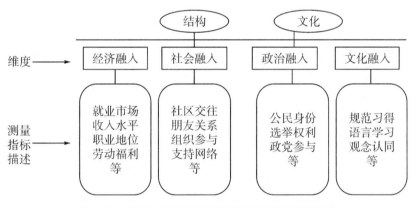

图2-4　国外社会融入的"四维度"测量指标体系

资料来源：梁波，王海英. 国外移民社会融入研究综述［J］. 甘肃行政学院学报，2010（2）：18-27.

国内社会融入的研究对象主要集中在农民工与流动人口，但农民工的城市融入问题是推动社会融合理论发展及其测量体系形成的主要动力。早期学术界主要通过单一的代理指标或潜变量来综合反映农民工的社会融入状况，例如：个体的身份认同、对城市生活的满意度或者对继续在城市居住的预期（任远等，2010）。相关研究结论有：农民工收入水平较低、社会保障权益较弱、职业地位较低，居住隔离的趋势较强；理念受冲击，文化交融差；社交网络窄，社区参与少；心理隔阂大，身份认同低。

越来越多的学者从不同视角研究新生代农民工社会融入问题，其指标测量体系也呈现多样化。田凯（1995）首先指出农民工在城市适应需要满足三个基本条件：经济层面（相对稳定的职业）、社会层面（与当地人接近的生活方式）、文化和心理层面（观念的转变、文化的认同、心理的归属）；风笑天（2004）以三峡移民为研究对象，构建生活、经济、环境、心理四维度测量模型；杨黎源（2007）针对外来群体与本地居民之间的关系进行了基础调查，发现两者在工友关系、困难互助、邻里关系、婚姻关系等方面存在较大的差异；王桂新等（2007）发现上海外来移民在政治权力、经济基础、权益保障、社会交往方面存在较大差异，以此来反映他们在本地的社会融入状况；朱力（2002）和张文宏等（2008）从经济、社会、心理、文化四个层次提出"融合递进说"；杨菊华（2009、2010）从经济竞争、文化适应、行为规范、身份认同四个维度提出"融入互动说"；与前者关注社会融入内部结构的互动不同，任远等（2010）更关注本地人与流动人口的互动，通过调查他们对城市的态度、对社会态度的感知以及自我身份的认同，从而提出"融合互动说"；周皓（2012）对杨菊华早期的研究成果进行批判，认为在社会融入测量时，需要注意区分社会融入后果与社会融入自身之间的差异，因而行为规范不应被看作社会融合的测量维度，其将原有"行为规范"替换为"社会适应"，并新增"结构融入"的测量维度；悦中山等（2012）认为之前社会融合测量模型过于复杂，强调要遵循简约的原则，提出经济、文化、心理三方面的"三维度融合说"；随后，杨菊华（2015、2016）在之前学者的研究基础上，进一步修正了之前的测量指标体系，从经济整合、社会参与、文化整合、心理认同维度提出新的"四维度融入说"，并认为这四个维度之间呈现递进关系，新生代农民工只有在经济上打好基础，才有可能在本地建立新型社会关系网络，进而更有信心参与到与本地居民的社会活动中，在参与的过程中加深彼此的理解，从而使得新生代农民工产生对城市的归属感与认同感。

然而，一些学者认为现有研究的社会融入测量主要集中在城市尺度上，而欠缺社区尺度上的社会融入测量。社区作为城市生活和社会管理的基本单元，大城市社会融入应该从社区融入抓起。社区融入是社会融合在社区尺度上的微观体现，它主要反映外来移民在社区活动中的心理感知状况（陈晓磊，2017）。崔岩（2012）认为社区融入主要关注个人或群体的互动，注重心理融入，只有实现了心理层面的社会认同，外来人口的"本地化"过程才能得以实现。陆自荣等（2014）认为个人经济地位与其在本地活动之间缺少直接关联，因而主张在测量社区融入时去除经济维度；唐丹（2015）以"融入意愿"与"融入体验"构建社区融入的二维度指标；陆自荣等（2016）指出社区融入只是社会融合的一部分，主要关注个人或者小群体的互动，并且借鉴 Bollen 和 Hoyle（1990）的感知融入（perceived cohesion）测量量表，指出社区融入本身就是"归属感"和"满足感"，个人政治参与、文化、人际交往等都是影响社区归属感和满足感的因素。

综上所述，国内外学者关于外来移民或农民工社会融入测量的研究已经取得丰富的学术成果，其指标测量体系相对较为成熟。社会融入是一个非常复杂的概念，具有多个维度，不同社会背景的外来移民融入所面临的障碍是有差别的，不同的研究目的、不同的研究对象所选择的社会融入测量评价原则与指标也是有差异的。

（2）社会融入测量方法的论述

从理论上来讲，农民工城市融入进度可以用已经转变为本地市民的人数来测算。刘传江、徐建玲（2008）构建了一个城市农民工市民化发展进度的计算公式：

农民工市民化进度＝一年内净增农民工变为市民的人数/农民工总人数

在现实生活中，农民工具有较强的流动性，转变为市民的数量很难准确地获取，因而简单地采用上述公式计算城市农民工市民化进度会有较大的偏差。农民工要想实现城市融入，至少要在政治权力、社会互动、经济基础、文化适应与心理认同上与本地居民无差别，这也说明了上述计算公式过于笼统。此外，从农民工城市融入的层次来看，上述四个层面的融入程度通常是有区别的，会受到诸多外生变量（制度约束）和内生变量（个体属性）的共同影响，上述计算公式不能有效地识别农民工实现城市融入的障碍因素以及薄弱环节。

基于此，国内学者根据研究目的与研究对象的差异，采用不同的研究方法，从不同视角构建不同的评价测量指标体系，对农民工社会融入程度进行了实证测算。尽管测算出来的结果有一定的偏差，但总体的市民化趋势是一致的。已有的研究方法为本书的研究提供了重要的参考，我们对这些测量方法作如下概括：

① 几何平均法。几何平均法是用平均数来反映预测目标的变动情况与发展趋势的方法。穆光宗等（2017）利用该方法，提出流动人口社会融入指数构想，即：

$$流动人口社会融入指数 = 100 \times \frac{就业指数+居留指数+家庭指数+购房指数+福利指数+认同指数}{6}$$

几何平均法具有理解简单、操作方便的优势。就某个具体时间点而言，该测量方法能在一定程度上反映农民工市民化进度，从而为不同城市之间的横向对比提供一个评价标准。然而，该测量方法也有不足之处，各个指标的重要程度不同，对其重要性的赋值具有较强的主观判断性，并且该方法还存在数据口径不一致的问题。

② 主成分分析法。主成分分析法的原理在于"降维"的思想，主张用综合性指标来代替原来较多因子所承载的信息，新构建的综合指标是原有指标的线性组合，各成分之间相互独立。为了避免主观赋权造成的估计结果偏差，权重系数的测量方法应该尽量客观。张文宏等（2008）利用该研究方法，对城市新移民在城市的融入程度进行评价分析。首先，在选取指标时借鉴国内外移民社会融合的研究成果，并考虑新移民在本地所面临的实际困难，最终选取 14 项测量指标；其次，在进行相关关系矩阵分析时，发现"经常交往人数"在相关矩阵中全部为负相关，"社会心理距离""社会交往范围"的最大相关系数均为 0.262，因此，"经常交往人数""社会交往范围"和"社会心理距离" 3 项指标不适合作为城市新移民的社会融合的结构性指标，在接下来的探索性因子分析中直接剔除；最后，利用探索性因子分析方法，对剩余 11 项测量指标进行主成分分析，并通过方差极大化对所计算的因子负荷进行正交旋转，得到表 2-1。四个新因子累计方差贡献率达到 63.278%，KMO（Kaiser‐Meyer‐Olkin）的检验值为 0.690，巴特利特球体检验值 $P<0.001$，说明这些指标可以进行因子分析。

表 2-1 城市新移民社会融合的因子分析结果

自变量	新因子命名				共同度
	$F1$ 文化融合	$F2$ 心理融合	$F3$ 身份融合	$F4$ 经济融合	
职业稳定程度	−0.126	−0.111	0.787	−0.088	0.655
本地语言掌握程度	0.698	0.087	0.092	0.040	0.505
熟悉本地风俗程度	0.807	0.068	0.069	0.033	0.661
接受本地价值观程度	0.702	−0.059	−0.027	0.020	0.498
亲属相伴人数	−0.014	−0.047	0.004	0.870	0.758
身份认同程度	0.425	0.203	0.509	0.264	0.551
添置房产意愿	0.219	0.169	0.464	0.638	0.698
本地户籍状况	0.162	−0.014	0.795	0.153	0.682
社会满意度	0.062	0.849	0.068	0.043	0.731
职业满意度	0.029	0.805	0.007	−0.167	0.677
住房满意度	0.030	0.629	−0.150	0.354	0.544
特征值	1.908	1.864	1.767	1.422	
方差贡献率	17.342	16.950	16.059	12.927	
累计方差贡献率	17.342	34.292	50.351	63.278	

资料来源：张文宏，雷开春. 城市新移民社会融合的结构、现状与影响因素分析［J］. 社会学研究，2008（5）：117-141.

"接受本地价值观程度""本地语言掌握程度"以及"熟悉本地风俗程度"这三项指标对 $F1$ 的因子载荷系数贡献度最高，并且这些指标涉及价值观、文化习俗以及语言习得，都属于文化范畴，故将 $F1$ 命名为"文化融入因子"；"住房满意度""社会满意度"以及"职业满意度"这三项指标对 $F2$ 的因子载荷系数贡献度最高，并且内容上涉及新移民对迁移地的社会感知，故将 $F2$ 命名为"心理融入因子"；"职业稳定程度""身份认同程度""本地户籍状况"这三项指标对 $F3$ 的因子载荷系数贡献度最高，并且身份认同与其他两项指标有较高的异质性，故将 $F3$ 因子命名为"身份融入因子"；"亲属相伴人数""添置房产意愿"这两项指标对 $F4$ 的因子载荷系数贡献度最高，内容上都以经济收入为基础，故将 $F4$ 因子命名为"经济融入因子"。最后，将所得的这四项新因子的方差贡献率作为权重系数，并按照最小—最大标准化方法转换为 1 至 100 的数值，这四项新因子也作了同样的转换，得出城市新移民社会融入的总体水平得分42.94，其经济融合、身份融合、心理融合、文化融合得分分别为35.32、48.25、54.73、37.45。

主成分分析法的优势在于将多个复杂且相互不独立的变量，通过降维的方法转变为一个或多个主成分，这些主成分承载变量的大部分信息，并以简明的方式克服主观赋权的弊端。但其主要不足包括：第一，通过降维方法生成少数潜变量可能会掩盖变量之间的差异性和问题的复杂性，即新生代农民工在某些方面较难融入、在另一些方面可能更容易融入，综合之后就分辨不出变量的难易差异，不利于深入地把握融入的具体特征，也不利于政府制定有针对性的解决措施；第二，因子分析在进行降维的过程中，有可能使得提取的公因子缺乏经济内涵，导致分析结果产生误差；第三，为了保障合成因子的科学性、客观性、典型性，对数据的质量要求较高，需要涵盖大量的信息，但获取数据在实际操作中存在一定难度（杨菊华，2010）。

③层次分析法。层次分析法（AHP）作为一种定性与定量相结合的研究方法，按照系统的内在逻辑结构，以评价指标的分类构成不同的层次结构，邀请相关领域的专家匿名对同一层级指标进行两两比较，并按照相应的标度值构建判断矩阵 $B = (a_{ij})_{n*n}$，以此求出 B 的特征向量，将该向量归一化之后即可得到各评价因素的权重系数。该研究方法更关注各指标之间的重要程度，并通过数据的处理使得研究的可信度更高，适用于对多准则与多目标的问题研究。刘传江、董延芳（2014）采用该方法对农民工市民化进行了测量。他们依据农民工市民化的行为表现，从生存职业、意识行为、社会身份、身份素质四个维度构建相应的评价指标体系，计算各层级指标的权重与特征值，并通过一致性检验来确定测量效度，最终得到各个层级指标的权重系数，如表2-2所示。

表2-2　农民工市民化水平指标体系权重分配

一级指标	权重	二级指标	权重	三级代表性指标	权重
生存职业市民化	0.25	社会保障	0.027	工伤保险参保率	0.010
		劳动关系	0.027	与单位签订书面合同的比率	0.018
		工作条件	0.121	农民工平均工资/市民年均工资	0.060
		就业环境	0.074	▲存在工资拖欠情况的比率	0.032

表2-2(续)

一级指标	权重	二级指标	权重	三级代表性指标	权重
意识行为市民化	0.25	迁移行为	0.083	外出年限情况均值	0.006
		流入地评价	0.083	在流入地生活的总体适应程度	0.083
		未来打算	0.083	在流入地长期居留的意愿均值	0.042
社会身份市民化	0.25	制度环境	0.083	▲流入地的入户门槛	0.083
		社会接纳	0.083	▲流入地对农民工的排斥程度	0.083
		主观心理	0.083	身份认同均值	0.033
自身素质市民化	0.25	人力资本	0.140	农民工平均受教育年限	0.047
		社会资本	0.080	工作交往均值	0.047
		权力资本	0.030	权利实现资本	0.047

注：带▲标记的指标为逆指标，即会对农民工市民化进程形成阻滞作用的指标。

资料来源：刘传江，董延芳. 农民工的代际分化、行为选择与市民化［M］. 北京：科学出版社，2014：105.

该研究方法测算了农民工在市民化过程中不同表现的得分，从而客观地反映出农民工市民化进程的"发展短板"。然而，该测量方法在确定各层级指标权重时，选择专家打分的判断方法，难以有效地克服权重的主观性所带来的估计结果偏差。此外，从权重分配表来看（见表2-2），四个一级指标的权重系数均为0.25，这显然与农民工的现实行为表现不一致，一定程度上也会导致估计结果的偏差。

2.3 住房选择与社会融入的关系

本节主要从住房选择与社会融入关系的发展历程、住房选择影响社会融入的要素以及住房选择影响社会融入的机制三方面对国内外的文献进行梳理，以此了解住房选择与社会融入的研究现状及其存在的不足，并在此基础上找到自己研究的突破口，为本书的研究奠定理论基础。

2.3.1 欧美国家住房选择与社会融入关系的发展历程

住房是家庭预算的主要项目，在没有政府援助的情况下，许多低收入家庭无法获得体面和负担得起的住房。对于外来移民或穷人而言，由于制度与市场的双重分割，他们被排挤在城市的一隅，形成了一个独立于主流社会的边缘聚集区。研究他们的住房选择与社会融入的关系伴随着"集中劣势""社会排斥"等概念的出现，随着经济的发展和社会文明的进步，其住房问题的解决思路也正在由物质—文化范式向社交—心理范式转移。

（1）政府初步干预住房市场阶段（19 世纪末—20 世纪初）

工业革命以及美国内战之后，城市化快速发展导致欧美许多国家都面临"内城贫民窟"问题，即城市人口急剧增加、居住质量较低、住房短缺、住房自有率极低及公共卫生环境较差等。法国于 1912 年出台"保诺维法"，要求地方政府建立廉价住房机构，负责工人阶级的社会住房建设（张祎娴等，2017）。美国发起一系列住房改革运动来解决群众的住房问题，而英国的一些建筑商主动掀起"模范住房运动"，通过中产阶级的力量来解决"廉价租金"住房的建设资金问题（王兆宇，2012）。然而，第一次世界大战之后，大量的士兵从前线退伍以及新增人口的快速增加，都加剧了对住房的刚性需求，英国于 1919 年颁布《住房与城镇规划法》，以法规形式确定了政府具有住房保障的义务，赋予地方使用中央财政资金建造社会性住房的权利，为中低收入家庭提供租赁住房（吕洪业等，2017）。1929 年，经济危机大爆发导致美国大量城市居民失业，原有居民因无法按期支付住房按揭贷款而被银行收回住房，住房危机进一步加剧。1933 年，罗斯福新政旨在通过公共工程来大规模建设公共住房以及解决就业问题。此外，1937 年美国历史上首部公共住房法案——《美国住房法》出台，进一步改善了中低收入人群居住质量（李莉，2018）。

这一时期，住房作为一项具有普惠性的公民社会权利基本成为共识，为了减缓"内城贫民窟"问题的蔓延以及改善工人阶级的居住质量，住房建设重点在于物质改造和环境整治。虽然新建设的大部分保障性住房主要被分配给那些排队申请名单中收入较高且工作稳定的工人阶级，而住房条件较差、收入相对较低的群体或少数族裔家庭，由于负担不起保障性住房的租金以及达不到申请的标准，仍被排除在保障性住房体系之外，但两者之间的贫富差距相对较小，社会排斥或空间隔离现象并不突出（聂晨等，2018）。

（2）政府大规模干预福利住房建设阶段（20 世纪 40 年代—70 年代末）

第二次世界大战后，由于房屋大多被炸毁或遭到破坏，加上军人大规模复员、新家庭数量爆炸性增长、出生率迅速攀升，使得欧美国家的许多城市陷入"房荒"的危机。1945年后，英国工党登上政治舞台，以现代保障制度奠基人 Beveridge 的思想为治理理念，主张在整个社会全面推行社会保障制度，一方面抑制住房市场的盲目投资建设，另一方面允许地方政府向公共工程贷款管理委员会（Public Works Loans Board）申请低息贷款，大规模地兴建保障性住房。1951年，保守党上台之后，为了进一步刺激住房建设，奉行市场优先的原则，一方面开始限制地方政府的权力，另一方面颁布1957年租房法，放松对私人租赁房屋的租金管制，但租金快速上涨导致了有支付能力的租客们竞相购买住房，使得可供私人租赁的住房数量大大减少。无论是保守党还是工党，最后只能遵循"福利国家"思想，继续为那些中低收入工人阶级以及贫民窟清理运动中被拆迁者提供公共住房。此时，保守党通过为住房协会设立专项财政基金来实现公共住房建设，而工党通过将住房补贴配额与建设任务直接挂钩来推动住房补贴法案实施，以此调动地方建设公共住房的积极性（王兆宇，2012）。

与英国劳工阶级矛盾不同，美国大量非洲裔群体在第二次世界大战之后纷纷迁入内城，遭到了当地白人的抵制以及联邦政府法令的限制，被隔离在城市聚居区之内，这激发了种族之间的矛盾。与本地白人的住房状况相比，有色人种面临的居住隔离问题更为严重。随着中上层阶层大量逃离内城，内城的财政逐渐走向衰败，仅靠政府的力量难以支撑公共住房的建设需求。因此，美国国会在1949年修订《国民住宅法》，旨在通过"城市更新"的名义来拆除那些不符合建筑标准的贫民窟，腾出空间建造保障性住房（杨昌鸣等，2015）。为了调动开发商改造贫民窟的积极性，政府取消了以前"等量拆迁"的住房建设政策，规定联邦政府拨款的10%可用于非住宅用途的建筑开发，公共住房设计构思采纳了柯布西耶倡导的高层现代主义思想。直到20世纪60年代，城市大部分低收入群体及少数族裔移民仍居住在劣势集中区，居住隔离情况严重，导致反种族隔离运动的暴发（洪亮平等，2013）。因此，联邦政府在1960年之后，废除大规模公共住房建设的计划，转为推出各种形式的住房补贴计划。1965年联邦政府实施"补人头"计划，赋予联邦政府住房管理机构向租赁市场住房的低收入群体提供租赁补贴的权利；之后，转向实施"补砖头"计划（向房地产开发商提供补贴贷款），将补助的重点从中低收入阶层转移到低收入阶层。1974年，美国住房法基本废除了"补砖头"计划，重点以"补人头"计划来实施公共住房政策，保障方式也从补助供给方转为补助需求方，并通过政府购买、租赁部分私人住房来增加保障性住房的供给数量。

这一时期，大规模的公共住房建设从根本上缓解了住房供求不匹配的矛盾，居民的住房条件也大为改善，欧美国家从福利主义国家视角，通过大规模地拆除贫民窟以及兴建公共住房来为低收入群体改善居住质量。但随着美国中上层阶层迁出内城，以及大规模地修建高层公共住房，也给后来种族隔离与内城衰败埋下了隐患，住房选择与社会融入问题在美国突显。

（3）政府倡导住房私有化阶段（20世纪80年代—90年代末）

欧美国家政府在早期大量投资保障性住房建设，虽然在短期内有效地解决了住房短缺的问题，但也背上了沉重的财政资金负担，特别是石油危机的到来加剧了政府财政赤字，社会福利支出面临巨大的压力。此外，伴随着全球化的兴起，资本的自由流动导致传统工业国家开始由第二产业向第三产业转型，许多欧美国家开始出现"逆城市化（counter-urbanization）"现象，人口随着就业机会逐步向郊区和小城镇转移，内城区由于住房需求不足，导致保障性住房面临"空置危机"，保障性住房的制度改革已经迫在眉睫。

在此背景下，英国政府进行了一系列私有化和市场化的改革。第一，涉及存量市政公房的改革，一方面通过1980年颁布的《购买权法》，赋予居住超过两年的公共住房的现住居民以不超过70%的折扣价购买所居住房屋的权利（吕洪业等，2017）；另一方面，实施存量住房政策改革，以住房协会为载体，通过低利率购买房产以及统一管理公共住房进行整体运营（王兆宇，2012）。第二，在新增住房供给方面，地方政府逐渐由直接供应者转变为政策制定者，公共住房的供给者变为住房协会以及私人开发商，地方政府只需要制定年度绩效指标以及定期考核，只有表现突出的社会住房机构才能获得公共资助，表现欠佳的则由政府干涉，督促其进行整顿（Crook T, 2011）。然而，在私有化推进的过程中，那些仍未私有化的公共住房，居住的租户都是城市最贫穷的群体，他们居住的公共住房位于城市最萧条的地区。

相比于英国公共住房治理结构的转型，美国建成的大量高层公共住房出现闲置的情况。伴随着逆城市化现象的扩张，这些住房的空置率居高不下，在建设过程中，由于控制建筑成本，居住质量较差，也没有景观美化，甚至用煤灰板代替石灰板做内墙，加上"破窗效应"存在，这类社区逐渐成为大量贫困人口的集聚区和有色人种的隔离区（ND Bloom，2012）。来自欧美的大量学术研究已经论证了生活在高度隔离的市中心附近的贫民，由于社会网络匮乏，本地资源与就业机会有限，他们通常很难有机会摆脱贫困、被剥夺与孤立的状态（Musterd，2002；Kearns & Parkinson，2003）。其他一些学者也强调了居住隔离与其他领域的社会排斥之间的联系，他们认为贫民区内部的住宅隔离可能给非洲裔群体和少数族裔群体带来"累积劣势"（Johnston et al.，2002）。因此，1987年美国实施"租金优惠券"计划，通过赋予申请者更多的自主选择权，让他们在白人聚居的地方自由选择住房和居住区位，以避免部分少数族裔聚集区域带来的劣势集中和社区污名化的影响。

这一时期，公共住房供给开始收缩，主要优先解决穷人的住房问题，但由于市场主导的住房分配策略，处境最不利的群体集中在最不受欢迎的地方（J Henderson，1984）。生活在不受欢迎的贫困地区会给个人带来不利影响成为不利因素，如污名化、服务水平低下、与工作和其他机会脱节的社会网络、内向型发展、负面的甚至偏差的社会规范和集中的劣势等（H Pawson，2002）。因此，为了消除贫困的集聚所带来的个人负面效果和社会失序，众多欧美学者开始大量探讨住房排斥与社会融合的关系，集中探讨如何解决劣势集中区域的贫穷文化问题，即少数族裔聚集的环境促进同质性群体之间的互动，从而使得这些区域与本地主流社会活动产生隔阂，并衍生出一种贫困的亚文化（O Lewis，1959）。

（4）政府主导的住房混合改革阶段（21世纪初至今）

住房私有化的过程造成了底层弱势群体的劣势集中，居住隔离成为欧美国家保障性住房的最主要问题，即不仅是这些居住群体成员的经济弱势问题，而且还是群体失业、社会失序以及缺乏社会流动等社会问题，这些区域也逐渐沦为吸毒、犯罪等反社会行为的高发区域（聂晨等，2018）。因此，欧美国家对此制定了各种住房和城市治理政策，以刺激不同收入群体之间以及族裔社区之间更多的混合。这些政策措施包括城市更新和社会多元化项目，例如美国的"迁移获取机会"（MTO）、"希望六"（Hope Ⅵ）计划，旨在促进社会群体之间的相互了解和城市贫民的社会流动，以消除种族隔离的人口分散现象（Goering，2003；Popkin et al.，2009）；英国的"地区倡议"（area-based initiatives，ABIs）计划，以缓解越来越严重的社会剥夺问题为核心主旨，旨在通过有针对性的邻里复兴项目（如邻里环境、青少年犯罪、环境健康、儿童教育等）来振兴社区，以实现不同社会化阶层和不同种族的社会融合为目标（汪毅，2013）。美国和欧洲都致力于制定和实施更多的社会空间融合政策，他们相信这会增加人们全面融入社会的机会。但两者的区别在于，欧洲通过住房重建过程来创建或重新创造混合社区，而美国则通过迁移来使人们获得住房选择的机会。

然而，缓解种族隔离和社会融入的住房政策很少能达到政策预期。一方面，居住混合不能被认为是增强社区凝聚力或人们的社会资本，被重新安置的家庭在建立新的社会资本方面会遇到困难，至少在短期内，分散的混居政策经常导致黏合型社会资本（bonding capital）以及社会支持下降，而桥梁型社会资本（bridging capital）并没有增加（Bolt G et al.，2010）；另一方面，产权的多样化并不总是会为社区的住房事业带来更多的机会。诸如美国的"希望六"（Hope Ⅵ）计划或荷兰的城市重建政策，都聚焦于拆迁行动，这使得社区居民搬迁特别困难。特别是在老房子拆迁和新房重建的过渡期，对于有工作的人来说，在附近社区找房特别困难，他们更愿意待在原有的社区中（Bolt G et al.，2009）。除了混合居住政策令人失望的收益之外，一些学者还分析了这些政策如何导致住房市场的排斥。例如，在瑞典和比利时，政府以社会融合目标为借口，清理种族集中的少数民族聚居区。此外，荷兰和美国的城市更新政策导致可负担的住房减少，这进一步限制了少数族裔家庭的住房选择。总而言之，许多混合政策未能减少种族隔离的原因之一，是它们没有直接针对少数族裔，也没有解决其关注的社会和文化问题。

这一时期，欧美国家政府已经认识到公共住房的衰败是城市整体层面的系统性问题，要解决底层阶层的住房问题不能再单纯依靠政府性的住房分配制度，而是要从社会融入视角出发，通过重新优化社会住房的选址或者赋予他们自由选择权利，带动不同阶层人口的重新分布，从而解决居住隔离问题。混合居住被看作是一项促进外来移民社会融入的重要公共政策与手段，然而，在空间上不同社会属性群体成员的混合居住，并不一定能够实现社会融合的目标，特别是不同生活习惯、不同价值观念、不同社会地位的群体成员生活在同一个邻里环境之中。当彼此找不到共性的时候，很容易产生冲突，加深小区内部享有不同产权的主体之间的差异，这种差异可能会带来交往障碍（Allen C，2005）。即使不同群体有共同的交往意愿，也需要有长时间的交流、共同的活动和共同的参与，才能实现社会融入。因此，混合居住有利于促进社会融合，但并不等于自动实现社会融入，问题的关键在于如何共享社区公共空间、基础设施和公共服务设施，从如何促进社会交往的互动空间建设和运营着手，从社交—心理的维度突破两者交往的鸿沟，培育社会资本，加深不同群体成员之间的社会互动与相互理解，从而增强社区内部的凝聚力与归属感。

2.3.2 住房选择影响社会融入的要素

国外在探讨住房要素与社会融入问题时，更多地从社会融入的对立面——社会排斥（social exclusion）视角出发，认为社会排斥更能反映不同族裔之间社会融入的诸多障碍（Anderson & Sim，2000）。因此，本节首先概述了构成住房的关键要素，其次总结了这些要素中的每一个成分如何与社会排斥所涉及的过程和结果相关，最后重点探讨住房体系、所有权及住房政策与社会排斥之间的关系。

（1）住房要素与社会排斥之间的关系

Madanipour（1998）在考虑出现社会排斥的社会不同方面（政治、经济、文化）时，认为社会排斥问题主要涉及获得决策、资源和共同叙事的机会，以实现社会融合的目标。居住在特定社区会影响到是否可以使用这些不同因素。根据位置的不同，居民会体验到对特定服务和资源的不同访问。例如，劣势的空间集中会限制人们的就业机会，导致地区污名化、工作竞争以及更高水平的冲突和不满。Barry（1998）认为，当以这种方式将社会排斥应用于群体和地方时，它不是在探索导致不平等的根本原因，而只是在那些以处境不利的居民集中为特征的地方贴上标签。正如 Burchardt（1999）所指出的那样，当以描述性意义使用社会排斥来描述被排斥的状态时，它会引起人们的关注，但这是有问题的，因为它导致政策试图解决影响，而不是寻找产生不平等问题的根源。例如，通过重建活动来降低社会住房的集中度，以解决高犯罪率或贫困问题，这仅仅是将问题转移到其他地方，而不是从根本上解决问题。因此，仅仅通过物质更新的干预措施来解决住房不平等问题是不够的，我们需要采取系统的方法，以解决包括失业、收入不平等在内的一系列相互关联的问题（Moulaert，2001）。总而言之，住房不平等会影响个体的健康、教育和机会，并且住房本身也与区位、身体状况、使用权保障、拥挤、可持续性以及获得其他服务等社会进程联系在一起，如表2-3所示。

表 2-3 住房要素与社会排斥过程和结果之间的关系

住房要素	与社会排斥过程的关系	与社会排斥结果的关系
成本/负担能力 （个人或家庭有能力以其可支配收入支付住房费用，并有足够的剩余收入来满足其他基本生活需求）	租金设定惯例，对于低收入家庭，如果租金支付过高，可用于其他方面的支出减少，参与消费或娱乐活动受到影响、无法支付租金或偿还负债； 贫困陷阱，随着收入增加，租户获得的社会住房租金将增加，倡导从福利待遇转到有薪工作的激励措施； 所有权政策，当低收入购房者的抵押还款相对于收入而言过高时，虽拥有资产，但收入却很低	（1）较差的健康与教育； （2）贫穷； （3）驱逐/无家可归； （4）利益束缚
可访问性/可用性 （是否有低收入租户可以满足需求或者家庭是否可以搬迁到相同或不同产权类型的住房）	缺乏获得可负担住房（affordable housing）的机会； 基于需求的社会住房分配政策可能具有包容性的，会导致污名化、贫困集中； 随着所有权的减少，那些本来会成为房屋所有者的人仍在以私人租金的形式租赁，替代了其他原本租赁的租户	（1）无家可归； （2）贫穷； （3）剩余化
使用权保障 （房主、购房者、租房者被保证继续占有住房的程度）	没有使用权保障的地方可能不得不随时地搬迁； 不安全的住所可能会影响维持就业的能力	（1）教育结果受到损害； （2）收入水平可能受到不利的影响
适宜性 （指住房是否满足居住者以下方面的需求：外观、区位、质量、家庭规模及居住者年龄的适用性）	集中效应，受限的社会网络，雇主污名化； 缺乏商业服务设施，例如商店、银行； 由于住房维护不足而导致的恶劣的社会和物理环境； 过度拥挤	（1）获得就业、教育和其他服务的机会受到损害； （2）较差的健康、教育、就业前景； （3）缺乏流动性

资料来源：ARTHURSON K, JACOBS K. Social exclusion and housing［R］. Australian Housing and Urban Research Institute，2003：16.

（2）住房体系与社会排斥之间的关系

目前，已有许多学术研究探索了住房体系与社会排斥之间的关系。住房体系可以加剧或弥补由于社会结构的其他组成部分导致的社会凝聚力不足，例如：住房成本低廉的住房结构可以直接对抗低收入家庭经济排斥的劣势，并通过低水平的社区互动和增加住房流动性的机会，增加家庭的社会和经济灵活性，增强他们经济融入与社会融入的能力（Czasny，2002）。对于两者之间的关系，有学者将其归纳为三个不同的方向：第一，住房在多大程度上有助于社会排斥；第二，住房被排除在社会排斥之外的后果；第三，住房贫乏被描述为社会排斥的结果。

第一种理解认为，住房本身是造成社会不平等的关键因素。从这种观点出发，任何试图理解不平等与社会排斥之间关系的分析都必须承认住房在塑造结果中的作用。大量研究成果已经表明住房体系本身可以加剧物质上的劣势和社会排斥（Lee & Murie，1997；Burrows，2003）。例如：Pawson 和 Kintrea（2002）探索了住房分配政策成为社会排斥过程一部分的方式，这些政策将贫困地区的最弱势群体隔离开来，拒绝其他群体进入，并使贫困持续集中在社会住房领域。赞成住房促进社会排斥这一观点的另一个支持者是 Forrest（2000），他认为住房与其他社会排斥要素是交织在一起的，加强了住房社会排斥的过程。对于第二种理解，Cameron 和 Field（2000）认为两者之间的关系是复杂的，例如，在英国的孟加拉国社区被排斥在住房之外，因为他们的住房选择受到低收入和对犯罪的恐惧的束缚，但他们的社区已高度融入当地劳动力市场，并与社区紧密融合。相反，相邻的白人占比较高的社区有更多的住房选择机会，住房的物质环境更优，但他们的社区被排除在劳动力市场和更广泛的社会之外。Anderson 和 Sim（2000）认为，这可能是由于忽视那些居住者的个体属性和经历的差异，社会排斥实际上可能不是描述住房系统或福利的其他方面的不平等和劣势模式的理想术语，最好将住房排除在社会排斥的后果之外。第三种理解认为，缺乏诸如收入之类的物质资源是不平等的原因，而不是住房本身。例如，失业会影响人们获得住房的机会，那些处境不利的人最终将不能获得令人满意的私人住房或公共住房；反过来，空间的劣势集中将导致其他服务的排斥过程，更不利于他们就业。总而言之，不平等与住房之间的关系并不是一条单向的通道，因为住房可以加重或减少其他领域的社会不平等，如健康、教育和就业（Malpass，1999）。

（3）住房使用权与社会排斥之间的关系

虽然社会排斥的概念并不意味着社会排斥在某种产权类型的住房中出现，但人们通常认为居住在公共住房中的人们受到的威胁最大，因为许多政府的政策重点都是公共住房。从某种意义上来讲，住房使用权被当作一种不平等的指标。例如，Burrows 和 Rhodes（2000）认为公共住房的居住者比房屋所有者可能遭受更多的社会排斥。该论点的前提是，不平等现象可以通过空间进行映射，因而住房供给和住房的获取可以提供一种识别社会排斥的方法。Lee 和 Murie（1997）在探讨住房的影响和其他与社会排斥相关的因素的关系时，发现资源最少的家庭倾向于社会住房领域，但在私人租赁和自有住房市场中也可以找到弱势家庭。例如，在英国的某些地区，住房所有者和私人租户的剥夺水平高于邻近的社会住宅区。Hulse 和 Burke（2001）通过对澳大利亚的实证研究发现，与社会住房租户相比，私人租金低收入者的社会排斥更大、更复杂。因为社会住房承租人获得许多好处，这些收益在低收入私人租赁权中不具备，包括获得经济适用房、支持稳定的租约和使用权保障，这些因素在某种程度上降低了排斥的影响。

此外，欧美一些国家提出了"权属混合"策略，即通过引入较高收入者（尤其是房主）来使处境不利的社区再生的一种方式。但这种权属混合以及邻里再生的策略很快遭到 Wood（2003）的质疑，他认为该政策的假设前提是通过权属增加社会资本，实现社会凝聚力多样化。然而政策的出发点往往是通过"重建"或者"住房券"来试图分散这些集中的弱势家庭，忽视了如何增加社区的多样性以及培育社会资本。与该假设不符的是，一些研究者发现人们喜欢靠近"喜欢自己"的人，即同质性可能会受到居民的更多青睐，因而也出现一些混杂社区引发更多的冲突和紧张的情况，同质社区可能表现出更高的社会凝聚力的社会现象（Goodchild & Cole, 2001）。

（4）住房政策与社会排斥之间的关系

在任何有关社会排斥的讨论中，Levitas（2005）的著作都是非常重要的，这有两个原因。第一，Levitas 提出了一个重要的观点，即社会排斥至少要以三种意识形态话语为基础，所有这些思想话语都在当代社会政策中得到体现；第二，他的分析框架提供了一种突出这些不同话语如何影响住房政策的方法，如表 2-4 所示。

表 2-4　关于住房和社会排斥的主要政策辩论

辩论	社会排斥如何被概念化	住房政策链接	政策和计划的类型
道德底层阶级话语	主要关注的是被排斥者的道德和行为	（1）强调国家干预提供社会住房的不利影响； （2）社会住房被描绘成问题的原因，与福利依赖和多样化的问题性租户行为有关； （3）采取制裁措施以防止不当行为	（1）社会住房的私有化和租赁； （2）私人租金补贴/福利计划； （3）改变住房更新和分配中的社会混合政策； （4）租户因反社会行为而被驱逐
再分配话语	强调贫穷和缺乏充分的公民权是排斥的主要原因	（1）认识到获取优质、可负担的住房对于低收入租户的重要性； （2）批判私人市场为低收入租户提供适宜性住房的能力	（1）政府在社会住房方面的金融投资策略； （2）开放社会住房的获取渠道； （3）提倡直接公有制、管理和供给社会住房
社会融合主义话语	强调有偿工作和就业对于社会融合的重要性	强调住房在获得/保持有偿就业和社会融合方面的作用	（1）法国"门厅"模式，将青年住宿与培训和就业结合在一起； （2）房地产更新计划中的就业项目，例如使用住房升级为租户创造就业机会； （3）英国住房附加计划

资料来源：WATT P，JACOBS K. Discourses of social exclusion：an analysis of bringing Britain together：a national strategy for neighbourhood renewal ［J］. Housing, Theory and Society, 2000, 17（1）：14-26.

　　根据上述研究，我们可以发现国外在探讨住房选择要素与社会融入的影响时，主要从社会融入的对立面——社会排斥的概念出发，围绕住房要素、住房体系、住房使用权、住房政策等多个视角，论述住房与社会排斥之间的复杂关系。相比而言，国内的研究更多地从实证角度，集中探讨住房选择要素与社会融入之间的相关关系，如表 2-5 所示。

表 2-5　国内住房选择要素对社会融入影响的分析

住房要素	与社会融入的关系	影响机制	论据来源
住房性质	有产权的住房更容易促进社会融入	(1) 有产权的住户已经投入大量的时间或金钱,有更多的邻里互动; (2) 提高社会地位,缩小心理距离,加强身份认同	Guest & Wierzbicki,1999;祝仲坤等,2018
社区类型	正规社区更容易促进社会融入,但存在争议	(1) 物质环境与居住质量; (2) 区位优势附带的职业发展机会和就业信息、社会交往圈; (3) 非正规社区内部存在更牢固的社会网络	郑思齐等,2011;韩俊强,2013;Liu 等,2019
住房面积	边际递减效应	(1) 居住质量改善; (2) 家庭幸福感提升	张立媛,2018;王雪力,2015
住房支出	存在争议	(1) 身份认同; (2) 生活成本; (3) 关系较弱	陈梦凡,2018;李含伟等,2017
住房质量	正相关	(1) 生活质量; (2) 归属感及满意度	Zheng S 等,2020;郑思齐等,2009
邻居类型	存在争议	(1) 文化多样性; (2) 增加互动机会; (3) 榜样效应; (4) 价值观与生活习惯差异,加剧异质性群体冲突	简·雅各布斯,2006;单文慧,2001

2.3.3　住房选择影响社会融入的机制

从城市社会学视角来看,居住空间作为城市新移民社会关系建构与社会互动开展的场所,是社会资本产生与培育的重要载体。一些学者认为新生代农民工在居住上存在空间隔离、选择限制、权利排斥、条件恶劣等问题,这些问题加剧了新生代农民工的"无根性",使他们与社会深度隔离,不利于其人力资本与社会资本的积累,以及信息和机会的获取,最终导致身份转换陷入困境(雷敏等,2007;郑思奇等,2009;朱磊,2013;罗丞,2017)。然而,也有一些学者认为,那些住在移民飞地和非正规住房的农民工,由于他们邻里之间也存在牢固的社会网络,因而有更好的就业结果以及更高的融入意愿(Liu et al.,2019;Sheng et al.,2019)。此外,旨在缓解居住隔离的空间混合政策，在具体实践中演变为邻里内部的矛盾（Allen C，2005；吕程，2019）。

由此可见，住房选择与外来移民社会融入之间的关系非常复杂。想要明晰这种错综复杂的关系，除了探究住房选择导致了怎样的社会融合结果变化外，更为重要的是，要厘清有什么机制或潜在中介推动了这种积极的变化，以及背后的理论支撑是什么。通过梳理既有文献，本书发现住房选择影响社会融入的潜在机制大致包括直接影响和间接影响两种方式。

（1）直接影响

居住是外来移民进入城市之后的基本活动之一，是其在城市生存、发展进而转化为城市公民的基本条件。因此，外来移民的居住问题对其社会融合产生的直接影响一直备受学界关注。其理论根源是居住隔离理论（residential segregation theory）、污名化理论（stigma theory）、空间剥夺理论（spatial deprivation theory）。

居住隔离通常指特定群体成员在城市空间上的非随机分布，并且不同空间单元内聚居着高度同质性的社会成员（M J White，1988）。在美国，居住隔离主要体现为以族群为边界的居住空间区隔。非洲裔的族群隔离作为一种扭曲的社会空间，自然会带来病态的社会后果。由于物理距离的隔离会在社会中营造出一种族群偏见的社会氛围，从而导致不公平的社会资源与社会福利分配规则的产生，最终阻隔了他们向上层社会流动的渠道（Galster G C，1987）。久而久之，这些边缘聚居区将会受到更多扭曲的价值观、本地社会排斥的影响，滋生出"贫困文化"和"犯罪文化"，这些不良文化会对该区域的个体造成持久的负面影响（Massey & Denton，1993）。

关于族群居住隔离的形成机制是这一理论研究的核心所在，当前共形成三种主流解释范式：第一，空间同化理论。它从新古典经济学的视角出发，将城市新移民从居住隔离向居住融合转变的过程视为一个不断吸收与转化资源的自然过程，需要经历文化适应—社会网络构建—经济融入—社会地位流动—搬入主流社区—空间同化，这一模式在很长时间内都是美国学术界解释种族居住隔离的中心范式（G Bolt，2010）。第二，住所分层理论。它认为空间同化理论假设资源获取与转换过程是不受限制的，条件过于理想化，并且无法有效地解释为何某一群体要比其他群体更加难以实现居住融合，该理论认为族群偏见是少数族裔移民居住模式形成的结构性条件，种族不平等的现象被映射在居住空间不平等之中，并通过歧视性住房市场形成居住隔离（DS Massey，1985）。由于居住歧视的客观存在，社会阶层地位与其文化传统对其居住融合的效果被弱化了。第三，居住偏好理论。该理论指出空间同化理论的假设过于武断和轻率，指出居住隔离可能是人们不愿意空间同化的结果，并且也批判以种族因素来解释居住隔离过于简单化，缺乏事实依据（Clark W A V，1986）。

该理论认为居住模式与居住偏好具有密切关系，每个族群群体成员在居住选择上都会偏好相似性以及文化共性。简而言之，居住隔离是选择性而不是限制性的结果，其实质是自我隔离（Schelling T C，1971）。对于国内新生代农民工而言，居住隔离问题是造成他们城市融入困难的主要原因。他们绝大部分选择在城市边缘区集中居住，这使他们成为一个与城市相对隔绝的群体，其社会交往范围局限于同质性群体内部，这种与外界沟通和人际互动上的限制，使得他们较少地参与社会主流活动，对城市的归属感与认同感较弱，而疏离感较强（雷敏等，2007）。

污名化的概念最早源于美国社会学家戈夫曼的《污名——受损身份管理札记》，在该著作中，"污名"被理解为一种令人丢脸的特征。由于在日常社会互动中被区别对待，参与活动的当事人被打上某种特征的标签或污点，这导致他们在心理或社会地位上受到相应的损伤，使其进一步对自己的身份认同产生困扰（姚星亮等，2014）。住房的污名化最集中的表现是美国的贫民窟，Pred A（1997）直接指出这些地方存在"符号化的过程"（symbolisation process），底层阶层或少数族裔移民经常会由于污名化而被贴上"危险的""野蛮的"等带有歧视性的社会标签，被本地居民孤立起来，其交际圈、获得工作的机会都可能受到影响。不仅如此，失序的物质性与社会性要素通常包含高度可见的信号，而邻里观察者在不同社会条件下会对此作出不同的反应，从而潜在地影响迁移模式、商业投资、地区名声以及邻里整体的生命力。更为严重的是，这种对污名化的认知会随着时间推移，给居住于此的人们带来持续的偏见与歧视，从而导致他们陷入"贫困的孤岛"。

在国内农民工的居住调查研究中，我们发现农民工在城市的居住方式主要表现为三种类型：一是聚居在城市近郊区或城郊接合部的城中村地区，二是聚居在工棚、就业场所以及单位的集体宿舍之中，三是分散在城市老旧小区或借住在亲戚家。其中，支付能力相对较弱的农民工一般选择在城中村、城乡接合部、老旧社区乃至地下室等"非主流"居住区租住廉租房，具有一定的群体封闭性。他们的人均居住面积低于城市居民的人均居住面积，"群居"和"蚁居"的现象在北上广城市尤为普遍，相对拥挤的居住空间，以及相对欠缺的厨房、卫浴等生活配套设施，反映他们的居住品质相对较差（熊景维等，2018）。蔡鹏等（2020）通过利用2006—2015年"中国社会状况综合调查（CSS）"数据，发现新生代农民工住房选择具有以下两方面特征：一是居住模式以租房为主，并逐渐向郊区转移；二是住房支出占家庭总支出较高，但其住房设施相对简陋，缺乏可供独立使用的厨房、厕所以及洗浴设施。由于新生代农民工的居住环境相对封闭，居住群体内部的同质性较强，这拉大了他们与本地居民之间的社会距离，削弱了他们对城市的认同感与归属感。

剥夺（deprivation）作为一个社会学的基本概念，主要强调资源在不同阶层成员的社会分配过程中存在不平等现象。根据剥夺的参照对象，剥夺可以被划分为绝对剥夺与相对剥夺，前者强调基本物质生产资料与生活资料的缺失，后者更多关注心理感知。相对剥夺是指由于社会阶层地位差距或享受到的资源与服务不平等而产生的一种失落感（P Townsend，1987）。城市空间剥夺集中表现在城市贫困空间的剥夺，被剥夺的区域大致分为以下三种：一是内城区将要被城市更新或开发的重建区域，以单身流浪汉和贫穷的移民为主；二是内城区的老旧衰败的小区，这些地方基础设施老化、建筑质量以及社会声誉较差，以退休的老年人与无技术的工人为主；三是城市外围地区的保障性住房，交通便利性较差，生活配套设施不齐全，以城市低收入的贫困家庭为主（DT Herbert，1975）。这种城市空间剥夺直接加剧了底层贫困阶层的社会排斥，导致他们的公民权利以及自我尊严的丧失。

汪丽等（2014）借鉴西方的空间剥夺理论，生动地描绘了西安城中村改造过程中，流动人口的居住空间如何从机会、资源和情感三方面被逐步剥夺。首先，在机会空间剥夺方面，城中村为流动人口提供了在城市中打拼的机会空间，以及给予他们社区资源。而城中村的改造直接选择漠视流动人口的居住权益，将他们直接排除在改造的利益分配之外，极大地降低了他们对公共资源的可获性与可接近性，对他们的社会阶层流动造成客观条件上的限制，这是从空间上对他们在城市发展机会的绝对剥夺。其次，在资源空间剥夺方面，城中村改造打破了流动人口内部形成的日常生活秩序，对原有居住空间的剥夺使得流动人口被迫向城市更远的地区集聚，额外增加了通勤成本，从而降低流动人口对城市的认同感与归属感。最后，在情感空间剥夺方面，城中村承载大量流动人口的风俗习惯与情感记忆，更能体现城市发展的活力与"烟火气"。那些饮食、娱乐设施、零售商店、街边小摊等物质载体承载着许多打工者的回忆及特殊情感，城中村的改造使得原有邻里关系、热闹氛围、拼搏勇气等情感空间破碎，使他们在城市中难以再次寻找到同样类型的情感空间。

（2）间接影响

除了直接影响之外，住房选择影响社会融入的间接路径也正引发学界关注。当前研究一般认为住房性质、居住区位、邻居类型等因素可以通过如下几种路径影响新生代农民工的社会融入状况，具体包括：提升社会地位（Rex J, Moore R, 1969；祝仲坤等，2018；刘精明等，2007）、获取公共资源（Sampson, 2002；Friedrichs J et al., 2003）、积累社会资本（罗力群，2007；戚迪明等，2016；刘传江等，2004）。

①住房选择—提升社会地位—社会融入

雷克斯和摩尔于1967年在其出版的《种族、社区和冲突》一书中提出了"住房阶级"的概念，根据获取住房途径的差异将城市群体成员细分为五种住房阶级：现金购买、信用贷款、公共住房、抵押贷款、租赁住房（Rex J et al., 1969）。他们认为城市居住空间的分配是一个政治权力与市场规律相结合的产物，不同产权属性、地理区位以及建筑质量的住宅，在市场规律的作用下会分化出不同层级的住房阶级。居住空间的差异是不同社会阶层地位成员自然选择的产物，反过来又强化社会群体成员之间的等级差距。因此，住房不仅是物质实体，更是社会成员身份地位的符号与象征（刘精明、李路路，2007）。拥有住宅产权不仅意味着把"家"安在这里，影响着人们的社会交往与生活态度，而且还代表着身份与社会地位的提高，会缩小自身与本地居民之间的心理距离，极大地提高个人融入社区和与本地人交往的信心，有助于他们投入更多的时间和资源建立良好的邻里关系，以及提高个体对其市民身份的认同感（祝仲坤等，2018）。

②住房选择—获取公共资源—社会融入

邻里效应（neighborhood effect）是指个体的晋升空间与职业前景在很大程度上受到其所处的居住环境的影响，也即"地方作用"（place matter）（刘晔等，2009）。Manski（1995）将邻里效应的解释机制归纳为三种类型，分别为内生效应（endogenous effect）、外生效应（exogenous effect）以及关联效应（correlated effect）。内生效应指个体会无意识地模仿所属群体其他成员的行为，表现为正向激励的榜样效应（role models）与负向激励的同伴效应（peer effect），例如：青少年吸毒是因为受到附近同龄人吸毒的影响。外生效应指个人的行为与所属群体的外生特征有关，例如：个人的居住环境会因为居住小区群体平均收入水平的提高而得到改善。关联效应指个体的行为会受到所属群体的共同特征或共同环境影响，例如：黑人的生态集聚导致个体缺少向上流动的资源与机会，加剧弱势循环。新生代农民工在住房区位上的选择是一种典型的关联效应的表现，住房的位置（location）直接与基础教育设施、公共交通、就业资源等公共服务密切相关，这些公共服务资源有助于农民工子女教育、自身就业发展以及更多信息、机会与资源的获取，加强他们在城市的经济融入（祝仲坤，2017）。与之相反，那些居住在城郊接合地带的外来打工者，具有显著的集中劣势，教育资源的匮乏、通勤成本的增加、机构资源的欠缺、社会网络的限制等因素均会导致个体在人力资本积累与社会流动的过程中面临诸多困难。

③住房选择—积累社会资本—社会融入

关于社会资本与社会融入的研究在探讨社会融入认知阶段已经详细阐述过了，且已经达成普遍性的共识，即不同类型的社会资本对社会融入的影响是有差异的。以血缘、地缘等同质关系为基础建立的原始社会资本有助于适应城市环境，而由于路径依赖以及对外排斥导致化内卷化的群体互动，不利于其社会融入。而以同学缘、友缘、业缘等异质性关系为基础建立的新型社会资本，充分利用具有异质成分来获取新的信息、机会和资源，更有利于向上的社会流动。从社会空间视角来看，居住空间差异会影响他们与本地居民之间的互动、信息的传播和获取、人际关系及其他社会联系的建立，从而强化他们对自我阶层的定位以及交往的边界（司敏，2004）。不同社区的空间结构通过影响居民的互动频率与参与机会对社会资本的培育产生作用（方亚琴，2014）。基于此，一些学者指出混合居住能丰富社区文化的多样性，丰富居民的生活，让外来移民与本地居民更多接触，参与本地社区组织的活动，通过加强外来移民与本地居民的交流来促进彼此理解与相互认同，让外来移民及其子女在个人发展与资源分配上获取更平等的机会（简·雅各布斯，2006）。张婷等（2015）通过重庆市农民工调查，进一步论证居住形态选择差异对社会资本积累的影响，其认为购买住房的农民工与本地居民之间的社会互动比较频繁，能够较好地参与到社区活动之中；而选择租赁住房的农民工，他们的居住空间相对较开放，与本地居民碰面的机会较多，其社会融入状况要好于集体宿舍；居住在集体宿舍的农民工由于生活场所与工作场所的高度重合，缺乏除职业以外的渠道来接触本地居民，其社会交往状况以及对本地的归属感最差。

2.4　本章小结

通过对当前主流文献的分析可以看出，目前国内关于农民工住房选择和社会融入的研究相对较多，但将两者联系起来的研究却相对较少。相较于国外围绕住房要素、住房体系、住房使用权、住房政策等多个视角论述住房与社会融入之间的复杂关系，国内的研究仅停留在住房要素与社会融入之间相关性分析阶段，对于农民工进入不同类型居住空间之后的融入问题的探讨相对较少。总而言之，由于两者之间的关系较为复杂，现有研究中仍然存在一些不足之处有待完善和深入研究。

第一，现有研究在探讨农民工住房选择的影响因素时，更多从制度上考虑整体性排斥，将农民工视为一个高度同质化的群体，认为农民工长期处于住房劣势，只与本地居民存在住房差距，群体内部住房差距相对较小。

在探讨外来移民住房选择的影响因素时，国外早期研究关注制度约束、邻里环境、家庭生命周期以及个体社会经济地位对其是否购买住房决策行为的影响，后来一些学者逐步认识到社会网络、隔离和歧视、社会距离、集体效能、集中劣势等城市社会文化因素对其住房选择行为的影响。而国内的研究在探讨住房选择时，更多地从政策制度、邻里环境、家庭因素、个人因素展开论述，并未关注到城市社会文化因素对个体行为选择的影响，主要是因为现有学者普遍考虑整体性排斥思维，将农民工群体视为一个高度同质化群体，并未意识到他们进入城市之后的社会流动会使群体内部的异质性与差异性逐渐增加，这势必会对新生代农民工群体内部住房分化产生影响。如果未来仍然将规模巨大的新生代农民工视为一个高度同质化群体，一方面，容易忽视处于社会底层的新生代农民工的住房需求，另一方面，由此制定的住房政策建议可能无法实施，甚至导致偏差。

第二，现有研究在探讨社会融入影响因素时，重点关注制度环境以及个体资源禀赋，较少关注居住空间与社会融入之间的关系，特别是移民进入社区之后如何实现社会融入的研究相对较少。

现有研究在探讨移民或农民工社会融入的影响因素时，主要从制度环境因素探讨移民的融入政策或结构性的制度障碍对移民融入具有根本性影响，并从个体资源禀赋因素论证了个体社会经济属性、人力资本、社会资本有助于促进社会融入。然而，关于居住空间与社会融入之间的关系的探讨较少。西方对居住融合的研究强调那些成功的移民群体成员通过个人的文化融入和社会流动，离开他们本族群不太成功的成员，进入社会福利设施更好、白人较多的郊区社区居住，但他们并没有继续对移民进入白人占比较高的社区之后的融入问题进行研究。而我国探讨的农民工居住融合问题主要集中在两个方面：一是关注制度因素和经济因素对其住房选择的影响，二是探讨如何进行政策制度改革来提高农民工的住房购买能力或增加住房供给。这些研究的重点都集中在农民工"住进普通社区之前"的环节，且将住房视为一种遮风避雨的物理空间，较少地关注到住房的社会空间属性，即农民工进入不同类型居住空间之后如何与本地居民进行社会空间互动。

第三，相较于国外从住房制度变迁、住房选择要素以及影响机制等多个视角论证移民住房选择与社会融入之间的关系，国内研究更多地将住房视为一种物理空间，并未关注住房作为一种社会空间，它如何通过社会资本积累差异显著地影响社会融入。

在探讨外来移民住房选择与社会融入关系时，国外主要从保障性住房制度变迁、住房要素、住房体系、住房使用权、住房政策以及影响机制等多个视角系统地论述两者之间的复杂关系，而国内研究更多地停留在定性描述农民工拥挤的居住环境、简陋的室内配套及较差的社会治安环境等，或从实证角度出发检验住房选择要素与社会融入之间的关系，如住房性质、住房面积、住房质量、邻居类型等。这些研究更多将住房视为一种生活的物理空间（即居住设施的室内外环境及相应的配套设施），而忽视住房的社会空间属性，尤其是对移民进入社区后所面临的融入问题关注不足。因此，本书重点检验新生代农民工进入不同类型居住空间之后，如何通过社会资本作用对其社会融入产生影响，该研究有利于住房政策制定者反思现有的住房改革思路，从以前注重物质更新转变为关注社会空间互动。

综上所述，当前实证研究中的不足之处既影响了研究结论的科学性，同时也显示出完善既有本土理论的必要性和紧迫性。居住隔离理论、污名化理论和空间剥夺理论虽然建立在国外移民经验基础之上，但将住房选择作为社会资本、人力资本、制度排斥之外的又一重要的社会融入影响因素，至今仍然是我们研究和理解农民工居住选择对其社会融入影响的有力解释机制。由于我国并不存在种族歧视历史以及我国独有的户籍制度影响，这些理论的适用范围和本身的解释力存在一定的局限性，尚不能够完全有效地解释我国新生代农民工住房选择与社会融入之间的复杂关系。

3 新生代农民工住房选择
与社会融入的理论基础

相较于国外的二代移民，国内新生代农民工有可能面临"回不去"又"进不来"的困境。一方面他们的成长经历使他们从乡村的互惠关系中"脱嵌"；另一方面，他们的身份和经历又会限制自身人力资本和社会资本的发展，面临在城市的社会融入问题。然而，新生代农民工融入城市不仅需要解决住房问题，更需要解决居住之后融入社区生活、与社会交往的问题，这也是新型城镇化发展新一阶段的目标。

本书的研究遵循"行为—结果—机制—实践"逻辑思维，首先将新生代农民工住房选择行为作为研究的逻辑起点，阐述不同住房选择行为模式下新生代农民工社会融入的结果是否具有较大的差异性，以及这种差异性如何体现在经济、社会、心理、文化等维度；其次，在探讨住房选择行为对其结果的影响时，进一步思考这种行为通过何种机制对其结果产生影响，从而引出社会资本理论，并对这一理论的概念、特征与作用进行系统的阐述，为本书的研究做好理论铺垫；然后，重点探讨住房选择、社会资本与社会融入三者之间的逻辑关系，分别阐述住房类型通过学习机制、固化机制、权利意识、阶层意识四个因素共同影响个体社会资本积累，个体社会资本通过情感共鸣、社会支持、路径依赖、信息获取、资源杠杆、榜样效应共同影响个体社会融入的结果，以及考虑到新生代农民工自身具有较强的流动性，进一步讨论个体社会资本在不同居住空间的异质性效果；再次，探讨新生代农民工不同住房选择行为如何通过个体社会资本积累的形式差异，加剧他们社会融入的结果差异，并在此基础上分别提出相应的研究假设，构建新生代农民工住房选择、社会资本与社会融入的研究分析框架；最后，回归到现实生活，本书进一步梳理了国内外关于如何解决外来移民或城市低收入阶层的住房问题的实践经验。

3.1 新生代农民工住房选择行为对社会融入的影响程度

在 1988 年住房市场化改革之前，住房作为一项公共的社会福利（张清勇，2014），统一由工作单位进行分配，遵循的基本原则是"满足职工的基本生活需求"，彼此之间住房差异较小。随着住房市场化改革的不断加深，是否拥有住房所有权成为判断个人是否成功与家庭经济实力强弱的重要标准，住房已经不仅是遮风避雨的物质实体，而且成为个体社会经济地位的象征（刘精明、李路路，2007）。自有住房能够保障居住稳定性和舒适性，同时也有资产增值及产权继承功能，因此逐渐演化成社会认同、身份地位的符号，并且其作为婚姻市场的重要条件，对新生代农民工具有非常大的吸引力。保障性住房作为一项福利住房政策，租金价格远低于同水平市场租赁价格，稳定居住期限以及宜居、安定、有序的居住环境，能够让新生代农民工生活得更加体面与舒适，对新生代农民工具有较强的吸引力。集体宿舍作为企业主或工厂提供的一项住房福利措施，以其低价或免费的住宿条件，为新生代农民工提供稳定的落脚之处，对一些新生代农民工有一定的吸引力。相较于前三种选择，租赁住房不仅需要独自承担高昂的租金成本，而且承租人的租赁权益经常得不到有效的保障，表现为出租者随意上涨租金、中介乱扣押金、虚假租赁合同、临时解除租赁关系等，承租人长期面临不稳定的租房环境以及随时搬家的烦恼（张辉，2021）。因此，考虑到大部分新生代农民工对于住房选择的偏好顺序，以及居住空间的稳定程度，本书的研究以租赁住房作为参照对象。

相较于租赁住房而言，"买房"是大多数新生代农民工进城打工的奋斗目标，是否拥有自己的住房影响着他们在城市的地位以及在社会交往中的信心，拥有自己的住房不仅意味着把"家"安于此，还代表着身份与社会地位的提高。业主的身份有助于他们投入更多的时间和资源建立良好的邻里关系以及参与社区公共事务，从而更好地维护自己的权益。与之相反，那些没有产权或住房状况不佳的新生代农民工更有可能感觉自己是边缘群体，在与本地人交往中更容易遭受"歧视"或"偏见"，会尽可能地避免与本地人接触和交往，从而导致更严重的内卷化倾向。

随着大城市房价快速上涨，对于大部分新生代农民工来说，在大城市里购买住房是一件相当困难的事情。新生代农民工如果要想在大城市里扎根，最好的办法就是获得保障性住房，包括经济适用房、廉租房、公租房等。保障性住房体现了地方政府对新生代农民工的照顾与关怀，彰显出流入地的"亲近感"以及"包容度"，它有助于强化新生代农民工的居留意愿与对城市的认同感和归属感，从而使新生代农民工以主人翁的身份与热情在城市之中沉淀下来。相较于常见的三种农民工居住类型：聚居在城市近郊区或城郊接合部的城中村地区，聚居在工棚、就业场所以及单位集体宿舍，分散在城市老旧小区或借住在亲戚家中（张子珩，2005），保障性住房的配套设施、居住环境相对较为"体面"和"宜居"，更有利于提高农民工的社会地位，加强自己"城里人"的身份认同，从而提高与本地居民的互动频率。

此外，相较于租赁住房，大多数新生代农民工也会选择居住在工厂或企业提供的员工宿舍。大城市的高昂房价，导致其住房成本支出非常大，对于新生代农民工来说，集体宿舍至少提供了一个安稳的落脚之处，并且居住地的群体之间拥有相似的社会位置和生活经历，工作关系与生活关系的重叠交织，能够给予他们更多的心理慰藉和物质支持，这种心理安慰效应弥补了住房差距产生的相对剥夺感，让他们找到了情感认同，减轻了迁移的心理成本。然而，长期依赖强关系的同质化社会互动，会导致他们与本地主流社会活动产生隔阂，并衍生出一种贫困的亚文化，从而强化内卷化的群体互动，阻碍他们参与更加多样化的社交网络，导致他们缺乏向上流动的信息、资源与机会。基于此观点，本书对新生代农民工住房选择行为对其社会融入程度的影响作出如下假设：

H1：新生代农民工不同的住房选择行为会导致其社会融入程度产生显著的差异。

H1a：相较于租赁住房，选择购买住房更有利于促进新生代农民工的社会融入。

H1b：相较于租赁住房，选择保障性住房更有利于促进新生代农民工的社会融入。

H1c：相较于租赁住房，选择集体宿舍对新生代农民工社会融入的影响效应不显著。

在探讨新生代农民工住房选择行为对社会融入的影响程度之后,我们需要进一步分析这种住房选择行为如何影响他们社会融入的各个方面。一方面,在经济整合方面,新生代农民工住房选择行为对其经济整合影响较小。由于交通与信息化快速发展,相较于从前都是在居住地点附近寻找工作,轨道交通快速发展在一定程度上缓解职住分离问题,信息快速化发展在一定程度解决就业的供求不匹配问题,居住区位所带来的求职机会的差异越来越小,获取稳定工作以及高收入更多地取决于个人资源禀赋。另一方面,在文化习得方面,新生代农民工住房选择行为对其文化习得的影响较小。由于新生代农民工在城市融入过程中,最容易改变的就是自己的物质生活,而最难改变的是自己的思想观念和生活习惯。文化本身具有相对稳定性和延续性,对于新生代农民工来说,虽然在城市中接受了不同程度的城市文明洗礼,但在成长过程中受到的父辈们农村生活习惯与文化观念的影响,文化习得的改变需要长时间的"打磨"。特别是当新生代农民工在城市中遭受挫折时,他们潜意识里被埋藏的乡土记忆,传统习惯就会在无意中被激活和提取,从而导致其社会融合破裂甚至中断(李荣彬,2016)。

与经济和文化融入方面相比,新生代农民工在社会适应方面差异较大。新生代农民工与本地居民的混合居住,在形式上营造两个群体共同在场的社区空间环境,至少提供"待在一起的可能性",为两类群体的接触和交往创造条件。长期的集体宿舍生活导致他们对同质关系的路径依赖,从而强化内卷化的群体互动,阻碍他们参与更加多样化的社交网络。在商品房社区中,新生代农民工的社会交往与互动具有"浅层次""内倾性"特征,因为空间上的区隔被局限在老乡和其他身份相似的农民工当中,与本地居民交往仅停留在业缘关系层面上,无情感的交流,社区中的地缘交往很少(史敏,2018)。在心理认同方面,新生代农民工不同的住房选择行为对其心理认同的影响差异较大。是否拥有住房影响着他们生活的信心以及社会交往行为。拥有住房后,他们愿意投入更多的时间和资源建立良好的邻里关系。相反,那些居住在集体宿舍的新生代农民工,人均居住面积较小,室内配套设施不齐全,并且由于合租的形式导致私人生活空间不足,与本地人的住房差距使其产生相对剥夺感,更加剧自己对当下居住环境的不满情绪。由于生活空间的相对封闭性,他们与外界缺少联系与沟通,对所处社区也缺乏认同感、归属感。基于此,本书对新生代农民工住房选择行为如何影响社会融入各维度作出如下假设:

H2：新生代农民工不同住房选择行为对其经济整合与文化习得的影响不显著，但对其社会适应与心理认同的影响显著。

3.2　社会资本理论

长期以来，城市规划学科领域关于居住空间的主题研究表现为"见物不见人"，研究主要集中于物质空间形态，缺乏对社会空间的剖析。在物质空间方面，早期大量学者已经探讨了农民工的居住现状，集中表现为：居住面积较小、基础设施不齐全、住房环境较差、绿化率低、缺乏物业管理、公共卫生以及治安状况较差，室内配套极为简陋。然而，在社会空间方面，目前学术界关于新生代农民工进入不同类型居住空间之后，如何与本地居民开展空间互动的研究相对较少。社区的空间特征对居民的社区交往和社区参与行为具有形塑作用，使社会资本在不同社区中的形成路径以及存量和结构产生差异性。因此，本书将住房视为一种居住空间，围绕居住空间的社会属性，基于社会资本理论，探讨新生代农民工住房选择对其社会融入的影响机制。在探究背后的影响机制之前，本书先对社会资本理论进行了系统阐述。

3.2.1　社会资本的概念及特征

"社会资本"中的"社会"一词强调它属于社会学范畴，但"资本"一词又将其拓展到经济学领域，因而社会资本从诞生之初就是一个多学科交叉的研究概念。在现实生活中，我们常常依赖于当地存量社会资本来解决一些社会、经济甚至是政治问题，例如：社区治理、基层治理、养老问题、社会分化、收入差距、政治选举、政府信任等，或解释社会福利的获得问题，例如：地位获得、生活质量、健康幸福等。然而，在理论界，不同学科的学者对社会资本的定义、功能、类型、分析层次、理论有不同的意见和看法。虽然学术界关于社会资本概念的争论仍然存在，但该理论的研究确实取得了很大的进步。本节主要对社会资本的概念、特征进行了系统梳理。

（1）社会资本的概念

社会资本概念自从 1916 年被提出发展到现在，仍没有一个统一的、权威性的定义。北京大学燕继荣教授（2006）认为社会资本的内涵是多维度的，不同的学者从自己研究的问题出发，赋予社会资本不同的意义，这些意义都从不同的视角丰富了社会资本的理论内容（燕继荣，2006）。卜长莉（2005）将社会资本划分为5种类型。

①资源说：认为社会资本就是嵌在个体或群体社会关系网络中潜在的资源集合体，个体可以通过工具性行动或情感性行动来获取的社会资源。

②能力说：认为社会资本就是依靠个体主动与他人或群体建立关系并获取稀缺资源的能力。

③功能说：认为社会资本作为一种工具，它可以为人们的成功提供便利。

④网络说：认为社会资本的本质就是一种社会关系网络。

⑤文化规范说：认为社会资本是一种内在的文化规范，表现为信任与互惠规范。

虽然不同学者根据不同的研究问题赋予社会资本不同的内涵，但这些定义大体上分为两个层面：一类是以政治学家罗伯特·帕特南为代表的集体社会资本论，其关注的是群体内部的社会网络、信任与互惠规范等因素；另一类是以社会学家林南为代表的个体社会资本论，其关注的是个体如何通过行动策略获取嵌入网络结构的潜在社会资源。以个体为中心的社会资本侧重于微观视角，注重个体如何进行关系投资及如何通过行动策略获取嵌入社会网络的社会资源，以达成个人的目标。以集体为中心的社会资本更偏向中观与宏观视角，关注特定群体如何维护或发展社区内一定存量的、作为公共物品的社会资本，以及如何利用这一特殊公共物品来提升群体的生活质量。

从不同学者对社会资本的定义，我们可以找到某些共同点：第一，社会资本是某种资源；第二，社会资本的载体是某种社会网络关系，是嵌入网络结构的产物；第三，社会资本具有功能属性，可以通过某种行动策略来实现行动目的或获取潜在网络资源；第四，社会资本基于信任、规范和网络。莱瑟（2000）认为社会资本的研究思路可以被归纳为两种方式：第一，将社会资本看作促进当事人行动成功的重要社会资源，这种资源嵌在当事人与其他人建立起来的关系网络之中。与人力资本和物质资本相比，社会资本更有助于促进个体行动成功；第二，将社会资本视为国家、地区、社区、组织或团体等的共有社会资源，这种资源能够使得集体中的每个成员都获益。

（2）社会资本的特征

最早关注社会资本特征的学者是诺贝尔经济学奖获得者埃莉诺·奥斯特罗姆（2009），她曾经指出社会资本具备其他资本所没有的特性，如它不会因为过度使用而枯竭，且不易被观察、度量和转让，更难以通过外部干预来构建等。除了以上奥斯特罗姆总结的特征外，社会资本还包括以下几个特征，如表3-1所示。

表3-1　社会资本的特征

特征	解释
社会性与资本性	社会资本的资本特性源于理性选择理论，而社会特性则源于嵌入理论。理性选择理论将社会资本看成个人具有的一种资本，它具有一般资本的特性，如可投资性和一定的获利性等；嵌入性理论将社会资本看成个人嵌入社会组织内的各种社会关系的集合（柳剑平，2012）
功能性与工具性	社会资本作为一项工具的前提条件是自身具有各种功能，像其他资本（物质资本、人力资本、自然资本）一样，社会资本具有工具性特征，它的基本功能是行动主体持有预期回报（李新功，2007）
共享性与排他性	社会资本作为准公共物品，它以社会网络关系为载体，是关系网络中群体成员所共享的一种集体社会资源，故它的获取和使用就有一定的范围，组织成员内部社会资本具有共享性，对于关系网络之外的社会成员而言，具有一定的排他性
累积性与外部性	累积性主要依靠社会互动与互惠行动来维系，需要长期且持续的投入（如情感、金钱、时间和精力等）；外部性具有正负两种效应，正外部性有利于巩固人际关系及促进信任与规范共识，负外部性会限制个体选择自由及排斥圈子以外的人等

3.2.2　社会资本的分类

由于社会资本的概念具有多重性，为了对社会资本进行较为准确的界定，我们应该将社会资本的不同属性和特征区分开来，而不是简单地糅合在一起，因此，在理论上和实证上我们有必要对不同类型的社会资本加以区分。目前国内外学术界对社会资本的分类主要有以下几种：

第一，个体社会资本与集体社会资本。根据社会资本的受益对象，可以将其分为个体拥有的社会资本与集体拥有的社会资本。其中，个体社会资本被视为一种私人物品（private goods），它关注个体如何投资社会关系、如何通过行动策略获取嵌入网络关系中的社会资源，以及预期的回报。集体社会资本被视为一种公共物品（public goods），它关注特定群体如何维护或发展社区内一定存量的、作为公共物品的社会资本，以及如何利用这一特殊公共物品来服务群体成员，增进群体成员的集体福祉（赵延东等，2005）。也有学者将个体社会资本称为"以个人为中心的社会资本"，将集体社会资本称为"以社会为中心的社会资本"，虽然两者名称不同，但具体的内涵实质相同（夏建中，2007）。

第二，微观、中观与宏观社会资本。美国学者托马斯·福特·布朗（2000）基于系统论的视角，将社会资本划分为三个层次，分别为微观社会资本、中观社会资本与宏观社会资本。微观社会资本强调个体如何通过行动策略获取嵌入网络中的社会资源；中观社会资本强调社区集体中特定网络的结构化；宏观社会资本强调特定社会资本网络包含在更大的政治、经济与文化规范的体系之中，这三个层次的社会资本相互渗透、相互影响。Grootaert 和 Bastelaer（2002）进一步完善了这三个层次的社会资本的概念，认为微观层次社会资本是指个体与家庭所构建的水平社会网络关系及维系网络存在的信任与互惠规范；中观层次社会资本是指团体、组织或社团所构建的水平或垂直的社会网络关系；宏观层次社会资本是指城市、区域或国家的政治、经济、文化等宏观制度环境。

第三，结构型社会资本（structural social capital）与认知型社会资本（cognitive social capital）。Uphoff N（2000）根据社会资本的不同来源、存在方式和功能，将社会资本分为结构型与认知型两种，前者源于社团或组织结构的关系网络，是一种相对客观和外部可观察到的社会资本，包括相对客观的组织运作程序或规则，以促进信息共享和合作为其主要功能；后者源于共享的价值观念和情感，包括普遍接受的行为规范、互惠、信任与认同，是一种比较主观和抽象的社会资本，以产生互惠预期为其主要功能。也有学者将"结构型社会资本"和"认知型社会资本"分别称为"制度型社会资本"和"关系型社会资本"（Krishna A，2002）。尽管名称不一，但所指内容的实质相同。前者强调达成集体的结构要素，诸如程序、规则、制度等，而后者更关注合作过程中的个人认知、态度、信任等价值观。

第四，黏合型社会资本与桥梁型社会资本。帕特南（2011）在其著作《独自打保龄球》中提出社会资本的二分法，将社会资本分为黏合型社会资本（bonding social capital）与桥梁型社会资本（bridging social capital）。前者表现出"向内看（inward looking）"的特点，类似于格兰若维特嵌入理论中的"强关系"，通常出现在同质性群体之间，例如亲缘关系、地缘关系、血缘关系等，可以让早已彼此认识的人群加强联系，关注群体内部网络关系；而后者表现出"向外看（outward looking）"的特点，类似于格兰若维特嵌入理论中的"弱关系"，通常出现在异质性群体之间，例如不同社会经济地位、不同种族的人等，可以让本来不认识的人或群体建立关系，关注群体与外部世界的联系。黏合型社会资本有助于社区、社会组织的形成，成员之间容易达成共识，并促成集体行动；而桥梁型社会资本则会帮助个体或组织获得更多异质性信息、资源与机会。有一些学者认为黏合型社会资本强调同质性群体内部团结，但这种团结对群体外其他成员具有明显的排他性，而桥梁型社会资本更有助于促进社会治理，它可以在具有不同背景的人之间建立包容性团结，特别有助于维持社会信任和合作（Kavanaugh A L，2005）。

3.2.3　社会资本研究的反思

（1）社会资本的概念界定不统一

不同的研究者根据不同的研究目的，从不同层次、不同维度界定社会资本，使得社会资本概念变得模糊不清，正如 Portes A（1998）等人所指出的那样，社会资本包罗万象，仿佛一切都能跟社会资本扯上关系。社会资本的概念界定不清晰，导致许多学者对社会资本构成要素产生争议，争议的焦点在于社会资本到底是结构性的制度因素还是功能性的生产要素，如果是结构性的因素，那么社会资本就充当改善人力资本与物质资本的润滑剂；如果是功能性的要素，那么社会资本与人力资本、物质资本作为同等独立的要素存在。

（2）社会资本的指标混用且指标偏主观

一组指标被一项研究用来测量社会资本的一个内容，却被另一项研究用来测量社会资本的另一个内容。例如，Narayan D 测量"规范"的指标类似于其他研究者测量"不信任"的指标，"和睦相处"的指标与其他研究者使用社区"凝聚力"的指标相符（桂勇等，2008）。究其原因，一方面在于新理论对原有理论有所继承和发展，但两者又各有所长，在测量方法上必然造成暂时的交织混乱；另一方面在于概念本身不严谨或者定义操作化过程不严谨造成指标混用。例如"遇到困难时能够得到帮助的预期"在一些研究中被用于测量人际交往，在另一些研究中被用于测量人际信任，在其他一些研究中用于测量互惠（方然，2014）。

（3）因果机制解释不清晰

大量的研究证明了社会资本越丰富，越利于解决现实生活中的社会、经济甚至是政治问题，越有利于增加个人的社会福祉，如提高生活质量、健康、幸福等，但没有充分揭示社会资本为什么能有效地解决这些问题、如何增加个人福祉，以及如何来投资社会资本。一些研究仅仅从数据上验证了社会资本与某方面的社会福祉存在统计相关性，缺乏对这种统计相关性背后因果机制的充分解释和说明。如 Anhony Bebbington 等在研究拉美国家贫困问题时，发现社会资本在当地农民的谋生过程中发挥了重要作用，但他们并未有效地解释社会资本的减贫机制，只是简单地把社会资本的作用归结为促进当地农民的互惠合作与集体行动（格鲁特尔特等，2004）。

3.3 社会资本、住房类型与社会融入之间的关系分析

3.3.1 社会资本与住房类型的关系分析

新生代农民工选择不同的住房类型，意味着其居住空间与环境存在较大的差异性。社区的居住空间不仅是一个实在的物理空间，更是由特定成员及其社会行为构成的社会空间，是物质空间与社会空间的统一体，同时具备物质属性和社会属性。其中，物质空间是空间中最基础的维度，具体表现为承载各种社会功能的实体空间形式，作为个人日常生活行为的空间载体（江立华等，2016）。社会空间是空间社会属性的重要体现，承载着各种主体的社会交往与互动（王小章，2002）。

社区的空间特征对居民日常的社区参与行为及社会互动具有形塑作用，因而个体社会资本在不同类型社区中的形成路径、存量和结构必然存在差异性（方亚琴等，2014）。例如：住集体宿舍或者城中村的，大多数是同类型的人，本地人较少，在他们的个人社会资本中，桥梁型社会资本肯定是比较差的；住保障性住房或者商品住房的居民，其来源是更多样化的，桥梁型社会资本就好很多。个体行为会受到周边群体成员的影响，群体成员构成差异进一步影响他们与本地居民之间的互动、信息的传播和获取、人际关系及其他社会联系的建立，从而强化他们对自我阶层的定位以及交往的边界（司敏，2004）。具体而言：

社区公共空间为同伴效应的发挥提供不同的展示机会。从城市规划学角度来看，现有学者普遍认可设计可供停留、沟通和交往的公共空间，认为其有助于增强实体公共空间的促进交流功能，从而为外来流动人口的社会融入创造更多机会。没有物理的公共空间，没有地方让人们聚集在一起说话就不能形成社区（格兰特，2010）。从地理学视角来看，他们认为社区物质空间为街坊邻居提供了一种交往的场所，是邻里交往的物质基础。社区的道路系统、建筑配置等因素影响了邻里接触和互动的机会，从而影响个人的社会交往（卫万明等，2001）。这意味着社区物质空间带来的公共空间场所或接触机会有助于促进个人社会资本的积累。配套合理的社区公共设施可以缩小居民之间的距离感，有助于彼此互动（杨田，2010）。商品住房和保障性住房规划设计相对更完善，在小区内部建设运动或健身场所、绿地、广场等多种形式公共空间，为社区居民的个人社会资本积累搭建平台，更有助于同伴效应的学习机制的发挥；反之，居住集体宿舍或城中村租赁住房，配套完善的公共设施与公共空间较少，更加强化具有高度同质性的室友之间的互动，更有助于同伴效应的固化机制的发挥。

　　社区社会结构为同伴效应的发挥创造了不同的结构性条件。社区居民的行为不仅受自身个体差异的影响，还受自身所处社区环境的影响，这里最重要的环境就是社区社会结构，社区不仅是一个简单的地域概念，也不是一群毫无联系的人的地域聚集，每一个社区由于其形成历史和空间位置不同，其人口构成和社区内人与人的关系状态也是不同的，因而呈现出相对稳定的、不同的社会结构（蔡禾等，2017）。不同类型的居住空间内集聚着不同社会经济属性的成员，并通过同伴效应机制形成不同的社会网络关系结构，形塑着群体成员之间的日常互动和社会交往。同伴的规范性影响使个体做出与同伴相似的行为或决策（马莉萍等，2021）。一方面，当外来流动人口与社会经济地位较高的优势群体居住在一起，他们在日常与优势群体的互动中逐渐模仿与学习优势群体，习得和内化城市社区规范与生活方式，逐渐积累他们的个人桥梁型社会资本；另一方面，当外来流动人口与社会经济地位较低的劣势群体居住在一起，他们进一步强化原有的习惯，继续保持原来的生活习惯和社交方式，逐渐积累他们的个人黏合型社会资本。

　　社区社会结构为认同机制的发挥营造不同的文化氛围。不同住房类型意味着社区内部空间结构存在较大的差异性，其中社区社会结构体现为社区内部成员构成的社会关系网络。构成成员社会经济属性的差异，导致其与外来成员的认同机制存在较大的差异，这种差异具体表现在对不同类型社区的归属感、认同感等方面。一方面，认同机制通过权利意识来发挥作用。这种权利意识建立在相对稳定的契约基础之上，购买住房拥有产权证明，居住保障性住房拥有住房管理保障部门核定的申请手续，这两类住房实际上都是与政府部门签订相对稳定的契约，并且都与社区居委会发生直接关系，而集体宿舍和租赁住房是与原有业主签订租赁契约，不与居委会直接发生关系，实际履行社区义务的主体也是原有业主，因而他们的权利意识存在较大的差异性，进而导致其不同程度的社区参与和互动水平，影响个人的社会资本积累；另一方面，认同机制通过阶层意识来发挥作用。住房已经成为社会阶层的"筛选器"，购买住房意味着身份与社会地位的提高，有助于他们投入更多的时间和资源建立良好的邻里关系。保障性住房配套设施、居住环境都相对较为"体面"和"宜居"，更有利于提高个人的社会地位，加强心理与身份的双重认同，从而增加与本地居民之间的互动频率。那些居住在集体宿舍或租赁住房的新生代农民，由于居住环境质量及居住群体的文化氛围，更容易产生相对剥夺感，其对自身所处的社区环境也缺乏认同感、归属感。住房类型对个体社会资本积累的影响机制，如图 3-1 所示。

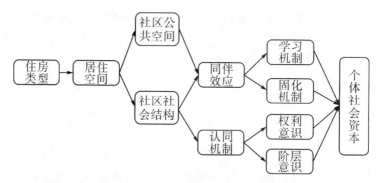

图 3-1　住房类型对个体社会资本积累的影响机制

3.3.2　社会资本与社会融入的关系分析

社会资本是一种嵌入关系网络中的特殊资本，以个体的人际关系或群体的网络关系为基础，以一定的文化、信任等价值观作为内在的行为规范。因此，它实质上就是一定的社会关系网络，存在于人们的交往中，体现在人们的相互关系中。只有当它被行为者利用和调动时，它才会成为一种能量和资源，发挥资本在实践中的作用，成为一种现实的资本，否则它就只是一种静态的网络关系而已。按照社会资本的建构和扩展，可分为黏合型社会资本和桥梁型社会资本。黏合型社会资本是一个人与生俱来的，是一种先赋性的社会关系网络，如基于血缘和地缘而具有的社会关系网络；而桥梁型社会资本是一种自治的，通过当事人在行动中不断努力且有意识地搭建起来的关系网络，如同学、同事、老师或朋友等社会关系。这两种类型的社会资本在移民或农民工的社会融入过程中发挥着重要作用。

国外关于外来移民社会融入的影响因素的研究中，社会资本理论扮演着很重要的角色，因为它把移民融入问题的研究视角拓展到个体或群体所嵌入的社会关系网络结构之中。该理论认为移民在迁入地所积累的社会资本及其嵌入在网络关系中的社会资源都对其社会融入具有关键作用。外来移民刚进入一个陌生的国家或社区之后，原有的社会网络关系面临断裂或解体，而在流入地累积桥梁型社会资本又需要一定的时间，因而需要流入地出台更多的社会支持政策，帮助移民构建桥梁型社会资本。然而移民群体更喜欢在流入地聚居在一起，彼此社会互动、生产生活都依赖原有的黏合型社会资本，这不利于自身社会资本质量的提升，进而也限制了与外部群体成员的沟通与互动。有学者对黏合型社会资本限制社会融入的观点提出质疑，Zhou M（1994）等以居住在美国新奥尔良市的越南移民社区为例，探讨了移民传统的文化习惯作为一种社会资本，如何影响他们子女的社会适应。该研究发现，移民传统的文化习惯对移民子女的社会适应具有关键作用，比传统意义的人力资本所发挥的作用更大，因为它有助于弱势的移民子女在行为模式建构与价值认同方面形成一种适应性优势。

国内关于社会资本与社会融入的研究，主要的研究对象是农民工，农民工进入城市首先面临的是一个不熟悉的社会环境，农民工群体内部社会关系和网络都具有"内卷化"倾向和特征，社会交往主体依然是由血缘亲属关系和地缘关系的同质性群体构成。他们一方面离开农村削弱乡土社会联系，另一方面通过情感、互动、相似资源之间的三角关系为这种同质性互动提供结构性解释（孔祥利等，2016）。由于资源的差异与共享情感缺乏，农民工更多地依赖于乡土社会的初级关系来渡过城市生存与适应阶段。但也有学者强调新移民对这种强关系产生路径依赖之后，就会不自觉地形成特定亚文化生态圈，切断与异质性网络连接的节点，与异质性文化产生隔阂（张晨，2011），并且这种同质性的社会网络对他们在城市中获取信息、寻找工作所起的作用较小。因此，农民工要想实现社会融入，必须构建异质性的桥梁型社会资本，使桥梁型社会资本为其提供更多的资源和发展机会。也有学者通过实证研究，发现深圳本地人的业缘、友缘关系等桥梁型社会资本在农民工的社会支持中发挥的作用甚微（杨绪松等，2006）。

综上所述，现有研究关于黏合型社会资本与桥梁型社会资本对社会融入的作用结果并未达成一致，但学术界关于两种类型社会资本对社会融入的影响的机制已经达成初步共识。黏合型社会资本能给予移民或农民工更多实质的情感与工具性支持，更有助于他们解决实际生活中的困难，并且"共情"的心理使他们有更多共同的话题，在相互交流与互动中加深彼此的理解与认同，因而黏合型社会资本具有情感共鸣、社会支持、路径依赖的作用。桥梁型社会资本塑造了个人的机会集合，作为与本地居民或组织之间的社会关系网络，一方面有助于在日常的互动中模仿与学习本地居民，逐渐习得和内化城市社区规范与生活方式；另一方面，有助于移民或农民工获取异质性的信息和资源，能给他们提供更多的发展机会，最大限度地利用额外的信誉或权力与资源的杠杆（Granovetter，1973；Coleman，1988；Burt，1992），因而桥梁型社会资本具有信息获取、资源杠杆、榜样效应。两种类型社会资本对社会融入的影响机制如图3-2所示。

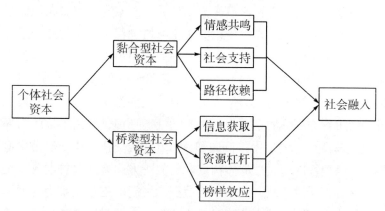

图 3-2　两种类型社会资本对社会融入的影响机制

3.3.3　社会资本、住房类型与社会融入的关系分析

新生代农民工选择不同的住房类型，实际上意味着选择不同的居住环境质量与居住空间。他们所居住的环境质量对其社会融入有着相当大的影响，影响机制包含三个相对独立的方面：不同群体成员之间的社会互动、公平的参与机会、物理距离的接近。这三个方面的影响机制共同揭示社会空间融入的本质：一方面是不同群体之间的社会关系的开放和互动；另一方面是社会群体成员在空间上的可接近性与可获得性。由于地域上的邻近性，居住空间作为居民社会交往的重要场域，为建立亲密的邻里关系提供了某种可能性。社区的空间特征对居民日常的社区参与行为及社会互动具有形塑作用，因而个体社会资本在不同类型社区中的形成路径、存量和结构必然有差异性。具体而言，社区公共空间为同伴效应的发挥提供不同的展示机会，社区社会结构为同伴效应的发挥创造不同的结构性条件，以及为认同机制的发挥营造不同的文化氛围，并通过学习机制、固化机制、权利意识、阶层意识这四个因素共同作用于个体社会资本积累。因此，本书将住房视为一种居住空间，重点围绕居住空间的社会属性，探讨社区社会结构通过同伴效应以及认同机制影响个体社会资本积累形式，而不同类型个体社会资本又会进一步通过其他社会机制影响农民工的融入意愿与融入行为，最终导致他们社会融入的结果产生较大差异性。

关于社会资本如何在住房选择与社会融入之间发挥作用，我们可以从以下两个方面进一步阐述。首先，不同类型居住空间所积累的个体社会资本形式具有差异性。张婷等（2015）通过调查重庆市农民工，发现购买住房的农民工与本地居民之间的社会互动比较频繁，能够较好地参与到社区活动之中，有助于形成桥梁型社会资本；而居住在集体宿舍的农民工，由于生活场所与工作场所的高度重合，高强度的工作使他们缺乏时间参与外部的社会文化活动，社会交往多局限于本群体内部，更容易固化黏合型社会资本。其次，不同形式个体社会资本对个体社会融入的作用效果具有差异性。周晨虹（2015）在调查 J 市农民工居住状况时，发现"乡村黏合型"社会资本减弱了城中村居民"城市融入"的动力与能力，而"城乡连接型"社会资本作为外来务工人员与本地居民或组织之间的社会关系网络，有助于外来务工人员获取异质性的信息和资源，能给外来务工人员提供更多的发展机会。"黏合型社会资本"构成了外来务工人员在日常生活

中获取物质和心理支持的重要社会资本，"桥梁型社会资本"塑造了个人的机会集合，因为它提供了信息渠道，以及最大程度利用额外的信誉或权力与资源的杠杆。

现有研究仅仅关注不同类型个体社会资本对外来移民或农民工社会融入的影响的差异，但并未建立个体社会资本与居住空间之间的关系，特别不同类型个体社会资本对社会融入的影响效果会因为居住空间类型不同而存在差异。从社会空间视角来看，社区社会结构差异会通过同伴效应中的学习机制与固化机制，以及认同机制中的权利意识和阶层意识，共同影响外来移民或农民工与本地居民之间的互动、信息的传播和获取、人际关系及其他社会联系的建立，从而强化他们对自我阶层的定位以及交往的边界。那么，外来流动人口在不同类型的居住空间内积累不同形式的个体社会资本，然后通过个体社会资本不同的社会机制影响他们的融入意愿与融入行为。基于此观点，本书对新生代农民工住房选择对社会融入的影响机制作出如下假设：

H3：新生代农民工不同住房选择行为会通过不同类型个体社会资本积累差异，加剧他们社会融入程度的差异。

3.4 社会资本作用效果的差异性分析

上述研究假设已经论证居住空间的社会空间效应主要通过不同类型社会资本的作用来影响新生代农民工的社会融入程度，但社会资本在居住空间的作用效果还取决于社区内部的异质性程度。由于新生代农民工自身具有较强的流动性，其住房选择也具有较大的变化，为了能更深入地研究新生代农民工在不同居住空间内的社会融入变化，我们需要进一步比较个体社会资本在不同居住空间内的异质性效果。

当前国内对于异质性的关注相对较少，国外关于社区群体及组织内部的异质性对社会资本的作用效果影响已经开展了系统的比较研究，主要存在两种对立的观点：一是"同质相容论"，认为群体成员之间的同质性更有助于提升社会资本存量；二是"异质互补论"，认为群体成员之间的异质性更有助于提升社会资本增量（李洁瑾等，2007）。

"同质相容论"主要从心理认同机制来解释问题，认为群体成员之间的异质性不利于社会互动的形成，因为人们更愿意相信那些与自己有相似性的人，社区内部的异质性更容易导致心理上的不信任，从而容易引发内部的矛盾与纠纷，抑制社会资本功效的发挥；反之，社区群体成员之间同质性越高，他们的社会地位越平等，在参与公共事务的过程中越有话语权，更有助于激发居民自治的内生性动力（徐晓军，2001）。由此可见，社区内部群体成员之间同质性越高，越有利于通过提升社会资本存量来实现"集体效能"，加强群体成员之间深层次的社会互动，而社区内部群体成员之间异质性越高，越抑制社会资本功效的发挥。

"异质互补论"主要从"资本"的工具性角度出发，强调在异质性的社区中，可获得的外部信息、知识以及资源更多，群体成员能从中获得的潜在收益更大。那么，关于群体内部异质性对社会资本功效的发挥，为何会存在较大的争议呢？持"同质相容论"的学者认为，在社会内部群体成员之间同质性越高，相似的社会属性或社会经历越能产生基础的信任，从而在信任的基础之上促进人们的互动与交往；而持"异质互补论"观点的学者的研究对象多为同质性程度高的乡村或城中村，内部群体异质性反而更能激发普遍信任，更有助于提升社会资本的增量，提高合作的效率。

异质性对社会资本产生的作用和效果之所以存在争议，主要原因在于学者们对社会资本的理解不统一。"同质相容论"更关注社会资本的社会属性，利用心理认同机制来批判异质性对社会资本功效的抑制，强调归属感、认同感、信任、网络等要素对社会资本存量的提升作用；而"异质互补论"更关注社会资本的资本属性，利用功能效用机制解释异质性对互动频率与参与机会的促进作用，强调社会关系的投资有助于达成个人的目标。由此可见，城市社区内部的社会结构差异对桥梁型与黏合型社会资本的作用效果具有较大的影响。在异质性较高的社区，黏合型社会资本更有助于发挥心理认同机制，催发邻里之间的信任，提高社区整体成员的归属感与凝聚力；而在异质性较低的社区，桥梁型社会资本更有助于发挥资本的功效机制，不仅可以促进互惠规范的社会行为发生，提升社会资本的质量，而且还可以使社区成员获取大量外部信息、机会与资源，更有助于社会分工与达成合作，提高整个组织的运行效率。基于此观点，本书对新生代农民工不同类型社会资本的作用效果差异做出如下假设：

H4：新生代农民工的不同类型个体社会资本对社会融入的作用效果，会因为社区群体成员异质性发生变化。

H4a：在群体成员异质性较低的居住空间内，个体桥梁型社会资本更有助于促进新生代农民工的社会融入。

H4b：在群体成员异质性较高的居住空间内，个体黏合型社会资本更有助于促进新生代农民工的社会融入。

3.5　理论框架的构建

综上所述，在探讨住房选择对社会融入的影响程度之后，我们发现不同住房类型代表居住空间与居住环境质量的差异性，新生代农民工的居住空间是物质空间与社会空间的统一体，现有研究更多集中于物质空间形态，而缺乏对社会空间的剖析。居住区的物理空间设计虽然提供了社会互动的空间场域，为新生代农民工与本地社区居民之间的社会互动创造相遇的机会，但物理环境的改善并不会促进邻里之间亲密互动关系形成，只会导致居民对该社区的依恋感增加。这也导致本书的研究将农民工住房问题的研究视角从关注物质空间更新转变为关注社会空间互动，进而引入社会资本理论，围绕居住空间的社会属性，分别探讨社会资本与住房类型之间的关系，社会资本与社会融入之间的关系，不同住房类型如何通过社会资本积累形式的差异影响社会融入的结果，以及考虑到新生代农民工自身的流动性，如何更好地在不同类型居住空间内有效地发挥个体社会资本的作用。通过对上述关系的逻辑分析，本研究最终构建新生代农民工住房选择、社会资本与社会融入的研究分析框架，如图 3-3 所示。

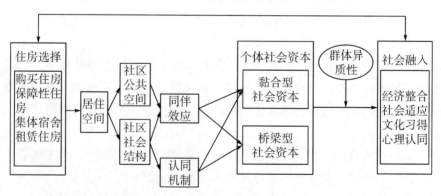

图 3-3　新生代农民工住房选择、社会资本与社会融入的研究分析框架

与已有研究范式相比，本研究的理论框架存在以下特征：

第一，在不同住房选择行为模式下，新生代农民工社会融入程度在经济、社会、文化与心理等维度上存在较大的差异。

传统研究认为新生代农民工遭遇城市整体性制度排斥，导致他们的住房状况长期处于劣势，与本地居民之间存在较大的住房差距，群体成员内部之间存在较小的住房差距，因而农民工的城市融入差异只与结构性城市制度以及个体资源禀赋相关，与其居住空间的相关性较小。然而，新生代农民工经过若干年的社会流动之后，内部的差异性与异质性在不断增加，势必会导致群体内部之间的住房选择差异。居住空间差异会影响他们与本地居民之间的互动、信息的传播和获取、人际关系及其他社会联系的建立，从而强化他们对自我阶层的定位以及交往的边界，最终导致新生代农民工群体内部社会融入差异。

第二，不同住房类型的选择实际代表着新生代农民工居住空间与居住环境质量的差异性。居住空间不仅被视为一种生活的物理空间，更是与本地居民交往与互动的社会空间，是他们实现社会融入的重要窗口和平台。

传统研究在探讨农民工的住房问题时，主要集中在以下三个方面：首先，描述农民工在城中村、工厂宿舍或建筑工地工棚内的居住现状，普遍认为较差的居住环境会影响他们在城市的生活质量及幸福体验，从而降低他们对本地的心理认同感；其次，探讨农民工住房选择的影响因素，认为农民工在住房面积、住房质量、住房性质、住房支出、住房区位等住房要素选择上的差异，主要是受到城市政策制度、邻里环境、家庭禀赋与个人能力的影响；最后，探讨如何解决农民工住房问题，普遍建议增加住房供给、提高个人住房支付能力或制定特殊住房政策等。这些研究的共同之处是都将住房视为一种生活的物理空间（即居住设施的室内外环境及相应的配套设施），并未关注到住房的社会空间属性。实际上，社区社会空间是空间社会属性的重要体现，承载着各种主体的社会交往与互动，它不仅对新生代农民工的社区交往和社区参与行为具有形塑作用，而且有助于其积累人力资本、社会资本等各种发展资源，为其社会阶层的向上流动提供发展的平台与机会。

第三，社区公共空间为同伴效应的发挥提供不同的展示机会，社区社会结构为同伴效应的发挥创造不同的结构性条件，以及为认同机制的发挥营造不同的文化氛围，并通过学习机制、固化机制、权利意识、阶层意识这四个因素共同作用于个体社会资本积累。

社区物质空间带来的公共空间场所或接触机会的增多有助于促进新生代农民工个人社会资本的积累，并为同伴效应中学习机制发挥作用提供展现机会。新生代农民工通过参与公共空间活动，通过模仿与学习，使得个体行为内化为一种群体共同遵守的社会规范，逐渐积累个人桥梁型社会资本。社区社会结构体现为社区内部成员构成的社会关系网络（蔡禾等，2017）。一方面，社区社会结构通过同伴效应形塑着群体成员之间的日常互动和社会交往。同伴的规范性影响会使个体做出与同伴相似的行为或决策（马莉萍等，2021）。非正式的社会遵从是以潜移默化的方式改变个体的行为态度或价值观的，进而对个体发展产生作用；正式的社会遵从则是同伴将其所持有的价值观念和行为方式内化为一种社会规范，并迫使群体内部成员遵守和协调一致（Hasan S，2013）。在现实生活中，他们与优势群体居住在一起，通过模仿与学习，使得个体行为内化为一种群体共同遵守的社会规范，逐渐积累个人桥梁型社会资本；与劣势群体居住在一起，通过非正式社会遵从进一步强化原有的习惯，继续保持原来的生活习惯和社交方式，逐渐积累他们的个人黏合型社会资本。另一方面，社区社会结构通过认同机制驱动个体参与交往的意愿与内在需求。社区社会结构通过营造不同的文化氛围，让外来农民工产生不同的认同机制。一是由于不同住房类型选择使得他们具有不同的权利意识。这种权利意识的建立可以区分外来农民工是与政府部门还是与私人机构签订契约，这种契约形式决定了他们与所居住社区的居委会之间是否产生直接关系，进而导致他们"主人翁"身份意识和权利意识存在较大的差异性，影响他们参与交往的意愿。二是由于不同住房类型选择使得他们具有不同的阶层意识。这种阶层意识体现在住房本身作为社会阶层的"筛选器"，购买住房代表有产阶层身份，保障性住房体面与宜居的配套设施，以及租赁住房和集体宿舍的相对剥夺感，共同营造着不同的居住文化氛围，使得个体很容易产生与居住环境相匹配的阶层意识，进而影响他们参与的内在需求。

第四，新生代农民工在不同类型居住空间内积累个体社会资本的形式差异，进一步加剧了他们社会融入的结果差异。

个体黏合型社会资本能给予新生代农民工更多实质的情感性与工具性支持，更有助于他们解决实际生活中的困难，并且"共情"的心理使他们有更多共同的话题，能帮助他们尽早地适应城市生活，但过度依赖黏合型社会资本，也容易导致对流入地的异质文化产生畏惧乃至排斥心理，从而不利于他们社会融入；桥梁型社资本塑造了个人的机会集合，作为与本地居民或组织之间的社会关系网络，一方面它有助于移民或农民工在日常的互动中模仿和学习本地居民，逐渐习得和内化城市社区规范与生活方式；另一方面，它有助于移民或农民工获取异质性的信息和资源，给他们提供更多的发展机会，以及最大限度地利用额外的信誉或权力与资源的杠杆，因而桥梁型社会资本更有助于他们社会融入。

第五，住房作为一种社会空间，其通过个体社会资本积累及形式差异，进而对移民或农民工社会融入的结果产生重要影响。

一切社会活动都是以特定空间为载体的，空间以自己独有的方式影响着人们的社会互动与行为规范。社区的空间特征对居民的社区交往和社区参与行为具有形塑作用，个体社会资本在不同类型社区中的形成路径、存量和结构存在差异性。具体而言，社区公共空间为同伴效应的发挥提供了不同的展示机会，社区社会结构为同伴效应的发挥创造了不同的结构性条件，以及为认同机制的发挥营造了不同的文化氛围，并通过学习机制、固化机制、权利意识、阶层意识共同作用于个体社会资本积累。由于不同类型居住空间所积累的社会资本形式具有差异性，个体黏合型社会资本通过路径依赖与团体外部排斥性对移民或农民工社会融入的结果产生消极影响，而桥梁型社会资本通过信息获取、资源杠杆、榜样效应对移民或农民工社会融入的结果产生积极影响。

第六，社会资本在居住空间的作用效果还取决于社区内部的异质性程度。

由于新生代农民工自身具有较强的流动性，新生代农民工的住房选择也具有较大的变化，因此我们需要进一步比较个体社会资本在不同居住空间内的异质性效果。在异质性程度较高的社区内，黏合型社会资本更有助于发挥心理认同机制，催发邻里之间的人际信任，提高社区整体成员的归属感与凝聚力，因而黏合型社会资本更有助于促进新生代农民工的社会融入；而在异质性程度较低的社区内，桥梁型社会资本更有助于发挥资本的功效机制，不仅可以促进互惠规范的社会行为的发生，提升社会资本的质量，而且还可以使社区成员获取大量外部信息、机会与资源，更有助于社会分工与合作，提高整个组织的运行效率，因而桥梁型社会资本更有助于促进新生代农民工的社会融入。

第七，住房选择与社会融入可能存在双向互动关系，向往更高水平社会融入的新生代农民工也有可能努力寻求更好的住房条件。

住房选择对社会融入的影响可能存在互为因果关系。Zou J 等（2019）认为，相较于住在非正规社区，住在正规社区通常表现出更高的社会经济互动水平。反之，社会融入程度的差异，也会导致农民工在居住选择上存在较大的差异。邹静等（2017）通过实证研究，发现流动人口为了追求更高水平的社会融入程度，也会主动增加购房的概率或提高住房的消费水平。简而言之，更好的住房选择为新生代农民工创造更多与本地人互动的机会，并且通过情感互惠与利益交换形成跨越身份差异的新的身份意识，实现与群体成员关系的二次组合，从而增加新的社会资源与人力资本存量，促使其社会阶层的向上流动。因此，向往更高水平社会融入的新生代农民工也有可能努力寻求更好的住房条件，从而实现更好的社会融入与阶层流动。由于研究数据限制，本书的研究并没有深入地讨论社会融入对住房选择的影响。

4 新生代农民工群体内部
住房分化的表现及形成原因

　　本书的研究遵循"行为—结果—机制—实践"这一思维逻辑，以新生代农民工住房选择行为作为研究的逻辑起点，早期研究已经发现新生代农民工与本地居民之间存在较大的住房差距，但并未深入地探讨新生代农民工群体内部出现的住房分化现象以及这种现象产生的原因。自 20 世纪 80 年代住房商品化改革以来，由于受到传统的户籍制度及附着其上的一系列城市制度的影响，农民工在城市落户的愿望依然会被户籍制度的隐形门槛阻挡在外。与本地居民相比，无论是居住区域、居住条件，还是社会地位，农民工都处于城市边缘地带，他们是生活在城市屋檐下的"外来人员"。随着我国以人为本的新型城镇化快速发展，农民工这一群体的内部结构已经发生了分化，他们不再是一个具有高度同质性的抽象群体，在代际与代内之间均存在较大的差异。早期关于农民工问题的研究更关注代际的比较，普遍强调两类群体在外部成长环境、个体特征、就业情况、与家乡联系、城市适应状况等方面均存在较大的差异（刘传江等，2007；程诚等，2010；侯力等，2010），较少关注新生代农民工代内之间的差异。

　　随着近些年户籍制度以及城市公共服务制度大力改革，新生代农民工在城市流动若干年之后，原有群体内部的异质性与差异性逐渐增加，表现为人力资本、社会资本、物质资本、社会声誉、价值取向、行为规范等方面的差异，这势必会对新生代农民工群体内部住房分化产生影响。以唐灿等（2000）早期调查的北京"河南村"为例（典型城乡接合部地区），唐灿等通过研究发现货场主通常在村里租用一个带小院的房屋作为交易的场所，兼有经营与居住两种功能，平均月租金 1 000~1 500 元；雇工一般居住在货场主为其提供的简陋宿舍之中；收废品的人一般选择整租村里的民房，月租金为 150~200 元；拾荒者则住在村子边缘地带，2~3 人挤在一间本地村民临时搭建的简陋小房，月租金为 40~50 元。由此可见，农民工群体内部在住房区位、居住面积、居住质量以及住房支出等方面已经存在明显的分化。

如果未来仍然将规模巨大的新生代农民工视为一个高度同质化的群体，一方面容易忽视处于社会底层的新生代农民工的住房需求，另一方面据此制定的住房政策可能无法实施，甚至出现偏差。因此，在新的历史时期，本章节将重点探讨比较农民工代际与代内住房选择差异，从而更好地凸显新生代农民工住房选择行为特征，并且针对新生代农民工住房选择行为差异提出新的理论解释。该研究有助于政策制定者更精准地识别老一代农民工与新生代农民工住房需求差异，理解住房分化背后的动力因素。

4.1　新生代农民工群体内部住房分化的表现

对于新生代农民工而言，他们的住房选择既是"自由"的，也是"不自由"的。随着新生代农民工在城市流动时间延长以及住房制度逐渐改革，农民工群体内部住房分化逐渐凸显出来，个人住房条件的好坏不单单取决于制度性排斥，更取决于个人能力与资源禀赋。边燕杰教授在研究 20世纪 90 年代早期影响住房资源获取的因素时使用"社会位置"与"个人能力"两个概念，前者通过处于管理岗位的"管理干部"等指标来度量，后者通过"受教育年限""技术水平高低""收入水平"表示（Logan J R et al.，1999）。边燕杰等通过对中国第五次人口普查数据中的城市住户分析，发现户主职业地位高的住户在产权拥有率、购买租赁比、购房能力（尤其是购买新建商品房）上均表现出显著优势。此外，拥有产权的比率从非精英到专业精英再到管理精英依次递增，专业精英由自身较高的经济能力从房屋市场上购买住房，而管理精英在拥有市场购买力的同时，仍然享有再分配权力所赋予的优势，这一发现说明社会分层机制既体现了制度跨越又保持了制度延续（边燕杰等，2005）。由此可见，新生代农民工内部的住房分化与其社会位置与个人能力紧密相关。

在分析新生代农民工群体内部住房分化表现之前，我们首先对住房选择数据进行量化操作。根据《2018 年农民工监测调查报告》[①]，在所有进

[①]　国家统计局. 2018 年农民工监测调查报告 [EB/OL]. (2019-04-29) [2022-07-28]. http://www.stats.gov.cn/tjsj/zxfb/201904/t20190429_1662268.html.

城务工的农民工中，19%的农民工购买住房，12.9%的农民工居住在宿舍，61.3%的农民工租房，2.9%的农民工享受保障性住房（国家统计局，2018）。从第1章对新生代农民工住房选择的概念界定可知，相较于流动人口多元化的住房选择，农民工在现实生活中的住房选择行为有购买住房、集体宿舍、租赁住房以及保障性住房这四种。住房选择主要通过住房来源进行测量，在2017年中国流动人口动态监测调查（CMDS）问卷中，第308题"您现在住房属于下列何种性质?"其中，"借住房"主要指借住在亲戚或朋友家里，不属于上述农民工四种住房类型，且占比只有1.34%，故将其剔除。本书在住房选择变量赋值上，一方面借鉴了李勇辉（2019）、陈梦凡（2018）、祝仲坤（2018）等学者的研究成果；另一方面，考虑了新生代农民工对于住房选择的偏好顺序，以及居住空间的稳定性程度。由于自购小产权房或自建房虽未取得有效产权证，但仍需农民工达到一定经济能力才能购买或筹建，故将自购商品房、自购小产权住房、自建房归纳为购买住房一类，赋值为4；政府提供保障性住房通常包括经济适用房、廉租房、公租房三种形式，其共同特征为都是由政府主导建设的安居工程，故将政府提供公租房、自购保障性住房归纳为保障性住房一类，赋值为3；单位/雇主房（不包括就业场所）、就业场所、其他非正规居所归纳为集体宿舍一类，赋值为2；租住私房–整租、租住私房–合租归纳为租赁住房一类，赋值为1。同时，考虑到大部分新生代农民工对于住房选择的偏好顺序，以及居住空间的稳定性程度，本书的研究以租赁住房为参照组。

4.1.1 基于社会位置的住房分化表现

David Lockwood（1958）认为，社会位置应该包含以下三个因素：①市场位置（market situation），主要由收入的来源及多少、工作的稳定性和向上流动的机会等构成；②工作位置（work situation），主要由工作组织内部的等级关系、劳动分工的理性化程度、劳动力市场及其等级和工作的机械化程度等表示；③身份位置（status situation），主要由价值观、劳动生产率、报酬、出身、婚姻伴侣的社会地位、受教育程度和从业人员的性别等构成。鉴于数据的可获得性，本章节最终选择新生代农民工的职业阶层、单位性质、就业身份、工作收入等变量来反映其社会位置，并对其住房选择行为进行卡方分析，从而识别不同社会位置老一代农民工与新生代农民工住房选择行为的差异性。

（1）不同职业阶层之间的差异

职业地位一直被学者认为是社会分层的指示器，职业作为社会位置的表征，不同职业的农民工获取住房资源的能力是有差异性的。为了便于分析，本书的研究以陆学艺（2003）《当代中国社会阶层的分化与流动》中对职业阶层的分析标准为基础。该研究将我国社会职业阶层划分为"十大阶层"：政府部门管理者、私营企业老板、高级经理、基层政府办事员、专业技术员、个体户、商业服务员、产业工人、农民、无固定职业群体。因此，结合2017年流动人口监测调查数据，本书将研究对象的18类职业划分为7个职业阶层，具体为国家干部阶层、专业技术人员阶层、办事人员阶层、个体工商户阶层、服务人员阶层、工人阶层、无固定工作者阶层，最终得到表4-1。

表4-1　不同职业阶层之间的住房选择差异

类别	职业阶层	购买住房	保障性住房	集体宿舍	租赁住房
老一代农民工	国家干部阶层	46.30%	7.41%	18.52%	27.77%
	专业技术人员阶层	29.26%	2.50%	22.41%	45.83%
	办事人员阶层	39.52%	4.03%	18.55%	37.90%
	个体工商户阶层	25.94%	1.02%	6.93%	66.11%
	服务人员阶层	21.69%	2.03%	12.62%	63.66%
	工人阶层	20.63%	2.37%	23.87%	53.13%
	无固定工作者阶层	27.22%	4.62%	2.72%	65.44%
	显著性检验	$\chi^2 = 2\,221.589$；$df = 18$；$sig = 0.00$			
新生代农民工	国家干部阶层	43.75%	9.38%	14.06%	32.81%
	专业技术人员阶层	23.68%	2.82%	23.91%	49.59%
	办事人员阶层	30.64%	3.70%	16.50%	49.16%
	个体工商户阶层	21.66%	0.83%	7.60%	69.91%
	服务人员阶层	18.94%	1.57%	16.29%	63.20%
	工人阶层	14.57%	2.37%	29.58%	53.48%
	无固定工作者阶层	26.84%	1.84%	4.41%	66.91%
	显著性检验	$\chi^2 = 1\,139.931$；$df = 18$；$sig = 0.00$			

从表4-1可以发现，相较于相同职业阶层的老一代农民工，社会声望高的新生代农民工选择购买住房的比例较低，而选择保障性住房、租赁住房的比例较高，社会声望低的新生代农民工选择集体宿舍的比例较高。可能的原因是老一代农民工比新生代农民工更早地进入城市社会，一方面更早地享受到城市开发政策带来的房价溢价的收益；另一方面，自身经过十几年的社会流动，早已积累了大量的人力资本与社会资本，拥有较丰富的社会经验与财富基础，拥有足够的能力去购买住房。进入城市相对较晚的新生代农民工阶层，面临高昂的城市房价，他们更愿意选择宜居的保障性住房或品质较高的租赁住房。对于那些收入较低的新生代农民工，由于保障性住房资源的稀缺性与排他性，老一代农民工享受这类住房福利资源后，新生代农民工更倾向选择免费或低价的集体宿舍，这也体现了他们在住房选择行为中的经济理性。

从新生代农民工代内差异来看，社会声望高的职业群体选择购买住房与保障性住房的比例高，社会声望低的职业群体选择租赁住房的比例高。国家干部或公务员由于工作的原因，住房改革的政策通常由他们制定或直接参与，在住房改革中，他们拥有信息优势。专业技术人员与个体工商户两个职业群体在经济上获得较多的收益，在住房市场化之后，他们可以利用自己的货币优势获取住房产权。底层服务人员与工人由于自身受教育程度低、缺乏专业技能，大多选择企业主提供的集体宿舍或在城中村（城乡接合部）租赁廉价住房，并且由于本地社会资本贫乏以及信息不畅通，导致他们保障性住房占有率较低。无固定工作者虽然购房比例较高，但其住房大多为自建房或小产权住房，由于工作流动性与不确定性，他们更倾向于租赁住房。

（2）不同单位性质之间的差异

个体的经济报酬与其所在的组织位置密切相关，而不同组织的经济效益与报酬分配原则具有系统性差异。在计划经济时期，个人与单位之间的关系更加突出，个人生产与生活资料的分配与供给全部由所在单位组织决定，个人对单位形成全面的依赖。虽然单位制在20世纪90年代解体，但单位分配社会资源的影响并未完全消失。单位是职工社会位置高低的重要基础，单位的经济效益或行政等级越高，单位内的成员的社会位置自然越高，所能分配的住房利益自然越多。因此，结合2017年流动人口监测数据，本书的研究将单位性质划分为个体户、社团/民办组织、私营企业、公有部门与企业、外资企业5种类型，最终得到表4-2。

表 4-2 不同单位性质之间的住房选择差异

类别	单位性质	购买住房	保障性住房	集体宿舍	租赁住房
老一代农民工	个体户	24.64%	1.22%	8.54%	65.60%
	社团/民办组织	24.71%	2.91%	10.86%	61.52%
	私营企业	19.16%	2.18%	25.87%	52.79%
	公有部门与企业	20.61%	3.39%	22.03%	53.97%
	外资企业	23.30%	3.78%	31.13%	41.79%
	显著性检验	$\chi^2 = 2325.544$；$df = 12$；$sig = 0.000$			
新生代农民工	个体户	19.08%	1.05%	12.16%	67.71%
	社团/民办组织	19.50%	3.17%	16.55%	60.78%
	私营企业	18.22%	1.78%	23.20%	56.80%
	公有部门与企业	28.85 %	5.42%	20.28%	45.45%
	外资企业	19.44%	3.92%	36.34%	40.30%
	显著性检验	$\chi^2 = 975.786$；$df = 12$；$sig = 0.000$			

从表 4-2 可以发现，相较于同单位性质的老一代农民工，在公有部门上班的新生代农民工选择购买住房及保障性住房的比例较高，而选择租赁住房的比例相对较低，外资企业、社团/民办组织和个体户的新生代农民工选择集体宿舍的比例相对较高。可能的原因是随着户籍制度改革及公共服务均等化制度改革，公有部门老一代农民工受到制度排斥性影响较大，而公有部门新生代农民工反而享受到更多制度改革带来的政策红利，并且他们对本地购房与获取保障性住房具有更强烈的意识。城市房价高昂，大量从事商业服务业（如外卖员、快递员、清洁工、餐饮服务员等）的单身的新生代农民工，会选择更有性价比的集体宿舍，不像老一代农民工举家迁移，需要一个相对独立的隐私空间，大部分新生代农民工都处于"一人吃饱，全家不饿"的单身状态，他们只是把集体宿舍作为一个在城市立足的缓冲空间。

从新生代农民工代内差异来看，公有部门的新生代农民工选择购房与保障性住房的比例最高，外资企业的新生代农民工选择集体宿舍的比例最高，个体户以及公益组织的新生代农民工选择租赁住房的比例最高。这说明再分配权力在住房资源获取方面存在重要影响，体制内与体制外的新生代农民工之间存在着较大的住房水平差异，具有政治背景的新生代农民工在获取住房资源方面具有显著的优势。相比其他性质的单位，外资企业所提供的福利待遇和人力资本报酬最高，为了挽留技术型人才或者保障员工工作的稳定性，从而最大化地利用劳动力的剩余价值，他们更愿意向员工提供集体宿舍。对于那些既无人力资本又无政治资本的普通新生代农民工来说，他们不仅在市场体制中处于弱势地位，缺乏市场购买能力，而且被排斥在城市住房福利体系之外，其本应获得的住房福利进一步被"优势单位"的新生代农民工所占有，住房分配领域的"马太效应"十分明显，导致新生代农民工群体内部住房分化产生。

（3）不同就业身份之间的差异

不同的就业身份意味着在收入稳定性、劳动关系、权益保障和社会地位等方面存在较大差异。就业身份对农民工获取住房资源有着直接的影响，稳定的就业身份通常会带来更好的住房条件和稳定性，而不稳定的就业身份则可能导致住房问题更加突出。不同的就业身份会直接影响到他们在城市中的住房选择、条件和稳定性。具体来说，有固定雇主的雇员通常会与雇主签订长期劳动合同，有相对稳定的收入和就业保障，因此在租房或购房时更容易获得信贷支持，也更容易获得住房保障政策的支持。此外，一些大型企业会为员工提供住房福利或者住房补贴，进一步帮助他们解决住房问题。无固定雇主的雇员（零工、散工）可能面临着工作不稳定、收入不确定的情况，更倾向于选择临时性的住房方式，租住简易宿舍或者出租屋，住房条件和稳定性相对较差。雇主和自营劳动者的农民工可能会有更多的资金和资源用于解决住房问题，选择自己购买住房或者通过其他方式提升住房条件，但也需要承担更多的风险和责任。因此，本书的研究结合 2017 年流动人口监测数据，将就业身份分为有固定雇主的雇员、无固定雇主的雇员（零工、散工等）、雇主、自营劳动者，最终得到表 4-3。

从表 4-3 中可以发现，无论新生代农民工的就业身份是有固定雇主的雇员、自营劳动者还是无固定雇主的雇员，他们比同等就业身份的老一代农民工选择集体宿舍、租赁住房的比例高，但雇主身份的新生代农民工比同等就业身份的老一代农民工选择保障性住房、集体宿舍和租赁住房的比例高，而选择购买住房的比例低。可能的原因是雇主身份的老一代农民工早已经通过创业获取较多的财富，因而有足够的经济能力选择购买住房，但对于新生代农民工雇主正处于拼搏创业初期，他们更愿意与员工同甘共苦，选择居住集体宿舍和租赁住房的比例较高。其他身份的新生代农民工更趋于经济理性，他们更愿意选择集体宿舍和廉价租赁房屋，这样一方面可以最大程度降低城市生活成本，另一方面避免职住分离，缩短通勤时间，降低通勤成本，符合新生代农民工实际居住需求特征。

表4-3 不同就业身份之间的住房选择差异

类别	就业身份	购买住房	保障性住房	集体宿舍	租赁住房
老一代农民工	有固定雇主的雇员	23.35%	2.50%	23.26%	50.89%
	无固定雇主的雇员（零工、散工等）	28.93%	3.58%	5.51%	61.98%
	雇主	45.04%	1.65%	2.07%	51.24%
	自营劳动者	27.06%	1.11%	5.97%	65.86%
	显著性检验	$\chi^2 = 272.46$；$df = 9$；$sig = 0.000$			
新生代农民工	有固定雇主的雇员	17.41%	2.05%	26.40%	54.14%
	无固定雇主的雇员（零工、散工等）	22.89%	1.64%	5.64%	69.83%
	雇主	31.04%	1.85%	6.79%	60.32%
	自营劳动者	20.41%	1.03%	7.35%	71.21%
	显著性检验	$\chi^2 = 1356.24$；$df = 9$；$sig = 0.000$			

从新生代农民工代内差异来看，有固定雇主的新生代农民工选择保障性住房和集体宿舍的比例高，无固定雇主、自营劳动者的新生代农民工租赁住房的比例高，雇主身份的新生代农民工购买住房比例高。作为雇主身份的新生代农民工可能会通过自己创业或经营企业获得更稳定的收入，这使得他们更容易获取贷款购买住房，并且通过购房来实现社会认可和地位提升。自营劳动者和无固定雇主的新生代农民工可能需要更大的灵活性，随着工作地点和项目的变化，他们可能更希望能够灵活选择住房地点，租赁住房相对购房更具有灵活性。保障性住房和集体宿舍通常提供了一站式服务，包括基本生活设施、配套服务等，但这类住房由政府或相关机构提供，其申请资格主要面向有固定雇主的新生代农民工，以便于强化他们对城市或机构的归属感和认同感。

（4）不同工作收入组之间的差异

住房制度改革之前，单位住房资源由单位统一分配，与个体从单位获得的收入无关。然而，在住房市场化改革的过程之中，不仅强化单位的作用，而且还强化了职工的经济收入与住房获得之间的关系，单位住房的内部认购和集资建房政策都取决于个体的经济能力与发展眼光。因此，职工从单位获得收入多少可以反映职工社会位置的高低。李斌（2004）也在其研究中，证明了职工从单位获取收入多少可以作为职工在单位"位置能力"的表征。因此，本书的研究延续职工收入作为单位位置表征的思路，结合 2017 年流动人口监测数据，将新生代农民工的个人收入划分为 5 组，最终得到表 4-4。

表 4-4　不同工作收入组之间的住房选择差异

类别	工作收入	购买住房	保障性住房	集体宿舍	租赁住房
老一代农民工	0~3 000 元	23.16%	2.62%	13.45%	60.77%
	3 000~5 000 元	19.99%	1.70%	15.69%	62.62%
	5 000~8 000 元	25.41%	1.35%	12.83%	60.41%
	8 000~10 000 元	30.82%	1.20%	10.70%	57.28%
	10 000 元以上	41.20%	0.77%	6.62%	51.41%
	显著性检验	$\chi^2 = 643.286$; $df = 12$; $sig = 0.000$			
新生代农民工	0~3 000 元	19.06%	2.81%	19.36%	58.77%
	3 000~5 000 元	17.14%	1.50%	22.00%	59.36%
	5 000~8 000 元	20.22%	1.39%	15.31%	63.08%
	8 000~10 000 元	24.73%	1.50%	10.52%	63.25%
	10 000 元以上	31.27%	1.08%	5.38%	62.27%
	显著性检验	$\chi^2 = 400.131$; $df = 12$; $sig = 0.000$			

注：根据 2017 年国家统计数据，城镇居民人均可支配收入中位数 33 834 元（即月均收入 2 819 元），因而将低于 3 000 元作为低收入界定标准；城镇居民高收入组人均可支配收入 96 768 元（即月均收入 8 064 元），因而将高于 8 000 元作为高收入界定标准；3 000~8 000 元作为中等收入界定标准。

从表 4-4 可以发现，相较于相同收入组的老一代农民工，高收入组的新生代农民工选择保障性住房、租赁住房的比例较高，低收入组的新生代农民工选择集体宿舍的比例较高。可能的原因是高收入新生代农民工在面临高昂的城市房价，也只能选择保障性住房。如果无法获得保障性住房，为了能让自己享受更好的居住条件与社区服务，高收入新生代农民工更愿意选择租赁住房。低收入新生代农民工大多没有成家立业，并且难以忍受通勤距离较远的城郊接合部，他们考虑的是如何在城市先站稳脚跟，更愿意选择经济实惠的集体宿舍作为他们的过渡住房，等到他们在城市拥有稳定收入之后，自然选择其他类型的居住空间。

从新生代农民工代内差异来看，个人收入越高，新生代农民工选择购买住房的比例越高，低收入群体选择保障性住房与集体宿舍的比例较高。收入越高的新生代农民工拥有更强的市场竞争能力和货币支付能力，受城市制度排斥的影响较小，他们能够在市场上获得较好的住房条件。低收入新生代农民工保障性住房占比较高，在一定程度上反映了我国保障性住房政策实施得相对较好，有效地满足了一部分低收入农民工的住房需求。相较高收入的新生代农民工，低收入新生代农民工更倾向于居住在集体宿舍。企业主或生产厂家提供的集体宿舍通常是免费的或收取较低租金，但是居住面积狭小、室内配套设施简陋、环境卫生质量较差、生活隐私缺乏保护。因此，大部分收入相对较高的新生代农民工，更愿意选择租赁住房，拥有一个属于自己的生活空间。

4.1.2　基于个人能力的住房分化表现

著名社会学家吉登斯指出个人拥有的稀缺资源在市场上的价值越大，其个人拥有的能力也就越大，个人拥有的被社会认同的技能，包括教育证书，是影响个人能力的主要因素。总而言之，吉登斯将个人能力归纳为三种类型：拥有生产资料、拥有教育与技术文凭、拥有体力。还有一些学者认为个人能力之间的差异，除了收入以外，还应该包括就业的稳定性、被提升的可能性以及额外的收入，如养老金等。鉴于数据的可获得性，本章节最终选择新生代农民工的年龄、受教育程度、职业稳定性、社会保障等变量来反映他们的个人能力，并与其住房选择行为开展卡方分析，从而识别不同个人能力的老一代农民工与新生代农民工住房选择行为的差异性。

（1）不同年龄组之间的差异

年龄大小可以反映个人学习能力和创新能力的强弱、社会经验的多少，一般认为人在30~50岁是最具有市场能力的年龄段。如果是体力劳动者，年龄越小越有身体优势；如果是脑力劳动者，年龄越大，其所积累的经验越多，劳动者越有价值。在计划经济时代，年龄在住房分配中发挥着重要的作用，因为单位在分配住房时会考虑年龄因素，年龄越大，获得住房的优势越发明显。住房市场化改革之后，由于大部分农民工从事建筑行业或商业服务业，年龄大反而不具备优势，年龄大的新生代农民工，他们的身体素质与个人学习能力在逐渐弱化，其购房能力也可能随之下降。因此，结合 2017 年流动人口监测数据，本书的研究将新生代农民工的年龄划分为"80 后""90 后"与"00 后"3 组，最终得到表 4-5。

表 4-5　不同年龄组之间的住房选择差异

类别	年龄组	购买住房	保障性住房	集体宿舍	租赁住房
老一代农民工	"50 后"	37.56%	3.44%	10.88%	48.12%
	"60 后"	24.61%	2.43%	13.78%	59.18%
	"70 后"	25.03%	1.97%	11.76%	61.24%
	显著性检验	$\chi^2 = 366.526$；$df = 6$；$sig = 0.000$			
新生代农民工	"80 后"	25.33%	2.20%	11.73%	60.74%
	"90 后"	18.53%	1.81%	19.51%	60.15%
	"00 后"	14.09%	0.81%	23.85%	61.25%
	显著性检验	$\chi^2 = 392.893$；$df = 6$；$sig = 0.000$			

从表 4-5 可以发现，相较于"80 后"之前的老一代农民工，新生代农民工选择购买住房与保障性住房的比例相对较低，而选择集体宿舍的比例相对较高。可能的原因是，年龄在一定程度上反映了他们在城市的居住时间，早期进入城市的老一代农民工，在房价相对较低的时候已经购买了住房或自建住房，后来进入的"90 后"与"00 后"，赶上了房价上涨最快的时期，刚刚毕业进入社会的新生代农民工，由于不符合保障性住房的申请资格（低收入、本地户籍），只能寄希望于用人单位提供免费的集体宿舍，为他们在城市的生活提供临时的过渡的居住空间。从整租与合租倾向来看，新生代农民工整租比例占 80%，而老一代农民工整租比例占 85%，进一步说明老一代农民工"举家迁移"模式会影响其租赁住房面积选择，新生代农民工对小户型住房面积需求更高。

从新生代农民工代内差异来看，"80 后"选择购买住房与保障性住房比例最高，"00 后"选择集体宿舍比例最高。年龄从某种程度上反映了新生代农民工在城市的居留时间，年龄越大的新生代农民工在城市居住时间越长，意味着其对城市生活越适应，在本地积累的社会网络关系越广泛，越有助于提升个人购房能力，并且能够及时地获取保障性住房政策信息，提前抢占这种稀缺的城市福利住房资源。"00后"进入社会较晚，个人的人力资本与社会资本相当欠缺，最经济实惠的方式是选择免费或低租金的集体宿舍，从而让他们能够在陌生的大城市有一个落脚的地方。

（2）不同学历组之间的差异

在市场经济中，个人的学历是获取社会资源的一个重要凭证，学历越高代表其人力资本水平越高，收入水平自然相对较高。在市场经济条件下，受教育程度的提高使得新生代农民工能够获得更好的职业发展，从而增强其在市场中的竞争能力，提高其支付水平，有助于其获得更优质的物质资料与生活机会，并且减轻一系列城市制度整体性排斥所带来的负面影响。此外，在竞争日益激烈的现代社会，学历在住房分配中的作用更加凸显，不少特大型城市为了吸引人才，专门制定针对特殊人才的住房分配政策或建设拎包入住的人才公寓，那些高学历人才可以通过特殊通道直接获得丰厚的住房利益。因此，结合2017年流动人口监测数据，本书的研究将新生代农民工的学历划分为5组，最终得到表4-6。

表4-6　不同学历组之间的住房选择差异

类别	学历	购买住房	保障性住房	集体宿舍	租赁住房
老一代农民工	初中及以下	24.61%	2.26%	12.38%	60.75%
	高中	31.22%	1.92%	11.74%	55.12%
	大专	46.21%	2.23%	9.49%	42.07%
	本科	47.27%	3.64%	6.82%	42.27%
	研究生	18.18%	0.00%	13.64%	68.18%
	显著性检验	$\chi^2 = 360.619$ ；$df = 12$；$sig = 0.000$			
新生代农民工	初中及以下	16.86%	1.65%	16.24%	65.25%
	高中	23.67%	2.00%	16.09%	58.24%
	大专	30.71%	2.87%	15.18%	51.24%
	本科	33.77%	2.69%	15.40%	48.14%
	研究生	23.21%	5.36%	12.50%	58.93%
	显著性检验	$\chi^2 = 530.266$ ；$df = 12$；$sig = 0.000$			

从表4-6可以发现，相较于相同学历的老一代农民工，研究生学历的新生代农民工选择保障性住房和购买住房的比例较高，其他学历的新生代农民工选择集体宿舍和租赁住房的比例较高。可能的原因是现代社会已经进入知识经济时代，大城市想要发展就需要吸引或留住人才，住房就是最好的引才手段。例如：2018年，石家庄市井陉矿区为了吸引人才，提出了可免费入住的人才公寓，父母可免费入住高级养老机构的条件；2019年，青岛市为了吸引人才，在高新区建造产权型人才公寓，售价仅5 600元/平方米，不及商品住宅的一半；同年，深圳利用住房补贴策略吸引人才，博士每年补贴3万元、硕士每年补贴2.5万元，本科每年补贴1.5万元。由此可见，高学历新生代农民工在购买住房和保障性住房方面获得了更多政策优惠。其他学历新生代农民工作为理性经济人，更多地将集体宿舍和租赁住房作为过渡的居住空间，希望能通过自己的奋斗，早日搬到居住条件更好的小区居住。

从新生代农民工代内差异来看，初中及以下学历的新生代农民工选择租赁住房以及集体宿舍的比例最高，研究生学历的新生代农民工选择保障性住房的比例最高，本科学历的新生代农民工选择购买住房的比例最高。其可能的原因在于受教育程度作为现代求职的门槛，在一定程度上决定了个人的就业机会和收入水平。较低学历的新生代农民工人力资本相对匮乏，往往只能从事劳动时间长、工作强度大、附加价值低、岗位替代性强的工作，没有多余的休闲时间和精力用来投资人力资本，并陷入"低人力资本—低附加值职业—低人力资本投资"的恶性循环，他们较低的收入水平和有限的社会资源决定了他们只能选择租赁住房或集体宿舍。与之相反，研究生学历的新生代农民工人力资本水平较高，各个大城市为了吸引人才、留住人才，纷纷推出人才公寓，解决他们的后顾之忧，赋予他们优先享受本地保障性住房使用权。相较于研究生学历的新生代农民工，大专或本科毕业的新生代农民工成婚年龄相对更小，在拥有稳定的工作与收入情况下，家人帮忙介绍相亲、催促早日成婚，在很多地方，成婚的前置条件是"购房"，因而本科或大专学历的新生代农民工购买住房比例反而要高于研究生学历的新生代农民工。

（3）不同职业稳定性之间的差异

农民工作为一个职业流动非常频繁的群体，无论是新生代农民工还是老一代农民工，进城之后都存在频繁"跳槽"现象（许传新，2010），农民工频繁地更换职业和工作单位，在不同区域与行业之间流动，这不利于他们自身职业技能的提升和人力资本的积累。职业稳定性通常通过劳动合同签订情况进行反映，劳动合同短期化会造成劳动者职业稳定性较差，极易导致劳资关系中缺乏信任。特别是在次级劳动市场环境下，长期劳动合同的签订会制约用人单位不合理辞工以及拖欠工资的行为，保护劳动者的合法权利。在稳定的劳动关系下，用人单位无需担心农民工的跳槽行为，因而企业有更大的动力对农民工进行专业技能的培训，从而使新生代农民工有更多提升收入水平与实现晋升的机会，增强自身的市场购房能力。因此，结合2017年流动人口监测数据，本书的研究将新生代农民工的职业稳定性依据合同签署时效性划分为5组，最终得到表4-7。

表4-7 不同职业稳定性之间的住房选择差异

类别	职业稳定性	购买住房	保障性住房	集体宿舍	租赁住房
老一代农民工	有固定期限合同	17.95%	2.57%	30.37%	49.11%
	无固定期限合同①	22.09%	2.81%	19.82%	55.21%
	完成一次性工作任务	21.98%	1.88%	7.16%	68.98%
	试用期	30.14%	2.74%	19.18%	47.94%
	未签订劳动合同	20.83%	2.53%	14.52%	62.12%
	显著性检验	$\chi^2=786.435$；$df=12$；$sig=0.000$			
新生代农民工	有固定期限合同	17.84%	2.46%	28.80%	50.90%
	无固定期限合同	20.25%	2.24%	21.76%	55.75%
	完成一次性工作任务	20.77%	1.09%	5.46%	72.68%
	试用期	21.15%	0.44%	19.82%	58.59%
	未签订劳动合同	17.09%	1.36%	18.99%	62.56%
	显著性检验	$\chi^2=242.676$；$df=12$；$sig=0.000$			

从表4-7可以发现，相较于工作不稳定的老一代农民工，工作不稳定的新生代农民工选择租赁住房比例较高，而选择购买住房与保障性住房的比例较低。可能的原因是工作不稳定的新生代农民工具有较大的流动性，

———————

① 本书所提及的"无固定期限合同"与法律上的"无固定期限合同"意义不同，本书的"无固定期限合同"参阅国家卫生健康委编制的《2017年流动人口监测数据问卷》中题目的解释说明，指的是工作不稳定的一种状态。

一方面，企业主或工厂不愿意为了临时员工承担额外的经营成本；另一方面，新生代农民工频繁跳槽，不断变换工作单位，需要相对灵活的居住方式。由于没有稳定的工作，他们自身也无法有效地在固定的地方积累人力资本和社会资本，导致他们的购房能力相对较弱。保障性住房的申请条件之一，就是拥有稳定的工作，工作不稳定的新生代农民工，很难申请到保障性住房。

从新生代农民工代内差异来看，试用期新生代农民工选择购买比例高，有固定期限新生代农民工选择保障性住房、集体宿舍的比例高，完成一次性工作任务选择租赁住房的比例高。可能的原因，一方面在于申请保障性住房的必要条件之一就是在本地拥有相对稳定的职业，并且企业主或生产厂家为了获得更多劳动力剩余价值，以及保障劳动力的稳定性，他们更愿意为那些拥有固定合同的新生代农民工提供廉价的集体宿舍；另一方面，由于新生代农民工大多由"90后"或"00后"的员工组成，他们比较崇尚自我、个性独特，拥有更强的自主意识，他们的收入来源多元化，不喜欢被长期合同绑定，工作的流动性或临时性导致他们更愿意选择租赁住房。

（4）不同社会保障程度之间的差异

由于城市公共资源与服务的承载能力有限，很多特大型城市对外来流动人口在本地购房提出严格的限制条件：需要本地户籍或在本地缴满 3~5 年社保。社保不仅成为外来人口在本地购买住房的门槛条件，还直接决定了流动人口的社会福利水平。社会保障，一般包括养老保险、医疗保险、生育保险、工伤保险、失业保险等，这些保险给居民编织了一张看不见的"安全网"，给他们提供各种保障，提高他们抵御各种社会风险与预防重大疾病的能力，有效地降低他们对未来不确定性的焦虑，间接地提高他们的经济融入能力。农民工的工作不稳定，流动性较大，且他们的工资结算相对不固定，导致他们无法在固定单位缴纳社保，以及没有稳定的支付能力承担社保费用。因此，结合 2017 年流动人口监测数据，本书的研究将新生代农民工的社会保障程度依据认知程度与落实程度划分为 3 类，最终得到表 4-8。

表4-8 不同社会保障程度之间的住房选择差异

类别	社会保障程度	购买住房	保障性住房	集体宿舍	租赁住房
老一代农民工	已经办理	21.30%	1.93%	11.48%	65.29%
	没办，但听说过	23.99%	1.91%	9.95%	64.15%
	没办，没听说过	29.49%	2.65%	14.26%	53.60%
	显著性检验	$\chi^2 = 647.587$ ；$df = 6$ ；$sig = 0.000$			
新生代农民工	已经办理	25.07%	2.79%	17.16%	54.98%
	没办，但听说过	18.99%	1.23%	14.22%	65.56%
	没办，没听说过	16.60%	1.35%	15.48%	66.57%
	显著性检验	$\chi^2 = 337.447$ ；$df = 6$ ；$sig = 0.000$			

从表4-8可以发现，相较于相同社会保障程度的老一代农民工，拥有社保的新生代农民工选择购买住房、保障性住房的比例较高，而未拥有社保的新生代农民工选择集体宿舍与租赁住房的比例较高。可能的原因是，在许多大城市，外地人购买住房的条件，就是拥有本地户籍或在本地缴满3~5年的社保，以前老一代农民工留城意愿没有那么强烈，很多人都没有参与社保的意识，现代新生代农民工在参与社保的意识与行动方面都有明显的改善。拥有本地社保相当于一种身份证明，有利于新生代农民工平等地享受公共服务，保障性住房政策会优先考虑那些拥有本地社保的新生代农民工。对于那些缺乏社保意识的新生代农民工，他们的居住需求相对较低，更愿意选择价格低廉的租赁住房；而对于那些拥有社保意识的新生代农民工，他们的居住需求相对较高，更愿意追求性价比较高的集体宿舍。

从新生代农民工代内差异来看，已经办理社保的新生代农民工选择购买住房与保障性住房的比例最高，而没有办理过社保的新生代农民工选择租赁住房的比例更高。新生代农民工在城市办理社会保障，意味着他们能同等享受城市基本公共服务，比如：医疗、养老、教育、就业、住房等，对城市的归属感与认同感更高，在城市定居的意愿更强烈，并且符合购买住房或申请保障性住房的条件。对于那些没有参与社会保障的新生代农民工来说，城市保障体系之中没有他的名字，也无法为他生活中遇到的风险或困难"买单"，特别是以户籍身份为准入条件的劳动保障服务、医疗保障体系、失业保险金、城市社会救助与社会福利项目等相关制度仍将他们排斥在外。例如：由于医疗保险权益缺失，新生代农民工看病都需要自费，"因病致贫"现象普遍。为了降低不确定性风险，他们有钱不敢花，通常在城中村或城乡接合部寻找最便宜的住房，把钱节省下来"养老"或"看病"。

4.2 新生代农民工群体内部住房分化的形成原因

受传统户籍制度影响，现有研究更多地从社会公平视角，关注农民工与本地居民之间住房差距产生的原因，包括户籍制度、权力分配、市场消费等因素，并且认为农民工群体内部之间住房差距较小。随着近年来国家各项政策制度改革以及农民工自身社会流动变化，农民工群体内部异质性与差异性逐步增大，群体内部住房选择行为也产生了较大的差异，需要新的理论对新生代农民工内部住房分化的形成原因进行解释。流动的新生代农民工的住房选择差异是由外部宏观环境、农民工自身因素和家庭状况共同决定的。户籍制度和劳动力市场制度歧视、城中村更新排斥性改造等宏观政策制度为农民工群体住房分化提供外在社会环境，而他们的个人禀赋、家庭状况及文化认同等微观个体差异为其住房分化提供内生动力。在两股力量的共同作用下，新生代农民工群体内部的住房分化现象逐渐凸显。

4.2.1 宏观制度视角

根据制度性排斥理论，制度因素被认为是影响新生代农民工住房选择的最根本因素。当前，由于户籍制度所形成的城乡二元结构体制并没有完全消失，依附在户籍制度之上的各种公共服务与社会福利依然对本地居民与外来农民工区别对待，使得底层农民工在住房选择上的弱势进一步加大。除了户籍制度对购买住房的限制，城市发展政策也会导致新生代农民工住房选择的"不自由"。

（1）户籍制度"隐形门槛"依然存在

党的二十大报告明确提出，加快农业转移人口市民化。深化户籍制度改革，加快农业转移人口市民化，是新型城镇化的首要任务和影响中国式现代化进程的关键因素。2014 年出台的《国家新型城镇化规划（2014—2020 年）》，标志着中国户籍制度改革进入了新时期。相较于以往仅侧重于破解城乡二元制度、消除小城镇落户的户籍制度改革，党的十八大以来，以放开放宽落户限制为主线的全方位、全系统化户籍制度改革政策框架已基本构建并不断完善。

党中央、国务院高度重视户籍制度改革和农业转移人口市民化工作，推动实施差别化落户政策，建立"人地钱挂钩"和进城落户农民"三权（宅基地使用权、农村土地承包权、集体收益分配权）"维护和自愿有偿退出等配套政策，密集出台一系列户籍制度改革重大政策。目前，东部沿海主要人口流入地区普遍降低了落户条件，中西部和东北地区除省会城市以外，基本全面放开了落户限制，中小城市落户门槛基本取消，一些落户门槛较高的大城市、特大城市已经持续全面放宽对普通劳动者的落户限制，超大城市建立了公开透明的积分落户制度（欧阳慧、李智，2021）。

然而各地在推进农业转移人口市民化过程中，仍然存在落户难与不愿落户并存、城市选择性落户现象普遍、落户隐形门槛多等突出问题。国家发展改革委联合全国总工会于2020年4月至6月期间在全国14个省份46个城市开展了覆盖2.34万农民工的调查问卷，调研结果显示农民工落户意愿整体不强，66.1%满足落户条件的农民工受访者和56.5%满足落户条件或认为可以通过努力达到落户条件的农民工受访者明确表示不愿意落户城镇。究其原因，主要是由于政策供给不足，不仅担心失去农村土地和集体收益，而且还担心工作和收入不稳定，落户城镇后不能完全享有城镇教育、医疗、社保、养老等公共服务。通过对2.34万农民工调查问卷的深入分析，笔者发现在江苏、浙江、广东等沿海外来人口密集区农民工落户城镇的实际门槛依然非常高，主要存在以下几方面的隐形门槛：一是购买房屋依然是在部分人口主要流入城市落户的重要门槛，例如江苏省某市2020的购房政策中设置了差异化的缴纳社会保险和连续居住年限的落户门槛；二是普通技术工人和职业院校毕业生等部分重点人群依然面临不平等落后限制，部分地区仅对高学历、高技能人才放开了落户限制，但对普通技术工人、职业院校毕业生依然设置了缴纳社保和连续居住年限要求的落户门槛。三是大城市"指标分值+落户指标+住房面积"的积分落户政策构筑了农民工落户的高门槛，在每年"入户指标数"总量控制的基础上，文化程度、技能水平和房产情况在计分体系中占有较大比重，而普通农民工的积分排名通常靠后，积分落户的难度依然较大。四是租房落户仍存在隐形门槛，部分地区规定仅在房产管理部门办理租赁登记备案的租赁住宅才符合落户条件，从而导致租房落户面临重重隐形门槛，例如：不少居住在"城中村"、厂里集体宿舍的农民工无法出示相关房产证明材料，也没有办法备案（欧阳慧、李智，2023）。

户籍制度存在"隐形门槛"，导致农民工落户难与不愿落户现象并存，在这个过程中又会进一步产生"马太效应"，上层阶层新生代农民工拥有足够的经济实力或获取更多住房政策信息，能够迅速获得银行贷款和优先获取保障性住房相关信息，从而快速获取本地户口以及户口所附带的一切城市公共服务，但底层阶层新生代农民工在住房政策信息获取及经济实力方面存在较大的弱势，面对城市中心地区高昂的房价和租金，他们只能选择不断地妥协，在拥挤且简陋的城中村或偏远的城郊接合部寻找廉价的住房。此外，随着我国社会经济发展转型与产业结构调整，企业对产业工人自身的文化素质与职业技能提出了更高的标准，自身禀赋条件好、拥有丰富工作经验及专业能力过硬的新生代农民工在劳动力市场上脱颖而出，而依靠体力谋生的新生代农民工将遭受劳动力市场更多的排斥，从而导致他们在住房选择的能力上产生较大的分化。例如：上层阶层更加注重他们的生活质量和社会评价，会选择本地人较多、品质较高的社区；中层阶层通常选择模仿上层阶层的消费行为，会选择类似上层阶层社区，但品质相对较低；底层阶层更倾向于"抱团取暖"，一般居住在环境较差的城中村。

（2）城中村排斥性改造

伴随着新型城镇化发展，城市的发展规模不断向外扩张，原来处于城市郊区的土地和村庄逐渐被城市建设征用，但由于征收村庄的高成本和拆迁的复杂性，村民聚居的村庄及其宅基地没有同步被征收为国有土地，这些保留下来的村庄逐渐被城市包围，产生了"城中村"（叶裕民等，2020）。进入城市就业的农民工主要从事技术含量较低的工作，他们的收入不足以支撑其在大城市正规商品房市场购房，政府也没有及时提供相应的公共住房来满足其住房需求，而这些城中村因其房屋租金低廉、交通相对便利、社区管理松散、生活便利等，对新生代农民工产生巨大的居住吸引力，成为他们适宜的居住空间。

事实上，城中村一直被地方政府视为治理的难点。我国城中村经过多轮改造，其改造实践可归纳为三种模式：市场主导型、政府主导型、村集体自主改造型，这三种发展模式带有"排斥流动人口"的共性（叶裕民，2015）。排斥性改造是指在城中村改造的过程中，以改善居住质量为目的的更新改造活动，没有考虑城中村大规模农民工和商户的利益，导致改造后住房供给减少，而且租金远远超过农民工的经济能力，原先住在这里的底层农民工只能被迫地迁移到更偏远的地区，这导致城中村改造永无止境，而底层新生代农民工在住房选择中更处于劣势。

4.2.2　微观个体视角

在微观个体差异方面，拥有相似社会资源或占据相似结构位置的社会成员，会共享相似的关于生活机会的可能和约束，他们被预期会有相似的行为方式（Rose & Pevalin，2003），而不同社会阶层成员在消费行为、居住空间、生活方式有较大的差异。例如：成功人士等上层阶层的农民工居住位置更靠近城市中心，居住在高档住宅小区；专业技术人员、办事人员等中产阶层的农民工分散在城市中心与外围之间的区域，居住在中档住宅小区；服务员、快递员等下层阶层的农民工聚集在城市边缘地区，居住在低档住宅小区。新生代农民工住房资源获取逐渐被市场经济所替代，更多依赖于个人的经济能力与居住偏好，个人能力实际上反映了市场能力论，而居住偏好与其文化认同密切相关。

（1）市场能力论

市场能力主要指个体能够提供参与市场交换的等价资源，或者个体本身具有参与市场交换的专业技能（李斌，2004）。简单来说，市场能力就是一个人在市场上的挣钱能力与融资能力，个人是否拥有住房、拥有何种住房、居住于何处取决于市场能力大小，市场能力越强，在获取住房质量与住房区位时越占据主动优势。在住房商品化改革之前，个体的收入水平与资源禀赋对住房区位与住房质量获取的影响较小，因为住房作为一项社会福利由所在单位统一分配，个体只有房屋的使用权但不拥有所有权。住房商品化改革以后，社会成员可以自由地在市场上购买住房，个人挣钱能力成为获取优越住房的前提条件。拥有经济实力的上层阶层更加注重居住质量，通常选择居住区位较好、周边配套齐全、交通便利的社区；经济实力较弱的中等阶层倾向于模仿上层阶层的消费品位和行为方式，为了宜居环境和子女教育，也会选择较好的居民小区居住；底层阶层由于工资微薄，而城市中心地区房价太高，只能在城中村或偏远的城乡接合部租赁住房。

此外，除了个人的经济实力，家庭的经济实力对于个人住房选择也起着关键作用，那些较早地进入城市并积累了一定资本或已经购房的农民工，其下一代的社会地位必然会受到父辈社会关系与经济地位的影响。在房价高昂的大城市里，新生代农民工买房需要借助父辈的经济支持，主要通过父辈代际优势累积，包括资源传递（为子代提供经济、物质、居住等方面支持）和地位继承（利用教育投入、人脉关系、兴趣培养等资源投入维持子代优势地位）两种机制，下一代在购买住房上获得初始相对比较优势（范晓光等，2018）；反之，还有一些新生代农民工的家庭经济条件恶劣，父辈代际劣势累积，使得先赋性弱势和不幸事件与其他劣势因素交织在一起，从而导致个体无法获得自己的住房。

（2）文化认同论

新生代农民工的生活习惯、文化风俗也会影响他们的住房选择，即相似地位的社会群体成员由于受教育程度、生活经历、兴趣爱好、文化品位、工作便利等因素会选择相似的社区类型。受社会学家 Firey 的社会文化生态学理念的影响，文化认同论形成了自己独特的空间认识：第一，空间作为一种载体，让共有某种价值观念或传统文化习俗的群体成员自发地形成聚居；第二，空间具有一种象征功能，空间的象征价值对社会群体成员的空间分布具有凝聚、抵挡、恢复等作用；第三，空间可以与群体成员的行为规范相结合，成为一种共同的文化氛围，并让这种文化氛围成为一种完全独立于经济变量的影响因素（李怀等，2012）。底层阶层新生代农民工之所以选择居住在城中村，不单单因为他们有着类似的经济能力，相似的文化习俗与生活习惯也使他们之间更容易产生信任与合作。例如：李含伟等（2017）对底层流动人口居住在城中村进行解释：一方面，城中村租金较低，可以节省生活成本；另一方面，他们与本地居民在经济、社会以及文化上存在很大的差异，而居住在城中村可以和很多有相似社会经济地位的群体聚居在一起，不仅可以彼此提供日常生活支持，而且可以获得心理慰藉和情感认同。

4.3　本章小结

受城乡二元体制结构的长期影响，现有研究仅关注农民工与本地居民存在较大的差异，并未注意到新生代农民工内部异质性与差异性逐步增加，这势必会导致其群体内部住房分化。本书的研究借鉴边燕杰教授分析住房资源获取因素时使用的"社会位置"与"个人能力"两个概念，从这两个方面分别比较新生代农民工与老一代农民工在住房选择行为方面的差异。对于新生代农民工来说，其群体内部住房分化是由外部宏观环境、农民工自身因素和家庭状况共同决定的，因而本书从宏观制度视角的户籍制度与城市更新制度、微观个体视角的市场能力论、文化认同论出发，为其住房分化的形成原因提供新的理论解释。具体而言：

第一，本书借鉴燕杰教授关于获取住房资源的二维度分析框架，分别从新生代农民工社会位置与个人能力两个方面，比较新生代农民工与老一代农民工在住房选择行为方面的代际与代内差异。

从代际比较来看，在社会位置方面，相较于老一代农民工，新生代农民工选择购买住房的比例整体相对较低，那些在公有部门上班、具有雇主身份以及收入水平相对较高的新生代农民工更偏爱"体面"且"宜居"的保障性住房。收入水平较低、不具有雇主身份的新生代农民工更偏爱经济实惠的集体宿舍。在个人能力方面，由于保障性住房资源稀缺性以及早期住房政策红利，老一代农民工在购买住房与保障性住房方面具有明显的先发优势，但研究生学历、拥有社保新生代农民工选择购买住房与保障性住房的比例相对较高，学历较低、拥有社保意识的新生代农民工选择集体宿舍的比例相对较高，工作不稳定、低学历、缺乏社保意识的新生代农民工选择租赁住房的比例相对较高。

从代内比较来看，在社会位置方面，高职业阶层（国家干部或办事人员）、公有部门、拥有雇主身份以及个人收入较高的新生代农民工选择购买住房、保障性住房的比例相对较高；低职业阶层（工人或服务人员）、外企、低收入的新生代农民工选择集体宿舍的比例相对较高；个体户、公益组织、高收入的新生代农民工选择租赁住房的比例相对较高。在个人能力方面，大龄、高学历、稳定职业、办理社保的新生代农民工选择购买住房与保障性住房的比例相对较高；年轻、具有社保意识的新生代农民工选择集体宿舍的比例相对较高；低学历、无社保意识的新生代农民工选择租赁住房的比例相对较高。

第二，从宏观制度与微观个体两个视角，发现户籍制度、城中村更新制度，市场能力论以及文化认同论能够较好地解释新生代农民工群体内部住房分化的形成原因。

　　新生代农民工群体内部住房分化是由外部宏观环境以及农民工自身因素和家庭状况共同决定的，因而本书从宏观制度与微观个体两个视角，分析该群体内部住房分化的形成原因。在宏观制度方面，户籍制度会产生"马太效应"，即上层阶层可以通过资源优势来降低制度屏蔽的负面影响，底层阶层只能被动地接受制度不公平，而城中村更新的排斥性改造政策进一步加剧了底层阶层新生代农民工在住房选择上的弱势地位。在微观个体方面，由于个体资源禀赋及家庭经济实力有差别，导致其在住房选择上呈现阶层化特征。底层阶层为了获取老乡的工具性支持与情感认同，更倾向于聚居在城中村，而上层阶层为了下一代教育以及身份转变，更倾向于购买住房。

　　综上所述，本章节以边燕杰教授关于获取住房资源的二维度分析为框架，通过比较新生代农民工与老一代农民工在住房选择行为方面的差异，进一步凸显新生代农民工住房选择行为特征，为相关政策部门更好地识别新生代农民工住房需求提供依据。此外，本章节拓展了现有研究关于农民工住房不平等的影响因素，传统研究更多地考虑户籍制度、市场消费，拉大了农民工群体与本地居民之间的住房差距，本书从宏观制度与微观个体视角，对新生代农民工群体内部住房分化提供新的理论解释，阐述城市制度与文化认同如何影响新生代农民工的生活机会、社会选择和社会行为。

5 新生代农民工住房选择
对社会融入的影响程度分析

　　第4章的研究已经从新生代农民工的"社会位置"与"个人能力"两个方面，描述了新生代农民工群体内部住房选择行为特征的差异，并对其群体内部住房分化的形成原因进行了新的理论解释。既然新生代农民工群体内部住房选择行为存在较大的差异，那么这种行为差异性是否对新生代农民工进入社区之后的社会融入结果产生差异性影响，以及这种差异性表现在哪些方面？现有研究在探讨农民工住房问题时，更关注"住进普通社区之前"的环节，将住房视为一种遮风避雨的物理空间，较少地关注到住房的社会空间属性，即新生代农民工进入不同类型居住空间之后与本地居民的社会空间互动。因此，本章主要回答新生代农民工的不同住房选择行为对其社会融入结果有多大程度的影响，以及这种影响表现在哪些方面。首先，本研究需要解决新生代农民工社会融入的测量问题；其次，进行变量的选择与操作化处理，并描述变量的样本分布情况；最后，在开展两者关系实证检验之前，先通过列联表的形式直观地识别新生代农民工住房选择行为与社会融入之间的关系，再通过构建多元回归模型，分别检验新生代农民工住房选择行为对整体社会融合程度及各维度带来的影响。为了确保估计结果的准确性和稳定性，本研究以新生代农民工分布较广的北上广地区为样本，进行了稳健性检验。

5.1 社会融入指数构建

5.1.1 变量选取

对社会融入的概念测量，西方发达国家有较悠久的理论发展历史，从戈登（Gordon）的二维度模型：结构性（structural）与文化性（cultural），到杨格-塔斯（Junger-Tas）的三维度模型：结构性（structural）、文化性（cultural）、合法性（legality），再到恩泽格尔（Entzinger）四维度模型：经济融入（economic integration）、文化融入（cultural integration）、政治融入（political integration）、移民态度（immigration attitude）（梁波等，2010）。社会融入是一个多维度、多层次的复杂概念，国内关于流动人口或农民工的社会融入的测量，也形成了不同的观点。任远、乔楠（2010）更关注本地人与流动人口之间的互动关系，通过调查他们对城市的态度、感知的社会态度及自我身份的认同，构造了一个综合性测量指数，以此来反映外来流动人口的社会融入程度；张文宏等（2008）从经济、社会、心理、文化四个层次测量城市新移民的融入程度；杨菊华（2010）从经济竞争、文化适应、行为规范、身份认同四个维度构建流动人口社会融入的评价体系；周皓（2012）对杨菊华早期的研究成果进行批判，认为在测量社会融入时，需要注意区分社会融入后果与社会融入自身之间的差异，因而行为规范不应被看作社会融入的测量维度，将原有"行为规范"替换为"社会适应"，并新增"结构融入"的测量维度；杨菊华（2015）在之前学者研究成果的基础之上，修正了之前的测量指标体系，从经济整合、社会参与、文化整合、心理认同维度提出新的"四维度融入说"，并认为这四个维度之间呈现递进关系，只有流动人口在经济上打好基础，才有可能在本地建立新型社会关系网络，进而更有信心参与到与本地居民互动的社会活动之中，在参与的过程之中加深彼此的理解，从而使得他们产生对城市的归属感与认同感。因此，本书的研究借鉴杨菊华（2015）提出的社会融入测量的"四维度"分析框架，即从经济整合、社会适应、文化习得、心理认同四维度来对新生代农民工的社会融入进行综合测量，如表5-1所示。

表 5-1　新生代农民工社会融入测量指标体系

一级指标	二级指标	三级指标	测量问题
社会融入	经济整合	劳动合同	您与目前工作单位（雇主）签订何种劳动合同
		收入水平	您个人上个月的(或上次就业)收入是多少(不含保吃保住费)
	社会适应	组织参与	2016 年以来您在本地是否参加以下的组织活动①
		社会参与	2016 年以来您是否有过以下行为②
	文化习得	观念改变	按照老家的风俗习惯办事对我比较重要
		生活习惯	我的卫生习惯与本地市民存在较大差别
	心理认同	居留意愿	今后一段时间，您是否打算继续留在本地
		身份认同	（1）我喜欢我现在居住的城市/地方； （2）我关注我现在居住城市/地方的变化； （3）我很愿意融入本地人当中，成为其中一员
		本地人态度	（1）我觉得本地人愿意接受我成为其中一员； （2）我感觉本地人看不起外地人； （3）我觉得我已经是本地人

　　经济整合是指新生代农民工在本地经济结构方面所遇到的困难，以及以本地人为参照对象，在收入水平、教育培训、职业地位、劳动保障、社会福利等方面与本地人的差距。如果他们与本地居民在这些方面的差距逐步缩小，并且拥有相对公平的机会，则意味着他们顺利地实现了经济整合。在众多因素中，就业和收入是最重要的因素，它们是新生代农民工能否在城市"生存下去"的物质基础（朱力，2002）。就业因素主要通过是否签订劳动合同来测量，拥有劳动合同意味着新生代农民工的劳动权益有了法律的保障，有利于他们在本地稳定就业。无固定期限合同会使劳动者的预期缺乏稳定性，极易导致员工对企业产生不信任，造成劳资关系的不确定性。特别是在次级劳动市场环境下，长期劳动合同的签订会制约用人

---

　　①　以下的组织活动包括工会、志愿者协会、同学会、老乡、家乡商会、其他。内容来源于《2017 年全国流动人口卫生计生动态监测调查技术文件》。

　　②　以下行为包括给所在单位/社区/村提建议或监督单位/社区/村务管理；通过各种方式向政府有关部门反映情况/提出政策建议；在网上就国家事务、社会事件等发表评论，参与讨论；主动参与捐款、无偿献血、志愿者活动等；参与党/团组织活动，参加党支部会议。资料内容来源于《2017 年全国流动人口卫生计生动态监测调查技术文件》。

单位不合理辞工及拖欠工资的行为，保护劳动者的合法权利。在稳定的劳动关系下，用人单位无需担心新生代农民工的跳槽行为，因而有更大的动力对其进行专业技能的培训，提升其人力资本水平，从而更有助于其融入城市生活与工作。收入水平主要通过个体收入水平来测量，只有拥有一定的经济实力，新生代农民工才有信心、有能力与本地居民进行深入交流，才能更好地被本地人理解与认同。为了消除量纲的差异可能带来的异方差影响，本书的研究对收入变量进行自然对数处理。

社会适应主要体现在新生代农民工是否参与本地主流社会活动、是否与本地居民交往等涉及与本地居民互动的相关行为，通常包括社会交往、朋友关系、社会支持、社区活动参与和组织参与。鉴于数据的可获得性，本书主要通过组织参与和社会参与来测量社会融入。在帕特南（2001）的研究中，他认为保龄球俱乐部、邻里组织、大众性政党、兴趣组织、公益组织等组织机构，均属于横向型的社会网络关系。在一个组织结构中，横向的社会网络关系越密集，其成员之间越有可能为了共同的利益而达成合作，并且有助于参与者解决集体行动困境，更有利于加强其归属感与认同感。在组织参与的答复中，参与一项赋值为 1，以此类推，最多赋值为 7，得到组织参与综合替代变量。此外，新生代农民工是否参与社区社交活动、参加社区治理活动、了解并参与城市管理，都体现了他们融入流入地生活的意向，也会增进或妨碍新生代农民工与本地居民的相互了解、相互认同。在社会参与的答复中，对所给五个行为的参与程度"没有""偶尔""有时""经常"分别赋值 1 至 4，并进行加权求平均值，得到社会参与综合替代变量。

文化习得指新生代农民工对本地文化风俗、当地语言、宗教观念、生活习惯、礼仪交往的认知与学习程度。它包括对本地语言的掌握程度、对本地文化的了解程度，各种价值观念（如婚姻观念、教育理念）及与本地居民在饮食习惯、卫生习惯、服饰、节庆习俗、人情交往等方面的差异。对于那些成年之后进入流入地的新生代农民工而言，他们的社会化过程主要在农村老家，形成了不同于城市的处事方式、思维方式及生活习惯，且年龄越大，其完成"再社会化"过程所需的时间越长。农村的风俗人情是一种文化遗产，为远离他乡的打工者提供精神支持，但也阻碍着他们进一步融入城市。价值观念作为一种抽象且模糊的概念，主要通过婚姻、娱乐、穿着、生育、禁忌、饮食等行为习惯反映出来。新生代农民工对当地风俗习惯是接受还是排斥，对待子女与本地居民交往是赞同还是反对，对这些问题的看法都折射出新生代农民工在人文理念方面的融入情况。鉴于数据的可获得性，本书主要通过观念改变与生活习惯来测量文化习得。观念改变测量主要通过"按照老家的风俗习惯办事对我比较重要"，对其答复分别赋值1至4；生活习惯测量主要通过"我的卫生习惯与本地市民存在较大差别"，对其答复分别赋值1至4。

心理认同主要指新生代农民工与流入地居民之间的社会距离或对自己是否是本地人的心理认同或是对城市的归属感，一般包含长期居留意愿、身份认同、本地人态度等指标。其中，长期居留意愿直接表明他们对城市认同态度，以及他们愿意留下来的决心。身份认同主要指是否承认自己是本地人，以及对自己所居住地方的归属感和认同感。如果新生代农民工依然只是将自己当成城市的一个"过客"，缺乏对所居住地方的归属感与认同感，则说明他们与本地居民之间存在较大的社会距离。一些学者意识到农民工的融入不仅是农民工自己对流入地的主动适应，也包含着本地居民对农民工的态度，这是一个双向互动的过程，而本地人对农民工的态度影响着农民工对本地的认同和心理归属。因此，本书的研究通过居留意愿、本地认同与歧视感受来测量心理认同。居留意愿测量通过"今后一段时间，您是否打算继续留在本地？"对其答复分别赋值1至3；身份认同测量通过"我喜欢我现在居住的城市/地方""我很愿意融入本地人当中，成为其中一员""我关注我现在居住城市/地方的变化"，对其答复分别赋值1至4；本地人态度主要通过"我觉得本地人愿意接受我成为其中一员"，对其答复分别赋值1至4；"我感觉本地人看不起外地人"，对其答复分别进行逆向赋值1至4，"我觉得我已经是本地人"表面上是自我评价，但实际上是从本地人对自己的评价与态度中得出的结论，因而也将其赋值1至4。

5.1.2　测量方法

对于社会融入这样一个抽象且多维度的潜变量，在实证研究中要进一步通过显变量观测及转化操作来体现，一些研究采用单个指标，使用加权平均方法对社会融入的各方面进行了具体且详细的分析，但大部分研究还是构建全面、整体、简明、高效的综合指数，以此评价农民工的整体社会融入状况。本书的研究主要采取后一种综合指数构建的方法，通过构建社会融入的综合指标评价体系，以此评价新生代农民工社会融入的整体状况，以及其在经济、文化、社会与心理各方面的表现。

　　社会融入测量的难点在于指标赋权，现有综合评价中指标权重系数确定方法通常包括两类：一类是主观赋权评价法，通常包括专家匿名打分的德尔菲法、直接加权平均法、比较排序法及构造判断矩阵的层次分析法（AHP 法）等；另一类是客观赋权评价法，包括灰色关联度法、熵值评价法及主成分分析法等。主观赋权评价法的不足在于难以避免人为操作的主观性和认知的片面性，摆脱不了评价的随机性。客观评价法能很好地避免赋权的随机性与主观性问题，但熵值评价法在计算权重时容易受模糊随机性影响，导致各指标间联系不大，且适用于样本数量较小的数据，而灰色关联度法要求样本数据小，且具有时间序列特性（虞晓芬等，2004）。结合本书的研究，"2017 年流动人口动态监测数据"是一个样本量较大的截面数据，因而不适合灰色关联度法与熵值评价法，只能选择主成分分析法。此外，在构建社会融入综合指标时，大部分研究倾向于采用主成分分析方法，该方法的原理在于将多个复杂且相互不独立的变量，通过降维的方法转变为一个或多个主成分，这些主成分承载变量的大部分信息，这些新指标可以被看作是原来指标的线性组合，并且指标之间相互独立，它以简明的方式克服主观赋权的弊端。

5.1.3　社会融入测量

　　由于不同的指标具有不同的量纲，为了消除量纲产生的异方差影响，本书的研究对社会融合各项指标采用最小　最大标准化法将数据进行标准化；我们对表 5-1 的 9 项社会融入指标（劳动合同、收入水平、组织参与、社会参与、观念改变、生活习惯、居留意愿、身份认同、本地人态度）进行了相关关系的矩阵分析（如表 5-2 所示），结果发现各指标之间的相关系数均未超过 0.6，不存在多重共线性问题。

表 5-2　新生代农民工社会融入测量指标的相关性分析

变量	收入水平	劳动合同	组织参与	社会参与	观念改变	生活习惯	身份认同	居留意愿	本地人态度
收入水平	1.000								
劳动合同	0.177*	1.000							
组织参与	0.083*	0.158*	1.000						
社会参与	0.089*	0.154*	0.371*	1.000					

表5-2(续)

变量	收入水平	劳动合同	组织参与	社会参与	观念改变	生活习惯	身份认同	居留意愿	本地人态度
观念改变	0.013	0.067*	0.009	0.031*	1.000				
生活习惯	0.014	0.043*	0.050*	0.062*	0.236*	1.000			
身份认同	0.021*	0.035*	0.124*	0.129*	0.076*	0.221*	1.000		
居留意愿	0.082*	0.056*	0.060*	0.057*	0.036*	0.093*	0.218*	1.000	
本地人态度	−0.040*	0.011	0.094*	0.103*	0.155*	0.390*	0.568*	0.151*	1.000

注：*表示在0.05的统计水平下显著。

本书的研究利用探索性因子分析法，对以上9项指标进行主成分分析，为了使因子结构更加清晰，采用方差极大化法对得到的因子负荷进行正交旋转，最终得到表5-3。从表5-3中，我们可以发现大于1的特征值共有4个，分别用 $F1$、$F2$、$F3$、$F4$ 来表示。4个新因子累计方差贡献率达到62%，这一结果与张文宏（2008）测算城市新移民社会融合时63%的贡献率接近，间接地说明该测算是可以接受的。KMO的检验值为0.621，Bartlett球体检验值达到 11 656.971 （$P=0.000<0.001$），说明这些指标适合进行因子分析。

表5-3　新生代农民工社会融入的因子分析结果

自变量	新因子命名			
	F1 心理认同	F2 社会适应	F3 文化习得	F4 经济整合
收入水平	−0.076	−0.029	0.020	0.792
劳动合同	−0.147	0.250	0.220	0.574
组织参与	0.072	0.809	−0.089	0.008
社会参与	0.070	0.802	−0.045	0.006
观念改变	−0.032	−0.089	0.840	0.061
生活习惯	0.320	−0.036	0.616	−0.004
身份认同	0.831	0.097	−0.022	−0.020
居留意愿	0.530	−0.165	−0.219	0.362
本地人态度	0.786	0.069	0.165	−0.139
特征值	2.038	1.426	1.088	1.031
方差贡献率	0.226	0.158	0.121	0.115
累计方差贡献率	0.226	0.385	0.506	0.620

从表 5-3 来看,"身份认同""居留意愿"和"本地人态度"3 项指标对 $F1$ 的负荷值最高,分别达到了 0.831、0.530、0.786,说明这 3 项指标较好地代表了 $F1$。从指标所涉及的内容来看,意愿、认同、态度都反映新生代农民工对城市的情感及自己身份的认识,因此将 $F1$ 命名为"心理认同"因子。$F2$ 主要由"组织参与""社会参与"这 2 项指标来代表,其负荷值分别为 0.809、0.802,这 2 项指标主要反映了新生代农民工参与社会活动的行为,故将 $F2$ 命名为"社会适应"因子。$F3$ 对应着"观念改变""生活习惯",其负荷值分别为 0.840、0.616,这 2 项指标主要涉及个人的风俗习惯、价值观念,都属于文化典型内容,故将 $F3$ 命名为"文化习得"因子。"劳动合同"与"收入水平"则主要用来说明 $F4$,其因子负荷值分别为 0.792、0.574。是否签订劳动合同及是否签订长期合同,直接关系到新生代农民工的就业稳定性,关系到是否能在城市生存下去及个人发展前景,而收入水平更是直接决定新生代农民工的温饱水平及生活质量,这 2 项指标是影响其经济融入的关键指标,故将 $F4$ 命名为"经济整合"因子。

在计算社会融入综合指数时,笔者主要借鉴杨菊华(2015)的社会融入综合性指标的构建方法,将得到的社会融入得分转化为 0~100 的数值,数值越大表明融入程度越高。具体操作方式如下:首先,用 Stata 中 Predict 命令计算以上四个公因子得分为 $f1$、$f2$、$f3$、$f4$,并将公因子的方差贡献率作为权重系数,对每个公因子得分进行加权平均,计算社会融入的综合性指数,假设这四个公因子的方差贡献率分别为 a、b、c、d,则社会融入综合指数的计算公式为:

$$Y = (a*f1 + b*f2 + c*f3 + d*f4)/(a + b + c + d)$$

为了方便解释,再将此综合指数 Y 转化为 0~100 的数值,采取以下公式

$$S' = (S - \min(S))/(\max(S) - \min(S)) * 100$$

进行计算,最终得到社会融入综合指数的评价数值。此外,将 $F1$ 心理认同、$F2$ 社会适应、$F3$ 文化习得、$F4$ 经济整合得分因子按照上述最小—最大标准化方法转化为 0~100 的数值,得分越高,表明其在某一维度的社会融入程度越高。为了更好地突出新生代农民工社会融入与其他农民工的差异,故加入老一代农民工作为参照对象,对老一代农民工的社会融入程度及各维度的测算重复上述计算过程,最终得到表 5-4。

表 5-4　新生代农民工与老一代农民工社会融入状况的对比分析

类别	类型	社会融入	经济整合	社会适应	文化习得	心理认同
老一代农民工	均值	48.01	56.24	21.53	47.85	63.91
	最小值	0	0	0	0	0
	最大值	100	100	100	100	100
	标准差	12.12	11.17	11.06	15.22	14.01
	样本个数	20 742	20 742	20 742	20 742	20 742
新生代农民工	均值	47.15	59.40	16.92	51.04	67.37
	最小值	0	0	0	0	0
	最大值	100	100	100	100	100
	标准差	11.29	10.83	12.43	14.80	14.64
	样本个数	13 433	13 433	13 433	13 433	13 433

从表 5-4 的代际比较结果来看，相较老一代农民工而言，新生代农民工的社会融入水平相对较低，主要体现在社会适应方面得分相对较低，在经济整合、文化习得、心理认同方面得分均高于老一代农民工。可能的原因是老一代农民工保留农村的生活习性，拥有更多的空闲时间参与本地人的活动，与本地人互动。随着现代交通工具与通信网络全覆盖，新生代农民工在所居住社区外建立了一定的社会关系，使得原本发生于社区内的社会活动减少，与社区内其他居民缺少关联性。他们白天在工作场所上班，接触的对象都是从事相似职业的同事或工友，晚上下班各回各家，与居住区本地居民几乎没有交流。由于时间错位、工作性质差异、交往对象的分异导致新生代农民工与本地居民之间呈现出离散性的状态。此外，由于新生代农民工受教育程度较高，生活方式与现代市民接近，对融入城市意愿更强烈，不愿意返乡务农（刘传江、徐建玲，2007），因而在经济整合、文化习得与心理认同方面得分高于老一代农民工。从新生代农民工自身社会融入状况来看，新生代农民工社会融入的总体水平偏低（均值=47.15，标准差=11.29），其中经济整合、社会适应、文化习得和心理认同的程度分别为 59.40（标准差=10.83）、16.92（标准差=12.43）、51.04（标准差=14.80）、67.37（标准差=14.64）。这一结果表明，新生代农民工在经济整合与心理认同方面融入得较快，而文化习得和社会适应的步伐相对较

慢，并且文化习得的差异性最大，经济整合的离散性最小。

为了确保计算结果的准确性与科学性，将该研究结果与杨菊华（2015）关于流动人口社会融入的研究结果进行对比，流动人口社会融入综合指数得分不足 50 分，文化习得和心理认同得分均超过 60 分，经济整合和社会适应得分均不足 30 分。该研究结果与总体社会融入指数估测结果相近，在心理认同和文化习得上估计测算结果较为接近，但在经济整合方面差异较大，其原因主要在于经济整合选择的测量指标差异，杨菊华（2015）在测量经济整合时选择职业类型、收入和社会保险，职业类型上集中在第二或第三产业的次级劳动力市场，社会地位较低，而 2013 年时流动人口社会保险并未纳入城镇保险中，流动人口购买社会保险的比例也非常低，因而总体经济融入水平较低。本书主要以就业稳定性与收入水平来反映经济整合，随着就业形式的多元化和灵活化，以及收入水平的提高，新生代农民工的经济整合有着显著的改善。

5.2 变量选取及描述性统计分析

5.2.1 被解释变量

被解释变量主要是社会融入及社会融入的四个维度，分别为经济整合、社会适应、文化习得、心理认同。首先，经济整合是新生代农民工在流入地生存和发展的前提，也是全面融入流入地最基本的保障；其次，新生代农民工进入一个新的陌生环境，需要适应流入地的生活方式与社交模式；再次，由于城乡生活习惯、价值观念的差异，新生代农民工在城市居留时间越久，受到流入地社会环境与潜在文化的影响越大，受流入地文化潜移默化的影响，新生代农民工生活习惯和风俗习惯慢慢与城市居民趋同；最后，心理认同是对自我身份的认知，进而对这一身份和所居住的城市产生认同感与归属感，只有实现经济、社会、文化与心理四个方面的社会融入，新生代农民工才算真正地完成农民工到城市市民的身份转变，最终融入城市。

5.2.2 解释变量

住房选择在城市经济学、社会学、人口学等众多学科中都是一个多维度的概念，包括居住面积、住房支出、居住环境、住房质量、社区类型、住房来源、住房区位、住房产权、建筑属性等多个维度（邹静等，2017）。根据国家统计局《2018 年农民工监测调查报告》①，在所有进城务工的农民工群体成员之中，19%的农民工选择购买住房，12.9%的农民工选择居住在宿舍，61.3%的农民工选择租房，2.9%的农民工享受保障性住房（国家统计局，2018）。现实中，新生代农民工的住房选择与城市经济学中的住房选择并非同一个概念，由于户籍制度和自身能力的限制，新生代农民工被排斥在城市保障性住房体系之外，除了少部分家庭富裕的新生代农民工，依靠父辈的经济支援才能在城市中购买商品房，剩余的大部分新生代农民工没有选择的余地，只能被动地接受集体宿舍或租赁住房。此外，考虑到国家正在对保障性住房制度进行大力改革，鼓励各地要将农民工纳入住房保障体系，因而政府提供的保障性住房也可以作为新生代农民工住房选择之一。因此，根据新生代农民工住房选择的现实状况，新生代农民工的住房选择行为结果表现为购买住房、集体宿舍、租赁住房及保障性住房四种。同时，考虑大部分新生代农民工对于住房选择的偏好顺序及居住空间的稳定性程度，本书的研究以租赁住房为参照对象，具体的指标量化操作见第 4 章分析。

5.2.3　控制变量

新生代农民工的社会融入研究是一个繁杂的系统工程，涉及社会、经济、文化等诸多方面。尽管本书的研究从农民工住房选择行为来比较他们的社会融入差异，但如果只考虑住房选择行为变量，则会遗漏很多其他相关变量的影响，研究结果可能会因为遗漏变量而产生较强的内生性，导致回归估计的结果有偏差，使研究结果的有效性和科学性大打折扣，因此考虑其控制变量是非常有必要的。本研究借鉴流动人口、农民工、新生代农民工社会融入的研究成果，基于数据可获得性原则，最终将社会融入的影响因素归纳为三类：人口学基本特征、个体社会经济特征、流动特征。

（1）人口学基本特征

新生代农民工的个人特征变量包括性别、年龄、婚姻、受教育年限、职业类别、单位性质。

①性别。个体的性别特征决定了男女在心理、体能、思维模式等方面

---

① 国家统计局. 2018 年农民工监测调查报告［EB/OL］.（2019－04－29）［2023－02－02］. http://www.stats.gov.cn/tjsj/zxfb/201904/t20190429_1662268.html.

必然具有一定差异性，从而对城市生活的忍耐力及对城市认同感也不一样，这些差异可能影响新生代农民工的社会融入。

②年龄。年龄决定了家庭生命周期、是否有进城打拼冲动、是否愿意留在城市里继续奋斗、是否有落叶归根的想法、是否能适应城市生活与节奏，从而影响新生代农民工的城市融入。

③婚姻。婚姻决定了个体的责任，组建一个家庭意味着承担更大的社会责任，为了家庭幸福，他们需要在城市中不断积累和投资个人的人力资本和社会资本，从而给婚姻带来稳定的物质基础。此外，随着举家流动模式越来越普遍，无论另一半在农村还是在城市，都会刺激个体更努力地留在城市，因而影响新生代农民工的社会融入。

④受教育年限。新生代农民工受教育程度越高，在城市劳动力市场中可以选择的就业范围就越广，就业机会就越多，在就业过程中吸收的专业知识和掌握的技能相对也越多，积累的人力资本水平就越高，以此影响新生代农民工的社会融入。

⑤职业类型。新生代农民工在城市从事的职业类型，与他们的个人收入水平、社会地位、发展机会、社会认同等因素具有紧密的关系。伴随着城市产业转型升级，新生代农民工进城从事的行业更多集中在第二或第三产业的次级劳动力市场，例如：建筑工人、工厂工人、高级技工、批发零售、住宿餐饮、物流快递、家政服务、个体经营等，这些行业和职位呈现出工资收入低、危险系数高、工作辛苦、社会认同低等特征，并且这些岗位还存在劳动合同不规范、维权路径狭窄等问题，严重影响他们的城市融入进程。

⑥单位性质。在计划经济时期，单位作为国家的代理人，是国家对社会控制向基层延伸的重要载体和实现者，一切的生产资料与生活资料都由单位进行分配，个人所在单位的性质的差异在一定程度决定了他们所获得的住房面积与质量的差异。改革开放之后，单位的权力并没有随之消失，而是通过社会福利二次分配，让更多的管理精英获得实质的好处，进一步拉大了其与外来农民工在收入水平与财富积累方面的差距。直到现在，一个好的工作单位，意味着更稳定的工作、更高的社会地位及更多的福利待遇。因此，单位性质会影响个体的收入水平、劳动强度、晋升平台等，从而导致个体社会融入差异。

（2）个体社会经济特征

①社会特征变量。新生代农民工社会特征变量包括本地居留时间、是否办理暂住证/居住证。

第一，本地居留时间。本地居留时间长短可能会影响新生代农民工融入城市的进度及在本地积累的人力资本与社会资本。新生代农民工在本地居留时间越长，意味着对城市生活习惯的适应能力越强，在本地积累的社会网络关系越多，同时也可能意味着与老家亲人分离时间越长，从而影响新生代农民工的社会融入。

第二，是否办理暂住证/居住证。暂住证作为深圳的一项制度创新，弥补了户籍制度造成的制度排斥性影响，将外来流动人口纳入城市管理体制，为他们享有公平的公共服务提供一种符号。2015年，在国家政策文件中，"居住证"被"暂住证"所替代，居住证是居民享受本地居民基本公共服务的必要条件，居住者是否有居住证直接决定其在本地是否可以享受社会福利，因而对新生代农民工城市融入的进程具有较大的影响。

②经济特征变量。新生代农民工的经济特征变量包括家庭月收入水平、就业身份。

第一，家庭月收入水平。由于不同农民工在家庭中承担的责任不同，他们对收入的期望程度会有差异，那些有孩子的新生代农民工需要承受更大的经济压力，他们的收入要维持整个家庭的日常生计，而那些未婚并且老家还有土地的新生代农民工，他们肩负的家庭压力较小，常常"一人吃饱，全家不愁"，他们的工资收入主要满足生活开支。总体而言，家庭收入水平越高，个体的经济压力和心理负担相对越小，幸福指数相对越高，对其社会融入的影响程度也越大。

第二，就业身份。随着新型城镇化与市场经济快速发展，就业方式越来越多元化和灵活化，不同的就业方式也使得财富积累存在较大的差异，社会阶层的层级差异及贫富差距会被逐渐拉大。那些拥有固定单位的职工，工作更稳定，收入水平能保持一个稳步增长趋势，能获得更多职位晋升和专业知识培训的机会，而那些没有固定单位的职工，随时面临失业的风险，他们面临的首要问题是如何维持"城市生存"，既没有足够的时间也缺乏足够的信心参与本地主流社会活动。

（3）流动特征

新生代农民工的流动特征变量包括流动范围、流动区域、城市规模。

①流动范围。离家较近的市内或省内新生代农民工，受到外部的制度性或结构性排斥因素的影响较小，且距离父母或亲戚朋友较近，在物质上还能获得他们的一些帮助，生活成本相对较低，适应时间相对较短，生活习惯也更为接近。跨地区或跨省的新生代农民工更倾向于流入发达的东部地区，流入地各方面的市场竞争相对更为激烈。按照辖区利益优先的分配原则，跨省流动的农民工在流入城市所遭受的制度性排斥或障碍通常更大，他们既无亲朋好友的支持，也需要更长时间的适应，因而城市融入的障碍相对较大。

②流动区域。地理区位及历史发展政策因素导致我国区域之间存在较大的社会经济差异，也正是这些差异驱动着他们在不同地区之间的流动，并受到不同区域社会、经济及制度政策的影响。东部大城市由于就业机会多、发展前景好，对新生代农民工吸引力较大，但他们同时也面临巨大的生活压力，以及周边同龄人高收入的刺激，这加剧了他们的心理矛盾。相反，中西部是人口"流出型"区域，他们的收入水平可能没有东部地区高，但因为消费水平及生活成本较低，更容易获得幸福感。

③城市规模。由于不同规模城市新生代农民工的住房和社会融入情况存在较大的差异，大城市新生代农民工可能更多选择租赁住房或集体宿舍，而小城市新生代农民工选择购买住房的比例较高。因此，"城市规模"是很重要的一个控制变量。城市规模测量主要以"城市名称"为共同字段，匹配第六次全国人口普查各地级市城区常住人口数量，并根据2014年出台的《国务院关于调整城市规模划分标准的通知》①，将城市规模划分为超大城市、特大城市、大城市、中等城市、小城市五种类型。

综上所述，最终形成相关变量测量体系（见表5-5）。

---

① 国务院. 国务院关于调整城市规模划分标准的通知［EB/OL］.（2014-11-20）［2023-02-02］. http://www.gov.cn/zhengce/content/2014-11/20/content_9225.htm.

表 5-5　相关变量测量体系

一级指标	二级指标	三级指标	测量问题
社会融入	经济整合	劳动合同	您与目前工作单位（雇主）签订何种劳动合同
		收入水平	您个人上个月（或上次就业）收入多少（不含保吃保住费）
	社会适应	组织参与	2016 年以来您在本地是否参加以下的组织活动①
		社会参与	2016 年以来您是否有过以下行为②
	文化习得	观念改变	按照老家的风俗习惯办事对我比较重要
		生活习惯	我的卫生习惯与本地市民存在较大差别
	心理认同	居留意愿	今后一段时间，您是否打算继续留在本地
		身份认同	（1）我喜欢我现在居住的城市/地方； （2）我关注我现在居住城市/地方的变化； （3）我很愿意融入本地人当中，成为其中一员
		本地人态度	（1）我觉得本地人愿意接受我成为其中一员； （2）我感觉本地人看不起外地人； （3）我觉得我已经是本地人
住房选择	住房来源	购买住房	自购商品房、自购小产权住房、自建房
		保障性住房	政府提供公租房、自购保障性住房
		集体宿舍	单位/雇主房（不包括就业场所）、就业场所、其他非正规居所
		租赁住房	租住私房-整租、租住私房-合租
控制变量	人口学变量	性别	女性 = 0，男性 = 1
		年龄	按照出生队列划分为三组"80 后""90 后""00 后"
		婚姻	有配偶（或同居）为 1，其他为 0
		教育	初中及以下，高中、大专、本科、研究生分别赋值 1~5
		职业类别	生产工人、生活服务人员、经商、管理与技术人员分别赋值 1~4
		单位性质	个体户、社团/民办组织、私营企业、公有部门与企业、外资企业分别赋值 1~5

---

① 以下的组织活动包括工会、志愿者协会、同学会、老乡会、家乡商会、其他。内容来源于《2017 年全国流动人口卫生计生动态监测调查技术文件》。

② 以下行为包括所在单位/社区/村提建议或监督单位/社区/村务管理；通过各种方式向政府有关部门反映情况/提出政策建议；在网上就国家事务、社会事件等发表评论，参与讨论；主动参与捐款、无偿献血、志愿者活动等；参与党/团组织活动，参加党支部会议。资料内容来源于《2017 年全国流动人口卫生计生动态监测调查技术文件》。

表5-5(续)

一级指标	二级指标	三级指标	测量问题
控制变量	个体社会经济因素	居住时间	居住时间分为三组，0~5年赋值为1，5~10年赋值为2，10~25年赋值为3
		居住证	办理赋值为1，未办理赋值为0
		家庭月收入水平	划分五个等级，0~3 000元赋值为1；3 000~5 000元赋值为2；5 000~8 000元赋值为3；8 000~10 000元赋值为4；10 000元以上赋值为5
		就业身份	无固定雇主的雇员赋值为0，有固定雇主的雇员赋值为1
	流动因素	流动范围	跨省流动赋值为1，跨市流动赋值为2，市内跨县赋值为3
		流动区域	东部赋值为3、中部赋值为2、西部赋值为1
		城市规模	根据第六次全国人口普查各地级市城区常住人口数量，将其划分为小城市、中等城市、大城市、特大城市、超大城市，并将其分别赋值1~5

注：本书的研究借鉴彭文斌（2010）对东中西区域的分类，东部包括北京、上海、广东、江苏、浙江、天津、河北、山东、辽宁、福建、海南11个省，中部包括安徽、湖北、湖南、河南、江西、山西、黑龙江、吉宁8个省，西部包括重庆、四川、陕西、宁夏、广西、内蒙古、贵州、青海、甘肃、云南、新疆11个省。

5.2.4　变量描述性统计分析

本书研究的主要对象为新生代农民工，根据父母是否有流动经历、出生年龄在1980年以后及户籍为农村户口共同界定新生代农民工，同时剔除其他相关变量的缺失数据，最终得到样本基本变量的描述性分析，如表5-6所示。

表5-6　样本基本变量的描述性分析

指标	频数(占比)	指标	频数(占比)
住房来源(N = 13 518)		外资企业	2 023(15.68%)
租赁住房	7 510(55.56%)	居住时间(N = 13 518)	
集体宿舍	3 315(24.52%)	0~5年	8 946(66.18%)
保障性住房	272(2.01%)	5~10年	3 004(22.22%)
购买住房	2 421(17.91%)	10年以上	1 568(11.60%)
性别(N = 13 518)		居住证(N = 13 518)	
女性	6 185(45.75%)	办理	8 443(62.46%)

表5-6(续)

指标	频数(占比)	指标	频数(占比)
男性	7 333(54.25%)	未办理	5 075(37.54%)
年龄队列(N=13 513)		家庭月收入水平 (N=13 517)	
"80后"	5 580(41.29%)	0~3 000元	1 100(8.14%)
"90后"	7 738(57.26%)	3 000~5 000元	3 315(24.52%)
"00后"	195(1.45%)	5 000~8 000元	4 408(32.61%)
婚姻(N=13 518)		8 000~10 000元	1 868(13.82%)
有配偶	7 479(55.33%)	10 000元以上	2 826(20.91%)
其他	6 039(44.67%)	就业身份(N=13 518)	
教育(N=13 518)		无固定雇主的雇员	1 223(9.05%)
初中及以下	6 380(47.20%)	有固定雇主的雇员	12 295(90.95%)
高中	3 956(29.25%)	流动范围(N=13 518)	
大专	2 146(15.88%)	跨省流动	7 582(56.09%)
本科	992(7.34%)	跨市流动	4 118(30.46%)
研究生	44(0.33%)	市内跨县	1 818(13.45%)
职业类别(N=13 034)		流动区域(N=13 518)	
生产工人	4 668(35.81%)	西部	3 180(23.52%)
生活服务人员	5 873(45.06%)	东部	10 338(76.48%)
经商人员	143(1.10%)	城市规模(N=13 367)	
管理与技术人员	2 350(18.03%)	小城市	482(3.61%)
单位性质(N=12 900)		中等城市	581(4.35%)
个体户	2 750(21.32%)	大城市	6 345(47.46%)
社团/民办组织	267(2.07%)	特大城市	3 302(24.70%)
私营企业	7 350(56.98%)	超大城市	2 657(19.88%)
公有部门与企业	510(3.95%)		

从表 5-6 中我们可以发现，新生代农民工住房来源以租赁住房、集体宿舍为主，购房比例为 17.91%，而保障性住房比例为 2.01%，说明了 2014 年发布的《国家新型城镇化规划（2014—2020 年）》①中将农民工完

---

① 新华社. 国家新型城镇化规划（2014—2020 年）[EB/OL].（2014-03-16）[2023-02-02]. http://www.gov.cn/zhengce/2014-03/16/content_2640075.htm.

全纳入城镇住房保障体系的政策并没有很好地落实。从人口学统计变量来看，被调查新生代农民工样本中男性占比为 54.25%，略多于女性。从年龄队列来看，被调查样本中"90 后"占比为 57.26%，"80 后"占比为 41.29%，"00 后"样本非常少。从婚姻状况来看，新生代农民工中只有 55.33% 的群体拥有配偶，从侧面说明新生代农民工的单身比例较高，也印证了现实生活中农民工在婚姻市场的弱势地位。从受教育程度来看，76.45% 的新生代农民工文化水平停留在高中及以下，只有 23.55% 群体拥有大专及以上文化水平，较低的文化水平导致新生代农民工只能在次级劳动力市场上获取就业机会，更多成为建筑工人、流水线工人、快递员、餐饮服务员、保洁员、清洁工等，这也与职业调查中 80.87% 的新生代农民工从事服务型或生产型工作密切相关。从单位性质来看，56.98% 的新生代农民工在私营企业工作，只有 15.68% 的新生代农民工能进入外资企业，还有 21.32% 的新生代农民工选择自主创业，从事个体户经营。

从个体社会经济特征变量来看，居住时间不超过 5 年的新生代农民工占比为 66.18%，这可能是由于工作性质导致其流动性较大，也可能是由于在城市待不下去，在"留城"失败后，退回农村或者换一个城市开始新的生活。从居住证办理来看，62.46% 的新生代农民工办理了居住证，居住证是许多城市管理流动人口及流动人口享受本地居民基本公共服务的重要凭证，居住证政策实施使得新生代农民工遭受的制度歧视减弱。从家庭月收入水平来看，仍有 8.14% 的新生代农民工家庭月收入低于 3 000 元，当他们面对城市高房价、高租金、高生活成本的现实时，可想他们在城市中"生存"的艰辛。从就业身份来看，有固定雇主的雇员占比为 90.95%，可见国家在农民工就业市场的制度改革成效显著，劳资双方更加注重契约意识，为新生代农民工的稳定就业提供了制度保障。

从流动特征来看，56.09% 的新生代农民工选择跨省流动，30.46% 的新生代农民工选择省内跨市流动，只有 13.45% 的新生代农民工选择市内跨县流动，因而早期城镇化战略中就地城镇化并未得到有效的推进，更多新生代农民工选择就业机会更多、收入水平更高、发展平台更好的大城市，伴随着年轻人口纷纷跨省、跨市流动，农村也越来越衰落，乡村文化也在逐渐消失，乡村原有的社会网络关系与社会秩序逐渐断裂与破坏。跨省流动的新生代农民工不仅使流出地劳动力流失，也对流入地社会治理带来更大的挑战。新生代农民工在进入流入地之后，在就业、住房、社保、养老、医疗、教育等多个领域面临着一系列不平等的待遇，由此引发与本地人之间的冲突，加大城市治理的难度。从流动区域来看，76.48%的新生代农民工会选择流向东部区域，那里经济更发达，工资报酬相对较高，对他们的吸引力更大。从流入城市规模来看，超过90%的新生代农民工选择流入大城市及以上规模城市，其中流入大城市的新生代农民工将近一半，这些大城市绝大多数都是各地方的省会城市。

5.3 住房选择对新生代农民工社会融入影响的实证分析

5.3.1 住房选择与社会融入之间的关系描述

本研究在检验新生代农民工住房选择行为对其社会融入程度的影响时，首先聚焦于住房选择行为与其社会融入程度之间关系的描述，通过列联表的形式，充分展示新生代农民工进入不同类型居住空间之后的社会结果差异，最终得到表 5-7。

表 5-7　新生代农民工住房选择与社会融入及各维度之间的列联分析

住房选择	社会融入	经济整合	社会适应	文化习得	心理认同
购买住房	52.29	60.27	18.98	52.74	74.79
保障性住房	50.98	58.95	21.15	51.77	71.72
集体宿舍	45.45	59.09	18.01	51.39	71.72
租赁私人住房	46.10	59.28	15.62	50.32	66.76

从表 5-7 可以发现，新生代农民工不同住房选择行为导致其社会融入程度差异较大，从而验证了本书提出的 H1 假设："新生代农民工不同住房选择行为会导致其社会融入程度产生显著的差异"是成立的。其中，购买住房的新生代农民工社会融入程度最高，可能的原因有两个：一是社会互动模型差异，强调拥有产权的业主，会更主动地参与社区公共事务活动，并在参与过程中模仿、学习和逐步改变自己；二是社会地位差异，强调住房是一种符号性活动、地位性消费，是身份地位的象征，有利于产生城市身份认同。保障性住房对社会融入影响程度较高，原因在于保障性住房的配套设施、居住环境都相对较为"体面"和"宜居"，有助于强化新生代

农民工市民化的意愿，形成对城市的归属感与认同感，从而使他们在城市沉淀下来，以主人翁的姿态面对工作与生活。而选择集体宿舍的新生代农民工的社会融入程度最低，原因在于内卷化的群体互动，长期集体宿舍生活导致他们对同质关系产生路径依赖，会不自觉地强化其亚文化生态环境，对本地的异质性文化产生畏惧与排斥，阻碍他们参与更多本地社交活动，丧失异质性信息、资源与机会的获取。

从社会融入各维度来看，新生代农民工不同住房选择行为对其经济整合与文化习得的影响相对较小，但对其社会适应与心理认同的影响相对较大。经济整合差异较小，可能是因为居住区位所带来的求职机会的差异越来越小。轨道交通快速发展在一定程度上缓解了职住分离问题，信息快速发展在一定程度上解决就业信息不对称问题；文化习得的差异较小，可能是因为文化本身具有相对稳定性和延续性。对于新生代农民工来说，虽然在城市中接受不同程度的城市文明洗礼，但从小到大在农村生活的习惯和观念是根深蒂固的，并且在成长过程中不断被父辈们"熏陶与纠正"，改变的过程非常漫长；保障性住房社会参与较高，而租赁私人住房社会参与较低，原因在于居住空间内部群体成员同质性与异质性差异，保障性住房最大的特色在于使本地城市户口与农村户口的低收入群体混居在一起，为两类群体之间的社会互动创造共同在场的社区空间环境，有意识的空间营造会对社会关系的再生产起到积极作用；而租赁住房群体的流动性较强，内部信任程度较低，导致他们参与的动力不足；购买住房的新生代农民工城市认同感较高，而选择集体租赁的新生代农民工心理认同感较低，原因在于与外界沟通联系差异，是否拥有私有产权房影响着新生代农民工的生活态度，拥有私有产权房有助于其投入更多的时间和资源建立良好的邻里关系，而那些居住在集体宿舍，除了忍受较差的居住环境，其生活空间相对封闭，与外界缺少联系与沟通，对所处城市也缺乏认同感、归属感。

5.3.2　模型建构

针对被解释变量为连续变量得分的情况，现有文献中一般采用普通最小二乘回归模型（OLS）估计，回归分析是描述社会现象的属性、规律性及变异性的经典方法和探究变量间相关关系的基础性统计工具（谢宇，2013）。本书的研究首先利用最小—最大标准化法将新生代农民工社会融入得分转化为［0，1］的数值，因此选择使用OLS回归模型对新生代农民工的住房选择与社会融入及其各维度之间的关系进行估计。在进行回归分析之前，为了消除量纲差异导致的异方差影响，先将所有的变量都进行标准化处理。另外，本书的研究通过该方差膨胀系数 VIF 值的大小（一般不超过 10）来检验变量之间的多重共线性问题。实证结果显示，所有模型得到的 VIF 均值均小于 3，说明不存在多重共线性问题。然而，为了保证估计结果的准确性，本书在模型中统一使用稳健标准误。

模型 1 至模型 3 以社会融入为被解释变量，其值越大表明社会融入程度越高。模型 1 检验了个体属性特征对新生代农民工社会融入的影响程度。模型 2 将个体属性作为控制变量，对新生代农民工住房选择与其社会融入程度的关系进行检验。模型 3 进一步对个体社会经济特征变量及流动因素进行控制，整体检验新生代农民工住房选择对其社会融入的影响。

模型 4 至模型 7 分别以经济整合、社会适应、文化习得、心理认同为被解释变量，其值越大表明社会融入程度越高。模型 4 至模型 7 分别在模型 3 的基础上将社会融入变量依次替换为经济整合、社会适应、文化习得与心理认同，以此来分别检验新生代农民工的住房选择对其社会融入各维度的影响。

5.3.3 住房选择行为对整体社会融入程度影响的实证分析

为了进一步探讨新生代农民工的住房选择与社会融入之间的关系，本书的研究采用逐步回归分析方法，先探讨个体属性特征对新生代农民工社会融入的影响程度，然后将个体属性特征作为控制变量，进一步检验新生代农民工的住房选择与其社会融入之间的关系，最后分别加入个体社会经济特征变量及流动因素作为控制变量，从整体检验新生代农民工住房选择对其社会融入的影响，最终回归结果见表 5-8。

表 5-8　新生代农民工住房选择对其社会融入回归分析结果

项目	模型 1 社会融入	模型 2 社会融入	模型 3 社会融入
住房选择（租赁住房为参照）			
集体宿舍		-0.004^{*} （0.002）	0.002 （0.002）
保障性住房		0.030^{***} （0.007）	0.025^{***} （0.007）

表5-8(续)

项目	模型 1 社会融入	模型 2 社会融入	模型 3 社会融入
购买住房		0.037*** (0.003)	0.028*** (0.003)
个体人口属性特征			
性别 （女性为参照）	0.015*** (0.002)	0.015*** (0.002)	0.015*** (0.002)
年龄队列（"80后"为参照）			
"90后"	−0.015*** (0.002)	−0.014*** (0.002)	−0.010*** (0.002)
"00后"	−0.044*** (0.008)	−0.042*** (0.008)	−0.030*** (0.008)
婚姻（未婚为参照）	0.021*** (0.002)	0.015*** (0.002)	0.007*** (0.002)
受教育程度（初中及以下为参照）			
高中	0.041*** (0.002)	0.038*** (0.002)	0.032*** (0.002)
大专	0.073*** (0.003)	0.067*** (0.003)	0.059*** (0.003)
本科	0.094*** (0.004)	0.087*** (0.004)	0.078*** (0.004)
研究生	0.088*** (0.016)	0.091*** (0.016)	0.089*** (0.016)
职业类别（生产工人为参照）			
生活服务人员	0.026*** (0.002)	0.023*** (0.002)	0.017*** (0.002)
经商人员	0.019* (0.010)	0.015 (0.010)	0.012 (0.009)
管理与技术人员	0.029*** (0.003)	0.026*** (0.003)	0.020*** (0.003)
单位性质（个体户为参照）			
社团/民办组织	0.011 (0.007)	0.011 (0.007)	0.016** (0.007)
私营企业	0.032*** (0.002)	0.031*** (0.002)	0.028*** (0.002)

表5-8(续)

项目	模型1 社会融入	模型2 社会融入	模型3 社会融入
公有部门与企业	0.060*** (0.006)	0.057*** (0.006)	0.051*** (0.006)
外资企业	0.054*** (0.003)	0.052*** (0.003)	0.050*** (0.003)
个体社会经济特征			
居住时间（5年及其以下为参照）			
5~10年			0.010*** (0.002)
10年以上			0.008*** (0.003)
居住证（无居住为参照）			0.019*** (0.002)
家庭收入水平(3 000元以下为参考)			
3 000~5 000元			0.012*** (0.004)
5 000~8 000元			0.019*** (0.004)
8 000~10 000元			0.029*** (0.004)
10 000元以上			0.039*** (0.004)
就业身份（无固定雇主的雇员为参照）			0.032*** (0.004)
个体流动特征			
流动范围（跨省流动为参照）			
跨市流动			0.019*** (0.002)
市内跨县			0.043*** (0.003)
流动区域（西部为参照）			
东部区域			-0.012*** (0.003)
城市规模（小城市为参照）			

表5-8（续）

项目	模型 1 社会融入	模型 2 社会融入	模型 3 社会融入
中等城市			0.008 （0.007）
大城市			0.009 （0.006）
特大城市			−0.001 （0.006）
超大城市			−0.028 *** （0.006）
常数项	0.386 *** （0.004）	0.388 *** （0.004）	0.286 *** （0.011）
F 检验值	171.92	160.31	109.47
R^2（拟合优度）	0.174 1	0.190 0	0.226 1
VIF（方差膨胀系数）	1.32	1.30	2.15
样本量 N	12 237	12 237	12 237

注：***、**、* 分别表示在 0.01、0.05、0.1 的统计水平下显著，括号中汇报了稳健标准误。

模型 1 至模型 3 主要关注新生代农民工的住房选择对其社会融入的影响（如表5-8所示）。模型 2 回归结果表明，集体宿舍对社会融入的影响呈现显著负相关。保障性住房与购买住房对社会融入的影响呈显著正相关，即新生代农民工居住在保障性住房或拥有自有住房更有利于其社会融入，并且购买住房的影响系数大于保障性住房，说明拥有自主产权住房比居住在保障性住房对新生代农民工的社会融入影响更显著。在模型 3 中加入个体社会经济特征与流动因素等控制变量之后，集体宿舍对社会融入影响系数为正但不显著，而保障性住房和购买住房对社会融入的影响呈现显著正相关，只不过影响系数比模型 2 中小一点，从而验证了本书提出的 H1a 假设："相较于租赁住房，选择购买住房更有利于促进新生代农民工的社会融入"是成立的，H1b 假设："相较于租赁住房，选择保障性住房更有利于促进新生代农民工社会融入"是成立的，H1c 假设："相较于租赁住房，选择集体宿舍对新生代农民工社会融入影响效应不显著"是成立的。

相较于租赁住房，购买住房对社会融入的影响系数最大，这一研究结论与陈梦凡（2018）利用多层线性回归分析的结果一致，进一步佐证拥有住房产权对新生代农民工社会融入的重要性。次宇等（2020）对山西省 20

位农民工进行访谈时，发现农民工拥有自己的城市住房对他们融入城市社区起到至关重要的促进作用。一方面，拥有住房意味着他们的社会地位得到提升，他们更有信心和条件参与本地社区公益活动或文化活动；另一方面，拥有住房意味着他们成为城市人，归属感和责任意识增强，参与社区公共事务的频率也会大大提高。

相较于租赁住房而言，保障性住房对社会融入的影响呈现显著正相关，这可能是因为保障性住房为两类群体之间的社会互动创造共同在场的社区空间环境，参与式干预会对群体成员之间社会互动起到积极促进作用。焦龙跃（2019）在调查重庆康庄美地保障性住房社区的社会融合情况时，发现混合居住的空间在场条件有助于农民工与本地市民的接触和交往，通过改善社区服务与治理体系来重塑社区结构，以及积极组织公共文化活动，比如中老年体育竞赛、歌唱比赛、智力棋赛等，社区以这种大家感兴趣的文化活动来建立群体间的纽带，重塑居民之间利益相关性。这种参与式的干预能够帮助农民工学习和内化社区规范，逐步培养农民工的社区责任感，增强农民工社区交往的积极性，增加新老居民的接触、互动机会，从而缩小农民工与市民之间的差异。

相较于租赁住房而言，集体宿舍对社会融入的影响不显著。集体宿舍不仅降低了新生代农民工在城市的生活压力，而且还提供了一个安稳的落脚之处，同一个居住空间内的成员之间拥有相似的社会结构位置及生活经历，工作关系与生活关系的重叠交织能够给予他们更多的心理慰藉及物质支持，但居住在集体宿舍的农民工由于生活场所与工作场所的高度重合，缺乏除职业以外的渠道来接触本地居民，长期依赖强关系的同质化社会互动，会导致其不自觉地固化亚文化生态环境，从而强化内卷化的群体互动。集体宿舍内部的网络支持所带来的积极作用与外部的网络拓展所带来的负面作用在居住空间内部相互抵消，最终导致选择集体宿舍对新生代农民工社会融入的影响效应不显著。吴炜（2013）在调查江苏省南京、常州、南通、无锡、苏州的外来人口在工厂集体住宿情况时，发现企业为农民工提供宿舍实质上是为了获取更多的剩余价值，工作和生活的一体化使得企业主可以将管理制度渗透到他们的日常生活之中，以此灵活控制或随意延长劳动时间与调整工作日。对农民工而言，这种集体宿舍并不是一个在工作之余进行休闲和消遣的地方，只是恢复体力进行劳动力再生产的场所。他们平均每天的工作时间为 9.44 小时，每周工作时间为 58.38 小时，很少有空闲时间参与其他社会活动，剩余的休息时间主要用于上网、打游戏、睡觉，精神文化生活匮乏。

从控制变量来看，性别对其社会融入的影响呈现显著正相关，说明现代社会竞争越来越激烈，越来越多的女性走上工作岗位，工作性别歧视现象在逐步改善，甚至越来越多女性的工作压力大于男性。相比"80后"，"90后"与"00后"的社会融入程度更低，可能的原因在于"00后"较早地进入社会之后，与"80后""90后"面临同一个竞争舞台，但后者明显已经积累了更丰富的工作经验及社会阅历，相较于"00后"而言，人力资本与社会资本更充足。从婚姻状况来看，相对于未婚的新生代农民工，已婚的新生代农民工表现出更高水平的社会融入，这也说明了组建一个家庭意味着要承担更大的社会责任，为了给家庭带来稳定的物质基础，他们需要在城市中不断积累和投资个人的人力资本和社会资本。从受教育程度来看，受教育程度越高，其社会融入程度也越高，随着科学技术的快速发展及产业升级换代，市场对劳动力的专业技能与受教育程度的要求也越来越高，低学历的求职者在企业第一轮履历筛选中被剔除，甚至都没有面试的机会；从职业类别来看，相对于工厂工人而言，生活服务人员和管理技术人员的社会融入程度更高，相比流水线的劳动密集型工作，服务人员和管理技术人员的工作相对更自由，工作内容更富人性化，不用每天面对冷冰冰的机器设备而产生心理健康问题，而经商人员面临着较大的失败风险，经常面临资金短缺、行业经验不足及缺乏必要的人脉等困难，但成功所带来的资本回报及社会地位提升，能让他们更有质量地生活在城市。从单位性质来看，相较于个体户而言，在公有部门与企业工作，比外资企业、私营单位及社团民办组织工作的社会融入程度更高，一方面，由于受传统思想的影响，当公务员有着较高的社会地位与社会认可度，更有利于他们在本地建立桥梁型社会资本；另一方面，由于工作的稳定性及较好的单位福利，导致他们更愿意留在本地成家立业，对所在城市的归属感与认同感更强烈。

从个体社会经济特征和流动因素来看，在本地居住时间越长，社会融入程度越高。居住时间从一定意义上代表个体的沉没成本，在本地居住时间越长，在本地积累的社会网络关系越宽广，一旦流动到其他地方，意味着一切重新开始，所付出的沉没成本越大。居住证与新生代农民工社会融入呈显著正相关，这反映了我国户籍制度改革政策成效显著，居住证制度正在替代"户籍"功能，成为新生代农民工享受城市公共服务的必要条件。从家庭收入水平来看，家庭经济能力越好，个体融入城市的生活压力越小。家庭的经济实力对于新生代农民工的城市融入非常重要，收入水平较低会成为个体融入城市的障碍，会增加个体在城市的心理压力和生活负担，降低个人的生活质量。从就业身份来看，相较于无固定雇主的雇员，拥有固定雇主的雇员，其社会融合程度更高，可能的原因在于他们的老板不用担心他们离职，更愿意投入时间和资本提升其工作技能，有助于提升个体的人力资本。从流动范围来看，流动距离越接近家乡，其社会融入程度越高。跨省流动受到的制度性和结构性排斥通常更为激烈，无亲朋好友的支持，需要更长时间适应城市环境，因而城市融入的障碍相对较大。从流动区域来看，与流动到西部地区的新生代农民工相比，流动到东部地区的新生代农民工的社会融入程度更低。虽然东部地区较高的薪酬水平及更多的就业机会对新生代农民工有较大的吸引力，但高昂的住房支出、通勤距离、激烈的就业竞争，以及在住房、教育、医疗、养老等公共服务方面的不平等权利，使得新生代农民工相对剥夺感更大，反而不利于其社会融入。从城市规模来看，与流入小规模城市相比，流入超大规模城市的新生代农民工的社会融入程度更低，小规模城市的房价与生活成本较低，城市公共服务承载力相对较高，几乎不会面临户籍制度、劳动力市场制度、社保制度等制度歧视，而那些流入特大城市的新生代农民工与本地城市人口在经济、社会及文化上存在很大差异，很难与本地人实现社会融合。

5.3.4 住房选择行为对社会融入各维度影响的实证分析

在探讨新生代农民工住房选择对整体社会融入的影响之后，本研究进一步从社会融入各维度入手，详细探讨新生代农民工住房选择行为是如何影响其社会融入的各方面的。在上述模型 3 的基础上，本研究将被解释变量依次替换为经济整合、社会适应、文化习得与心理认同，并利用最小—最大标准化法将这些变量全部转化为 [0, 1] 区间内的数值，如表 5-9 所示。

表 5-9　新生代农民工住房选择对其社会融入各维度的回归分析结果

项目	模型 4 经济整合	模型 5 社会适应	模型 6 文化习得	模型 7 心理认同
住房选择（租赁住房为参照）				
集体宿舍	0.004 ** （0.002）	0.021 *** （0.003）	0.006 （0.005）	-0.019 *** （0.003）

表5-9（续）

项目	模型 4 经济整合	模型 5 社会适应	模型 6 文化习得	模型 7 心理认同
保障性住房	0.005 （0.005）	0.026 *** （0.009）	0.002 * （0.001）	0.034 *** （0.009）
购买住房	-0.006 *** （0.002）	0.008 *** （0.003）	0.008 ** （0.004）	0.050 *** （0.003）
个体人口属性特征				
性别（女性为参照）	0.033 *** （0.002）	0.014 *** （0.002）	-0.012 *** （0.003）	0.003 （0.003）
年龄队列（"80 后"为参照）				
"90 后"	-0.018 *** （0.002）	-0.009 *** （0.003）	0.002 （0.003）	-0.002 （0.003）
"00 后"	-0.058 *** （0.008）	-0.021 *** （0.007）	-0.002 （0.011）	-0.004 （0.011）
婚姻（未婚为参照）	0.011 *** （0.002）	0.003 （0.003）	-0.012 *** （0.003）	0.011 *** （0.003）
受教育程度（初中及以下为参照）				
高中	0.016 *** （0.002）	0.033 *** （0.002）	0.031 *** （0.003）	0.011 *** （0.003）
大专	0.036 *** （0.003）	0.056 *** （0.004）	0.044 *** （0.004）	0.027 *** （0.004）
本科	0.050 *** （0.003）	0.086 *** （0.006）	0.049 *** （0.005）	0.029 *** （0.005）
研究生	0.048 *** （0.013）	0.133 *** （0.031）	0.061 *** （0.014）	0.008 （0.025）
职业类别（生产工人为参照）				
生活服务人员	-0.010 *** （0.002）	0.010 *** （0.003）	0.010 *** （0.003）	0.028 *** （0.003）
经商人员	-0.014 （0.009）	0.012 （0.010）	-0.016 （0.012）	0.033 ** （0.013）
管理与技术人员	0.001 （0.002）	0.021 *** （0.004）	0.015 *** （0.004）	0.016 *** （0.004）
单位性质（个体户为参照）				
社团/民办组织	0.001 （0.007）	0.030 *** （0.009）	0.023 ** （0.010）	-0.005 （0.010）

表5-9(续)

项目	模型 4 经济整合	模型 5 社会适应	模型 6 文化习得	模型 7 心理认同
私营企业	0.041 *** (0.002)	0.026 *** (0.003)	0.024 *** (0.004)	-0.004 (0.003)
公有部门与企业	0.038 *** (0.005)	0.081 *** (0.008)	0.023 *** (0.008)	0.001 (0.007)
外资企业	0.064 *** (0.003)	0.072 *** (0.004)	0.028 *** (0.005)	-0.014 *** (0.005)
个体社会经济特征				
居住时间（5年及其以下为参照）				
5~10 年	0.001 (0.002)	0.003 (0.003)	0.001 (0.003)	0.017 *** (0.003)
10 年以上	-0.008 ** (0.003)	-0.009 *** (0.003)	0.002 (0.005)	0.030 *** (0.004)
居住证（无居住为参照）	0.015 *** (0.002)	0.013 *** (0.002)	0.001 (0.003)	0.017 *** (0.003)
家庭收入水平(3 000 元以下为参考)				
3 000~5 000 元	0.044 *** (0.003)	0.003 (0.004)	-0.002 (0.006)	-0.007 (0.005)
5 000~8 000 元	0.055 *** (0.004)	0.002 (0.004)	-0.006 (0.006)	0.003 (0.005)
8 000~10 000 元	0.076 *** (0.004)	0.004 (0.005)	-0.008 (0.006)	0.007 (0.006)
10 000 元以上	0.101 *** (0.004)	0.008 (0.005)	0.001 (0.006)	0.005 (0.006)
就业身份 （无固定雇主的雇员为参照）	0.037 *** (0.004)	0.021 *** (0.005)	0.041 *** (0.006)	0.003 (0.006)
个体流动特征				
流动范围（跨省流动为参照）				
跨市流动	-0.005 ** (0.002)	0.012 *** (0.003)	0.011 ** (0.003)	0.033 *** (0.003)
市内跨县	-0.012 *** (0.003)	0.020 *** (0.004)	0.017 *** (0.005)	0.071 *** (0.004)
流动区域（西部为参照）				
东部区域	0.020 *** (0.002)	-0.006 * (0.003)	-0.017 *** (0.004)	-0.024 *** (0.003)

表5-9(续)

项目	模型4 经济整合	模型5 社会适应	模型6 文化习得	模型7 心理认同
城市规模（小城市为参照）				
中等城市	-0.013** (0.006)	-0.027*** (0.009)	0.023** (0.010)	0.035*** (0.010)
大城市	-0.002 (0.005)	-0.020** (0.008)	0.041*** (0.008)	0.016* (0.008)
特大城市	0.006 (0.005)	-0.029*** (0.008)	0.036*** (0.008)	-0.001 (0.008)
超大城市	0.033*** (0.005)	-0.272*** (0.008)	0.054*** (0.008)	-0.030*** (0.008)
常数项	0.380*** (0.009)	0.067*** (0.013)	0.363*** (0.016)	0.601*** (0.015)
F 检验值	201.04	56.87	23.07	67.89
R^2（拟合优度）	0.329 7	0.148 5	0.059 0	0.143 6
VIF（方差膨胀系数）	2.15	2.15	2.15	2.15
样本量 N	12 237	12 237	12 237	12 237

注：***、**、*分别表示在0.01、0.05、0.1的统计水平下显著，括号中汇报了稳健标准误。

从表5-9中的模型4可以发现，相比租赁住房，新生代农民工居住在集体宿舍对其经济整合的影响更显著，而购买住房对其经济整合的影响呈现显著的负相关，可能的原因在于住房成本差异，集体宿舍的住房成本更低且更稳定，而购买住房会使新生代农民工成为"房奴"，每个月背负沉重的房贷压力，不利于其经济整合。保障性住房对其经济整合的影响不显著，可能的原因在于城市资本的逐利性及地方政府缺乏财政预算约束，导致大城市保障性住房供给面临市场与政府的双重失灵，新生代农民工难以享受到这种保障性住房福利，因而对其经济整合的影响效果不显著。

从模型5来看，相较于租赁住房，保障性住房与集体宿舍对新生代农民工的社会适应的影响更显著，而购买住房对其社会适应的影响较小，可能的原因在于集体宿舍居住人群在社会地位、收入水平方面更为接近，群体的同质性或相似的生活经历让他们有更多的共同语言，更容易形成熟人关系；保障性住房为两类群体之间的社会互动创造共同在场的社区空间环境，通过有意识的空间营造对社会关系的再生产起到积极作用。相反，商品房单元化管理及独门独户的居住空间特征，有利于保护个人的隐私，但却减少了串门与碰面的机会，实际上限制了邻里之间的日常互动与交流。

从模型6来看，相比租赁住房，集体宿舍对新生代农民工的文化习得的影响不显著，而保障性住房与购买住房对文化习得的影响呈现显著正相关，可能的原因在于居住群体的同质性差异。集体宿舍主要居住的是收入较低的外来打工者，与本地人接触的机会较少；保障性住房和购买住房的居住群体相对混合，与本地人接触机会较多，能通过模仿与学习效应影响自身对城市生活方式的适应与接受程度，规范自己的行为方式及改变原有的生活习惯，这有助于他们的文化习得。

从模型7来看，集体宿舍对新生代农民工的心理认同的影响呈现显著性负相关，保障性住房与购买住房对心理认同呈现显著性正相关，其可能的原因在于住房早已不仅仅是物质实体，已经成为社会成员身份地位的符号与象征，拥有住房的新生代农民工更容易形成心理优势，主观上感觉自己接近或已经融入城市主流群体，对城市的心理认同感更强烈。保障性住房的配套设施、居住环境都相对较为"体面"和"宜居"，有助于强化新生代农民工市民化的意愿。选择集体宿舍的新生代农民工，由于居住空间的同质性与封闭性，容易助长人的挫折情绪和剥夺感，导致其产生隔离社区独有的行为方式与社会心态，以及一系列与主流文化不相符甚至相悖的病态文化与观念。因此，笔者可以发现H2假设："新生代农民工不同住房选择行为对其经济整合与文化习得的影响不显著，但对其社会适应与心理认同影响显著"是部分成立的。

从现实生活来看，新生代农民工购房确实会对他们社会融入的各方面产生较大的影响。其中，在经济整合方面，来自大同的新生代农民工购房者ZWS表示："我的个人收入也算达到城里人的水平，但我的消费水平没有达到城里人的水平，因为我知道自己是在农村长大的，从小就出来打工，知道挣钱不容易，外加自己修理铺来活了就得干，也没有空闲的时间去消费。"在社会适应方面，来自大同的新生代农民工ZCY这样说："买房之前在矿区里租赁的平房，居住条件特别差，那时候一心想着打工挣钱，哪有时间或心情参加其他活动，生活也比较枯燥无聊。买房之后自己总算融入了，经常参加小区的文化娱乐活动，和小区居民一起跳跳舞、健身。"来自吕梁的新生代农民工HLX在社会交往上也发生较大的变化，他说："买房之前认识的本地人较少，大多是在一起打工的同乡，大多时候待在家里，现在工作之余和其他本地朋友、邻居出去玩，一起聚会。"在文化习得方面，来自吕梁的新生代农民工 HLX 认为："买房之前觉得城里人比较精明，自己是农村人，比较憨厚一些，担心和他们交往会吃亏，现在觉得城市里一切都好，无论是基础设施还是公共服务都很方便，自己也慢慢地喜欢城市的生活。"在心理认同方面，来自临汾的新生代农民工 WH 表示："城里肯定要比农村方便一些，我很喜欢在城里打工，现在也习惯生活在城市，但是总感觉自己没能完全融入，本地人对我们还是有一些歧视的，要完全融入城市生活估计还需要一定时间。买房之前情况更糟糕，说实话，我挺想成为城里人的，我觉得这算是一种身份上的改变。"

从控制变量来看，相对女性而言，男性在经济整合和社会适应方面表现更好，在文化习得方面表现比女性更差，而在心理认同方面表现不明显，可能的原因在于男女在家庭分工上的角色差异，男性主要负责赚钱养家，需要通过更多社交来获取更多信息和机会，而女性在照顾家庭带孩子的过程中，更容易与本地居民交流"育儿"话题，更容易在思想观念上模仿和学习城市文化，因而其文化习得表现更好；从年龄队列来看，新生代农民工年龄越小，其在经济整合、社会适应方面相对"80 后"表现越差，文化习得与心理认同方面的影响不显著，这说明年龄在一定程度上反映个人的工作经验及社会阅历，现代年轻人更容易接受和吸收城市文化，他们对城市的感情充满矛盾；从婚姻状况来看，相较于未婚群体，已婚的新生代农民工在经济整合与心理认同方面表现更好，但在文化习得方面表现较差，社会适应方面不显著，拥有家庭意味着他们更渴望在城市给另一半一个稳定的家，对城市的认同感和归属感更强，会投入更多时间和精力去提升自我，但更多的时间花费在工作和技能提升上，也意味着更少的时间用于休闲活动，很少参与本地居民活动，并且逢年过节还要回老家看看，打理老家的人情世故，更多地认同农村的生活习俗。

从受教育程度来看，新生代农民工的学历程度越高，其在经济整合、社会适应、文化习得、心理认同方面表现也越好，但研究生学历在心理认同方面的影响不显著，可能的原因在于受教育程度越高，代表着他们拥有更多的就业机会，文化素质及社会地位相对较高，学习能力也越强，越容易吸收和接受城市文化规范，并且学历高的新生代农民工更容易被吸纳到社会组织，参与社会主流活动。研究生以上学历的新生代农民工步入社会相对较晚，也缺乏实际的工作经验，由于过高的期望与残酷的现实不匹配，在面对大城市残酷的竞争和沉重的生活压力时，其心理认同程度相对更低；从职业类别来看，相较于生产行业的新生代农民工，生活服务业的新生代农民工在经济整合方面表现更差，但在社会适应、文化习得与心理认同方面表现更好，其可能原因在于生活服务业工作相对自由灵活，但收入水平相对较低，特别是流水线工人长期处于封闭的工厂管理，每天主要与机器打交道，缺乏基本的社交空间与时间，生活空间相对封闭。经商的新生代农民工收入不稳定，时间都投入到工作之中，并且在工作中依赖于农村世俗人情的办事风格，因而在经济整合、社会适应与文化习得方面影响不显著，但成功的预期会极大地提高他们在本地生活的信心，因而在心理认同方面影响更显著。管理技术行业的新生代农民工，无论在社会地位、社会网络关系、遵循本地文化习俗方面都表现得更好，但由于现代年轻人越来越不愿意干又苦又累的体力活，反而由于"劳动力的稀缺性"，导致生产工人或建筑工人的行业平均工资较高；从单位性质来看，相较于个体户而言，经济整合水平在外资企业、公有部门与企业、私营企业、社团/民办组织逐级递减，但在社会适应方面，公有部门需要为本地居民提供公共服务，有更多的机会与本地居民接触，而私营单位则需要更多加班，参与本地社区活动的时间更少，在文化习得方面，这些组织都为新生代农民工与本地人见面与交流创造了开放性的交流场所，并且企业的制度规定有利于改变他们自身的生活习惯，但"农村人"的身份在单位会遭到群体内部部分成员的排斥，特别在外资企业，高强度的工作压力和严苛的制度条例，使其心理压力过大，对其心理认同影响呈现显著负相关。

从个体社会经济变量及流动特征来看，相较于短期居住，长期居住与心理认同呈现显著的正相关关系，说明对地方的依恋感会随着时间增加而变化，但与经济整合、社会适应呈现显著的负相关，经济整合、社会适应与居住时间并非简单的线性关系，可能的原因在于新生代农民工社会阶层固化，在本地生活越久，如果不能实现社会阶层向上流动，会导致逐渐走下坡路，社会交往内卷化越来越严重，对其经济整合与社会适应不利。长期居住对文化习得的影响不显著，再次证明文化本身具有稳定性和延续性，观念和生活习惯的改变只能通过周围人和经历事件的逐步影响。相比于没有居住证的新生代农民工，拥有居住证给了他们在本地公平享受基本公共服务的权利，让他们更有尊严、更体面地生活在城市，因而对经济整合、社会适应、心理融入的影响更显著，这也间接地表明我国户籍制度改革成效显著。从家庭收入来看，家庭背景越好的新生代农民工，他们父辈会通过资源传递和地位继承两种机制，为子代提供经济、物质、居住等方面的支持，以及通过教育投入、人脉关系、兴趣培养等资源投入维持子代优势地位，因而他们在经济整合方面表现更好。从就业身份来看，相比无固定雇主的新生代农民工，拥有固定雇主的新生代农民工在经济整合、社会适应和文化习得方面表现更好，可能的原因在于稳定的契约关系能保障他们稳定的工作与收入，从而为其他方面融入奠定良好的物质基础，但固定的薪资报酬，使他们难以支撑众多生活开支，承受着较大的工作与生活方面的心理压力。

从流动范围来看，跨县、跨市流动与经济整合显著负相关，流动的距离越远，社会适应、文化习得和心理认同表现越差，可能的原因在于虽然老家的收入水平和就业机会比不上其他发达省域，但距离老家近意味着可以获得更多来自老家的物质与精神支持，并且同一个省域，文化和生活习惯更为接近，日常的社会交往和语言沟通也相对更容易；从流动区域来看，相较于流动在西部地区的新生代农民工，流动在东部地区的新生代农民工在经济整合方面表现更好，而在社会适应、文化习得和心理认同方面表现更差，可能的原因在于西部地区交通得到极大改善，地区之间发展差距在逐步缩小，西部生活成本相对较低，对外来人口的包容性较强，离自己的家乡与亲人的距离较近，其在社会适应、文化习得和心理认同方面自然表现更好；从城市规模来看，相较于流入小城市而言，流入中等城市的新生代农民工的经济整合、社会适应程度都较低，但文化习得与心理认同程度较高，可能的原因在于中小城市之间经济差距较小，生活习惯和行为规范相对接近，新生代农民工更熟悉这种生活方式，受城市制度性排斥的影响较小；流入特大城市的新生代农民工经济整合、文化习得程度较高，但社会适应与心理认同程度较低，可能的原因在于小城市与特大城市的经济与文化差异都非常大，新生代农民工遭遇的制度性排斥也更大，自我身份认知比较模糊，并且由于组织建设滞后或社区功能缺失，导致他们参与公共事务的热情和动力不足，与本地居民之间缺乏沟通和互动，但他们确实非常渴望城市生活，也愿意主动学习、遵守城市社会规范，经过一段时间的沉淀之后，他们的文化习得会有显著的积极变化。

5.3.5 稳健性检验

为了保证上述研究结果的准确性与稳定性，本书的研究选择缩小研究样本，聚焦我国流动人口集中的北上广地区，通过稳健性检验来观察上述实证结果是否随着样本的变化而发生改变，如果符号和显著性未发生改变，说明该研究结果是具有稳健性的。由于被解释变量社会融入作为连续变量，在研究方法上选择一般 OLS 回归模型。模型 8 主要检验北上广地区新生代农民工不同住房选择行为对整体社会融入的影响，模型 9 至模型 12 主要检验北上广地区新生代农民工不同住房选择行为对社会融入各维度的影响，由于所选样本主要为北上广地区，不受流动特征的影响，故控制变量中主要包含个体社会属性特征、社会经济特征，且控制变量并非检验的重点且所占篇幅较长，此处将其省略，最终得到表 5-10。

表 5-10 新生代农民工住房选择对社会融入影响的稳健性检验

项目	模型 8 社会融入	模型 9 经济整合	模型 10 社会适应	模型 11 文化习得	模型 12 心理认同
住房选择(租赁住房为参照)					
集体宿舍	0.011 (0.007)	0.014*** (0.005)	0.031*** (0.008)	0.004 (0.010)	0.003 (0.009)
保障性住房	0.027** (0.010)	0.044 (0.028)	0.046* (0.021)	0.082* (0.041)	0.020 (0.044)
购买住房	0.070*** (0.009)	-0.011* (0.005)	0.022* (0.011)	0.047*** (0.013)	0.100*** (0.011)
控制变量	—	—	—	—	—
常数项	0.275*** (0.037)	0.432*** (0.027)	0.044*** (0.004)	0.363*** (0.056)	0.561*** (0.058)
F 检验值	19.99	29.89	8.97	4.76	9.69
R^2 (拟合优度)	0.264 7	0.373 5	0.153 5	0.07 1	0.131 7
VIF (方差膨胀系数)	2.20	2.20	2.20	2.20	2.20
样本量 N	1 418	1 418	1 418	1 418	1 418

注：***、**、* 分别表示在 0.01、0.05、0.1 的统计水平下显著，括号中汇报了稳健标准误。

根据表 5-10，将模型 8 的研究结果与本章模型 3 的研究结果进行对比，发现住房选择对整体社会融入影响方向及显著性未发生改变，且模型 8 中的影响系数偏大，购买住房与保障住房对社会融入影响差异更大，说明与全国平均水平相比，北上广地区新生代农民工住房选择对其社会融入影响程度更大。将模型 9 至模型 11 分别与模型 4 至模型 6 进行逐一对比，发现两者之间符号与显著性一致，但北上广地区影响系数偏大，说明稳健性检验是成立的。将模型 12 与模型 7 进行对比，发现相较于租赁住房，集体宿舍对心理认同影响为正且不显著，与模型 7 的研究结果不一致。这可能是由于北上广地区集体宿舍所带来的积极作用与负面作用相互抵消，新生代农民工长期依赖强关系的同质化社会互动，强化内卷化的群体互动，切断他们与异质性网络接触，但在大城市这种工作关系与生活关系重叠交织的生活空间，反而能够给予他们更多的心理慰藉与情感认同，消极作用与积极作用相互抵消。保障性住房对心理认同的影响为正但不显著，说明在北上广大城市之中，居住在保障性住房的群体之间的异质性可能较大，当不同价值观念、收入水平、行为规范的个体居住在同一空间时，更容易发生冲突与矛盾，从而使心理偏见增加，降低社区归属感与满意度。谷玉良（2014）在调查农民工在单位社区的混合居住情况时，发现一旦外来农民工与本地居民之间在认知和行为模式上产生差异和冲突，就有可能将某些人的不良行为放大为整个群体的镜像，导致这种排斥感扩大。

总体而言，北上广地区新生代农民工住房选择对社会融入的实证研究结果与上述实证分析结论一致，说明稳健性检验是成立的。

5.4 本章小结

基于 2017 年 CMDS 数据，本书从三个方面对当前新生代农民工的住房选择行为与社会融入程度之间的关系研究进行了补充：①借鉴杨菊华（2015）社会融入研究的四维度分析框架，构建新生代农民工社会融入指标测量体系，并利用探索性因子分析方法对其进行测量；②本书的研究检验了新生代农民工不同住房选择行为对其社会融入的影响程度；③在此基础上，进一步探讨新生代农民工不同住房选择行为如何影响社会融入程度。具体而言：

第一，借鉴杨菊华（2015）提出的社会融入测量的"四维度"分析框架，构建新生代农民工社会融入的测量体系及综合测量指数。

借鉴杨菊华（2015）提出社会融入测量的"四维度"分析框架，即从经济、社会、文化、心理这四个维度来构建新生代农民工的社会融入指标测量体系。新生代农民工只有在经济上打好基础，才有可能在本地建立新型社会关系网络，进而更有信心参与到与本地居民互动的社会活动之中，在参与的过程之中加深彼此的理解，从而产生归属感与认同感。因此，本书的研究利用探索性因子分析法进行社会融入测量，并根据主成分载荷系数对应的特征区分经济整合、社会适应、文化习得与心理认同四个变量。研究结果表明，相较于老一代农民工，新生代农民工的社会融入水平相对较低，主要体现在社会适应方面得分相对较低，但在经济整合、文化习得、心理认同方面得分均高于老一代农民工。从自身社会融入状况来看，新生代农民工社会融入的总体水平偏低，在经济整合与心理认同方面的步伐较快，而在文化习得和社会适应方面的步伐相对较慢，并且他们在文化习得方面差异性最大，而在经济整合方面差异性最小。

第二，相较租赁住房而言，新生代农民工选择集体宿舍对社会融入的影响不显著，选择保障性住房与购买住房对社会融入的影响都呈现显著正相关，但购买住房的影响系数更大。

相对租赁住房而言，集体宿舍不仅减轻了新生代农民工在城市的生活压力，而且还提供了一个安稳的落脚之处，同一个居住空间内成员拥有相似的社会结构位置及生活经历，工作关系与生活关系的重叠交织，能够给予彼此更多的心理慰藉及物质支持，但由于生活场所与工作场所单一，其社交网络拓展受限，基本没有职业以外的渠道接触本地居民，内卷化的群体互动比较严重，因而积极作用与消极作用相互抵消之下对其社会融入的影响不显著；相较于拥挤且简陋的集体宿舍，保障性住房的居住面积、配套设施、居住环境都相对较为"体面"和"宜居"，有助于提升个体社会地位并形成心理优势。拥有自主产权住房的新生代农民工，不仅意味着把家安在这里，还代表着身份与社会地位的提高，有助于他们投入更多的时间和资源建立良好的邻里关系，从而导致其社会融入程度最高。

第三，相较于租赁住房，在经济整合方面，集体宿舍呈现显著正相关，购买住房呈现显著负相关，保障性住房影响不显著；在社会适应方面，三种住房选择均呈现显著正相关，但购买住房影响系数较小；在文化习得方面，集体宿舍影响不显著，而保障性住房与购买住房呈现显著正相关；在心理认同方面，集体宿舍呈现显著负相关，而保障性住房与购买住房呈现显著正相关。

首先，在经济整合方面，集体宿舍的住房成本更低且更稳定，购买住房会使新生代农民工成为"房奴"，每个月背负着沉重的房贷压力，不利于其经济整合。由于保障性住房供给在大城市面临着市场与政府的双重失灵，新生代农民工难以享受到这种保障性住房福利，因而对其经济整合影响效果不显著。其次，在社会适应方面，集体宿舍的居住人群在社会地位、收入水平方面更为接近，群体的同质性或相似的生活经历让他们有更多的共同语言，更容易形成熟人关系；保障性住房为两类群体之间的社会互动创造共同在场的社区空间环境，通过有意识的空间营造对社会关系的再生产起到积极作用；而商品房单元化管理及独门独户的居住空间特征，虽有利于保护个人的隐私生活，但却减少了串门与碰面的机会，实际上限制了邻里之间日常互动与交流。再次，在文化习得方面，集体宿舍拥有较少的机会与本地人接触，而保障性住房和购买住房的居住群体相对混合，与本地人接触的机会较多，通过模仿与学习效应影响自身对城市生活方式的适应与接受程度，更有助于新生代农民工的文化习得。最后，在心理认同方面，集体宿舍简陋且拥挤的居住环境会加剧空间相对剥夺感，削弱新生代农民工对城市的认同感与归属感，而保障性住房相对较为"体面"和"宜居"的居住环境，以及购买住房代表着的身份和社会地位，都有助于强化新生代农民工市民化的意愿，形成对城市的归属感与认同感。

总而言之，本章的实证研究结果有助于相关决策部门理解新生代农民工不同的住房选择行为所带来的社会效应差异，这对于社会融入导向的新型城镇化发展及住房供给的政策制定具有重要的现实意义。改变新生代农民工住房结构格局作为一种推动新型城镇化的重要抓手，可以有效地提升新生代农民工的社会融入程度，从而推动非户籍人口市民化的顺利实现。

6 新生代农民工住房选择对社会融入的影响机制分析

第 5 章的研究实证分析了新生代农民工的住房选择行为对其社会融入结果会产生影响，并且这种结果差异性表现在经济整合、社会适应、文化习得、心理认同等方面，但这种行为通过何种机制对其结果产生影响尚未被清晰地揭示出来。根据第 2 章关于住房选择对社会融入的影响机制讨论，可以发现国外关于住房选择对社会融入的直接影响机制包括居住隔离理论、污名化理论、空间剥夺理论，间接影响机制包括提升社会地位、获取公共资源与积累社会资本。然而，国外社会融入的研究是基于种族歧视的社会环境，且贫困地区存在严重的社会失序，犯罪行为较多，但由于我国并不存在种族歧视的历史以及独有的户籍制度影响，且城中村地区的社会治安较为稳定，这些理论的适用范围和解释力尚存在一定的局限性，因此，需要从新的视角来辩证地看待两者之间的关系。

新生代农民工选择不同住房类型，实际上意味着选择不同的居住环境质量与居住空间。居住空间被视为物质空间与社会空间的统一体。长期以来，城市规划学科领域关于居住空间的主题研究表现为"见物不见人"，主要集中于物质空间形态，而缺乏对社会空间的剖析，特别是关于农民工的居住空间研究，主要是在探讨农民工较差的居住环境，譬如：人均居住面积较小、室内生活配套设施欠缺、距离城市中心地带较远等居住环境会影响其在城市的生活质量和幸福体验，从而降低他们对城市的心理认同与归属感。虽然社区的物质空间设计能够为居民的日常相遇与社会互动提供空间场所，但物理环境的作用往往需要借助一些中间变量（Talen，1999）。例如：在一些高档的居住空间，居民可能对整洁、有序、大气、优美的外观建筑与景观设计产生依恋感，但并不会形成亲密的邻里关系（Pow，

2009）。物理环境对居民择居行为的影响已经被较多地探讨，它可能会通过景观、设施等物质环境提高居民的生活质量，但对亲密的邻里关系、集体信任的形成及公民意识提升没有影响（Haggerty，1982），这也使得我们将住房问题的研究视角从关注物质空间更新转变为关注社会空间互动，尤其是着重探讨新生代农民工进入不同类型居住空间之后，如何与本地居民开展社会空间互动。结合数据可获得性原则，利用2017年流动人口监测数据，本章重点从社会空间的视角，检验新生代农民工在不同类型居住空间内如何通过个体社会资本积累的形式差异显著地影响社会融入结果。

6.1 住房选择与社会资本的关系及交互作用

Keung Wong D F 等（2007）对中国早期农民工在大城市的生存现状调查发现，这些农民工大多选择聚居在城中村地区，这些地方不仅居住环境拥挤，公共空间、绿地空间以及生活配套设施极其缺乏，而且治安管理较为混乱，居住在这里的农民工经常被本地居民贴上"危险的""不安全的"等社会化标签，久而久之，生存在这里农民工沦为"被边缘化"的群体，其交际圈、获得工作的机会都可能受到影响。该研究从定性角度暗示住房选择行为可能会影响社会资本积累，但并未从实证角度予以检验。基于此，本书将重点检验居住空间作为社会资本形成的载体，新生代农民工的住房选择行为如何通过社会资本积累差异显著地影响社会融入程度。

6.1.1 住房选择与社会资本之间的关系描述

在西方社会资本理论的研究中，根据不同的划分标准，社会资本可以被划分为宏观与微观、个体与集体、结构与认知、垂直与水平、积极与消极等。其中，最重要的维度划分就是个体与集体，集体社会资本注重群体成员的行为规范与凝聚力，而个体社会资本更看重社会关系的投资、维护与可持续性。因此，社会资本内部是有差别的。针对这种内部差别，帕特南（2011）根据社会资本的功能差异提出社会资本的二分法，将社会资本分为黏合型社会资本与桥梁型社会资本。前者通常指在同质性群体之间，例如地缘关系、血缘关系、亲缘关系等，可以让原本有关系的人或人群加强联系；而后者通常指在异质性群体之间，例如不同社会经济地位、不同种族和民族的人民等，可以让本来不认识的人或人群建立关系。这两种社会资本具有不同的作用方式，黏合型社会资本有助于加强群体内部的认同、形成互惠关系，促进群体的生存以及提供更多的社会支持，但也会导致群体外部的排斥性；而桥梁型社会资本则跨越多元的社会断层，更有利于获得外部资源和信息渠道，为推动群体发展提供更多的成功条件（帕特南，2011）。

Lancee B（2012）在帕特南社会资本二分法的基础之上，增加个体与集体的维度，将社会资本进一步细分为个体黏合型社会资本与桥梁型社会资本，以及集体黏合型社会资本与桥梁型社会资本。本书研究的重点主要关注个体黏合型社会资本与桥梁型社会资本。集体社会资本主要强调特定群体成员维系的共同关系网络作为一种公共物品，如何通过这种关系网络来提高社会整体的福利水平，而个体社会资本强调如何进行关系投资以及个体如何通过工具性行动与情感性行动用嵌入在他们关系网络中的潜在资源，以实现特定的目标。个体黏合型社会资本被定义为团体内部的个体所拥有的网络资源集合，个体可以动用嵌在团体网络内的资源；而个体桥梁型社会资本被定义为个体通过建立广泛的社交网络所拥有的资源集合，个体可以动用嵌在这些网络内的资源。

社会资本测量主要通过 2017 年 CMDS 问卷中 309 题进行测量，"您业余时间在本地和谁来往最多（不包括顾客及其他亲属）？"回复的选项分别为"同乡（户口迁至本地）""同乡（户口仍在老家）""同乡（户口迁至老家与本地以外的其他区域）""其他本地人""其他外地人""很少与人来往"。将"同乡（户口在老家）""同乡（户口迁至老家与本地以外的其他区域）""其他非本地人"归为一类，定义为黏合型社会资本，具备"向内看（inward looking）"的特征，类似格兰若维特嵌入理论中的"强关系"内涵，指互动频繁、具有较强同质性群体的内部关系，关注群体内部网络关系。将"同乡（户口迁至本地）"，类似结构洞的关键连接点，以及"其他本地人"归为一类，定义为桥梁型社会资本，表现出"向外看（outward looking）"特点，类似于格兰若维特嵌入理论中的"弱关系"，通常指在异质性群体之间，关注群体与外部世界的联系。以黏合型社会资本为参照组，将其赋值为 0，桥梁型社会资本赋值为 1。

现有研究仅仅关注不同类型社会资本对外来移民或农民工社会融入的影响差异，但并未在社会资本与居住空间之间建立关系，特别是不同类型社会资本对社会融入的影响效果会因为居住空间差异而发生变化。从社会空间视角来看，居住空间差异确实会影响外来移民或农民工与本地居民之间的互动、信息的传播和获取、人际关系及其他社会联系的建立，从而强化他们对自我阶层的定位以及交往的边界。居住空间是居民进行社会交往的重要场域，为建立亲密的邻里关系提供某种可能性。不同类型社区居住着不同社会阶层地位的群体，由此形成不同的社会空间结构，影响居民之间的社会互动行为及参与机会。由于社区的空间特征对居民的社区交往和社区参与行为具有形塑作用，社会资本在不同社区中的形成路径、存量和结构有差异性。新生代农民工的住房选择通过桥梁型社会资本积累差异显著地影响着其社会融合状况。基于此，本书在探讨住房选择与社会资本交互作用之前，首先归纳不同住房选择行为模式下新生代农民工之间的社会资本差异，得到表6-1。

表6-1 新生代农民工住房选择与社会资本列联分析

项目	租赁住房	集体宿舍	保障性住房	购买住房
桥梁型社会资本				
同乡（户口迁至本地）	3.62%	3.27%	4.17%	8.32%
其他本地人	26.34%	20.94%	51.25%	56.36%
黏合型社会资本				
同乡（户口仍在老家）	46.07%	47.04%	25.42%	19.53%
同乡（户口迁至本地与老家以外地区）	2.44%	1.58%	2.92%	3.26%
其他外地人	21.53%	27.17%	16.25%	12.53%

根据表6-1可以看出，租赁住房、集体宿舍的新生代农民工的日常交往群体以户口仍在老家的同乡为主，社交的对象有较高的同质性，其可能的原因有两个：一方面可以用布劳德"接近性"理论予以阐释，人们更倾向于和社会结构位置相同的成员进行社会互动，因为他们往往有着相似的社会属性、社会认知、社会经历以及社会地位，这会促使他们更容易产生信任与话题，从而更好地进行社会交往（刘精明等，2005）；另一方面可以用范德普尔的社会支持理论予以解释，新生代农民工与当地城市人口在经济、社会以及文化上存在很大的差异，很难与当地人实现社会融合，而居住在集体宿舍或城中村租赁住房空间中，能够在遇到困难时寻求到老乡的情感支持、物质支持以及陪伴支持，能够互相慰藉，找到情感认同，减

轻迁移的心理成本（王毅杰等，2004）。

选择保障性住房以及购买住房的新生代农民工的日常交往群体以其他本地人为主，社交的对象有较高的异质性。可能的原因有两个：一方面可以用制度障碍理论予以阐释，无论是申请保障性住房还是购买住房，前置条件都是需要本地户籍，因此此类居住空间本地人比例相对较高，新生代农民工可以通过与本地人接触和交往，与享有特权或占据特定资源的人建立关系，从而得到日常生活中无法得到的"权力和资源杠杆"，从而产生了额外的"桥梁"效应（Granovetter，1995）；另一方面可以用社会组织理论予以阐释，居住在保障性住房及正规商品房社区往往能享受到更好的社区公共服务，这使得选择保障性住房和购买住房的新生代农民工有更多的机会参与本地活动或加入本地社会组织，并通过与本地人互动和交流，接受某些信息或评价，进而开始模仿、学习，逐渐改变自己的行为规范和心理认同（罗力群，2007）。

6.1.2　住房选择与社会资本交互作用的影响

在探讨不同住房选择行为模式下新生代农民工社会资本差异之后，本书进一步通过 2017 年流动人口监测数据（CMDS）检验住房选择—社会资本—社会融入的影响机制。在具体实证检验之前，我们需要对社会资本变量进行操作化处理，处理过程如下：依据社会资本的作用方式，将其细分为"黏合型社会资本"与"桥梁型社会资本"，借鉴以往社会资本的研究成果，前者由于同质性太强，会带来"拖累"效应，极大地限制新生代农民工在本地的社会网络关系，导致他们缺乏向上流动的信息、资源与机会，而后者跨越多元的社会断层，更有利于获得外部资源和信息，促进他们在本地的社会融合。因此，本书以黏合型社会资本为参照对象，通过桥梁型社会资本与不同住房选择行为的交互项结果来揭示新生代农民工的住房选择行为如何影响其社会融入程度。

此外，我们在表 5-8 模型 3 的基础上采取逐步回归的分析方法，分别增加桥梁型社会资本变量及住房选择与桥梁型社会资本的交互项，其目的是解释住房选择对其社会融入的影响机制，即居住空间作为社会资本形成的载体，新生代农民工的住房选择通过社会资本积累差异显著地影响社会融入状况，最终得到表 6-2。

　住房选择对新生代农民工社会融入的影响机制研究——基于社会资本理论视角

表6-2 新生代农民工的住房选择与社会资本交互作用回归分析结果

项目	模型1 社会融入	模型2 社会融入
住房选择（租赁住房为参照）		
集体宿舍	0.001（0.002）	0.003（0.003）
保障性住房	0.015**（0.007）	0.020**（0.010）
购买住房	0.020***（0.003）	0.031***（0.004）
桥梁型社会资本（黏合型社会资本为参照）	0.025***（0.002）	0.031***（0.003）
集体宿舍*桥梁型社会资本		-0.009*（0.004）
保障性住房*桥梁型社会资本		0.002（0.014）
购买住房*桥梁型社会资本		0.021***（0.006）
个体人口属性特征		
性别（女性为参照）	0.016***（0.002）	0.016***（0.002）
年龄队列（"80后"为参照）		
"90后"	-0.011***（0.002）	-0.010***（0.002）
"00后"	-0.033***（0.009）	-0.032***（0.009）
婚姻（未婚为参照）	0.006**（0.003）	0.006**（0.003）
受教育程度（初中及以下为参照）		
高中	0.031***（0.002）	0.031***（0.002）
大专	0.056***（0.003）	0.056***（0.003）
本科	0.075***（0.004）	0.075***（0.004）
研究生	0.076***（0.017）	0.077***（0.017）
职业类别（生产工人为参照）		
生活服务人员	0.017**（0.008）	0.012***（0.002）
经商人员	0.010（0.010）	0.009（0.010）
管理与技术人员	0.017***（0.003）	0.017***（0.003）
单位性质（个体户为参照）		
社团/民办组织	0.017***（0.008）	0.018**（0.008）
私营企业	0.026***（0.003）	0.026***（0.003）
公有部门与企业	0.047***（0.006）	0.047***（0.006）
外资企业	0.047***（0.004）	0.047***（0.004）
个体社会经济特征		

表6-2（续）

项目	模型1 社会融入	模型2 社会融入
居住时间（5年及其以下为参照）		
5～10年	0.009 *** （0.002）	0.009 *** （0.002）
10年以上	0.005（0.003）	0.005（0.003）
居住证（无居住为参照）	0.018 *** （0.002）	0.018 *** （0.002）
家庭收入水平（3 000元以下为参考）		
3 000～5 000元	0.010 ** （0.004）	0.010 ** （0.004）
5 000～8 000元	0.017 *** （0.004）	0.016 *** （0.004）
8 000～10 000元	0.026 *** （0.005）	0.026 *** （0.005）
10 000元以上	0.037 *** （0.005）	0.037 *** （0.005）
就业身份（无固定雇主的雇员为参照）	0.030 *** （0.005）	0.030 *** （0.005）
个体流动特征		
流动范围（跨省流动为参照）		
跨市流动	0.020 *** （0.002）	0.019 *** （0.002）
市内跨县	0.037 *** （0.003）	0.037 *** （0.003）
流动区域（西部为参照）		
东部区域	−0.010 *** （0.003）	−0.009 *** （0.003）
城市规模（小城市为参照）		
中等城市	0.003（0.007）	0.004（0.007）
大城市	0.008（0.006）	0.008（0.006）
特大城市	−0.001（0.006）	−0.001（0.006）
超大城市	−0.027 *** （0.006）	−0.27 *** （0.006）
常数项	0.297 *** （0.012）	0.296 *** （0.012）
F 检验值	92.78	86.13
R^2（拟合优度）	0.229 7	0.230 8
VIF（方差膨胀系数）	2.12	2.27
样本量 N	10 504	10 504

注：*** 、** 、* 分别表示在0.01、0.05、0.1的统计水平下显著，括号中汇报了稳健标准误。

根据表6-2，在模型1中控制个体人口属性特征、社会经济特征以及流动特征变量之后，笔者发现相较于黏合型社会资本，桥梁型社会资本对社会融入影响呈现显著的正相关，这一实证分析结果与周晨虹（2015）在调查 J 市时，发现"乡村黏合型"社会资本减弱了城中村居民"城市融入"的动力与能力，而"城乡连接型"社会资本作为外来务工人员与本地居民或组织之间的社会关系网络，有助于他们获取异质性的信息和资源，能给他们提供更多的发展机会的现象是一致的。此外，根据格兰诺维特（Granovetter M，1973）关于弱关系与强关系的理论进一步阐释，在异质性的弱关系中外来移民在迁入地可以获取新的、额外的资源，这有利于其获得社会地位、增加收入，有助于其社会阶层的向上流动；在同质性的强关系中，自身的文化习俗与行为习惯得以不断强化甚至延续，导致对本地的异质性文化产生畏惧与排斥，阻碍他们参与更多本地社交活动，使他们进一步遭遇社会排斥。

在模型 2 中，为了确保估计结果的准确性，本研究同样控制了个体人口属性特征、社会经济特征以及流动特征变量，发现不同住房选择与桥梁型社会资本的交互作用对社会融入的影响具有差异，从而验证 H3 假设："新生代农民工不同住房选择行为，会通过不同类型社会资本积累差异，从而加剧他们社会融入程度的差异"是成立的。

首先，集体宿舍与桥梁型社会资本的交互项呈现显著的负相关，可能的原因在于，集体宿舍居住的群体普遍受教育程度较低、收入水平较低、社会地位较低。多数为从事服务业以及制造行业的外来打工者，他们有着相似的社会结构位置，过分依赖这种紧密的同质性网络，就会不自觉地固化其亚文化生态环境，从而导致群体成员的互动更加内卷化，并切断了与异质性社会关系网络的节点，使得自身的社会关系网络的数量与质量大打折扣，从而导致其社会融入程度较低。

其次，保障性住房与桥梁型社会资本的交互项的影响系数不显著，可能的原因在于居住在保障性住房有时不仅不能形成榜样效应，而且会使小区内部享有不同产权主体的差异更大，这种差异可能会带来社会交往的障碍及不信任的偏见（Allen C，2005）。实际上，不同生活习惯、不同价值观念、不同社会地位的群体成员生活在同一个邻里环境之中，当彼此找不到共性的时候，很容易产生冲突，更谈不上形成凝聚力了（单文慧，2001）。在空间上不同社会属性群体成员的混合居住，并不一定能够实现社会融合的目标，它只是为不同阶层群体之间的社会交往提供了一个空间场所，并不必然产生社会融合的结果（江立华等，2013），社会融合需要社会组织或社区居委会通过一些社区活动来激活居民参与公务事务的积极性，为新生代农民工与本地居民之间的社会互动创造空间与交流机会，但实际上很多保障性住房社区更注重硬件设施建设，而忽视社区集体文化以及桥梁型社会资本的培育，因而对其社会融入的影响不显著。

最后，购买住房与桥梁型社会资本的交互项呈现显著的正相关，可能的原因有以下三个：权利与资源杠杆、榜样效应以及社会地位。第一，购买住房的成员通常来自不同行业，收入水平参差不齐，群体内部的异质性较强，成员之间本身不存在其他关系，但这种弱关系是增加信息渠道以及更大程度地利用权力和资源的关键，它能减少信息的冗余。在同一个小区居住，更容易成为相同社会组织的成员或参与同一场社区活动，从而有更多机会与享有特权或占据特定资源的人建立联系，有助于他们跨越社会阶层的鸿沟，获得更多资源、信息和机会，有助于他们的经济融入与社会融入；第二，购买住房的社区往往具有丰富的社会资源，能为新生代农民工创造更多参与本地社会组织和社会活动的机会，他们与本地居民之间的交流和互动有助于发挥邻里的同伴效应，通过行为模仿与学习效应来逐步改变自身的行为规范与心理认知，缩小与本地人之间在生活习惯与思维方式方面的差异，有助于他们的社会融入与文化融入；第三，住房不仅是人们遮风避雨的物理空间，也是社会成员身份地位的符号与象征，拥有自己的住房产权，意味着身份与社会地位的提高，会缩小自身与本地居民之间的心理距离，极大地提高个人融入社区和与本地人交往的信心，有助于他们投入更多的时间和资源建立良好的邻里关系，从而有助于他们的社会适应与心理认同。

6.1.3 稳健性检验

为了保证上述研究结果的准确性与稳定性，本书的研究选择缩小研究样本，聚焦我国流动人口集中的北上广地区，通过稳健性检验来观察上述实证结果是否随着样本的变化而发生改变，如果符号和显著性未发生改变，说明该研究结果是具有稳健性的。由于被解释变量社会融入是连续变量，在研究方法上选择一般 OLS 回归模型。模型 3 在控制个体人口属性、社会经济特征与流动特征等变量之后，主要检验北上广地区新生代农民工不同类型居住空间内社会资本对社会融入的影响；模型 4 主要检验北上广地区新生代农民工不同住房选择行为与社会资本交互作用对社会融入的影响，由于所选样本主要为北上广地区，不受流动特征的影响，故控制变量中包含的个体社会属性特征、社会经济特征，且控制变量并非检验的重点且所占篇幅较长，此处将其省略，最终得到表6-3。

表6-3　新生代农民工住房选择与社会资本交互作用的稳健性检验

项目	模型3 社会融入	模型4 社会融入
住房选择（租赁住房为参照）		
集体宿舍	0.005（0.007）	0.004（0.008）
保障性住房	0.023（0.031）	0.052**（0.021）
购买住房	0.055***（0.011）	0.068***（0.014）
桥梁型社会资本（黏合型社会资本为参照）	0.033***（0.007）	0.037***（0.009）
集体宿舍 * 桥梁型社会资本		−0.011**（0.005）
保障性住房 * 桥梁型社会资本		0.046（0.079）
购买住房 * 桥梁型社会资本		0.026***（0.009）
常数项	0.267***（0.039）	0.267***（0.039）
F 检验值	16.28	18.61
R^2（拟合优度）	0.281 7	0.284 5
VIF（方差膨胀系数）	2.22	2.27
样本量 N	1 188	1 188

注：***、**、*分别表示在0.01、0.05、0.1的统计水平下显著，括号中汇报了稳健标准误。

从表6-3可以发现，北上广地区新生代农民工住房选择与社会资本交互作用对社会融入的影响符号与显著性均未发生改变，说明稳健性检验是成立的。但从影响系数来看，两者之间交互项的影响系数明显更大，这可能是因为这些地区聚集的新生代农民工大多属于跨省流动，长时间远离农村共同体，容易导致其传统社会关系的断裂和社会支持网络的解体，新生代农民工迫切需要建立新的社会资本关系网络，为其提供某种替代性社会关系支持。居住在企业工厂或制造业集体宿舍，由于居住空间的封闭性和群体成员之间的同质性，加上高强度的劳动工作，更容易强化内卷化的群体互动。

居住在保障性住房，由于混合社区农民工的向上流动（在社区内习得城市生活方式和现代城市文化，晋升为城市新市民）与市民对农民工向下兼容（原有本地居民对新市民的接纳过程）存在对立性与统一性，导致该类社区低度交往与低度融合（谷玉良，2014）。对立性主要表现在两个方面：一是两个群体在认知和行为规范上表现出较大的差异，比如随手乱扔垃圾、抢占和强占车棚或停车位、乱搭电线以及独占公共资源等问题；二是不同的工作性质与生活路径使得两类群体实际无法形成共同在场的情形，因此无法形成有效的交往与互动。统一性主要体现在双方共同在场的情况下，即便两个互不相干的陌生人，在有限的空间内发生接触和产生交集的可能性会明显增加，并且通过规范化社区管理和创新社区治理模式，也能够帮助他们重新建立新的社会支持网络。

6.2　社会资本的作用效果差异

上一节的实证分析已经检验了新生代农民工不同住房选择会通过个体社会资本差异显著地影响社会融入的机制，但由于新生代农民工自身具有较强的流动性，新生代农民工的住房选择也会随之有较大的变化，为了能更深入地研究新生代农民工在不同居住空间内社会融入的变化，我们需要进一步比较个体社会资本在不同居住空间内的异质性效果。目前，关于异质性对社会资本的作用效果研究，国外学者 Alesina（2000）和 Ferrara（2002）利用种族差异、收入不平等与民族分割这三个维度来体现种族之间的异质性，发现在种族异质性越低的社区，居民之间的社会互动水平越高，收入不平等与种族混合度对居民参与公共事务的程度具有重要影响；而在种族异质性越高的社区，群体内成员之间信任程度越低，成员的流动性越强，对集体信任程度的削弱作用就越强。国内学者李洁瑾等（2007）将社区结构成员之间的异质性带来的影响归纳为两种：一是"同质相容论"，在异质性较高的社区，黏合型社会资本更有助于发挥心理认同机制的作用，催发邻里之间的人际信任，增强群体内部的凝聚力，更有助于动员居民参与社区公共事务；二是"异质互补论"，在异质性较低的社区，桥梁型社会资本更有助于发挥资本功效机制的作用，不仅能促进互惠规范的社会行为发生，提升社会资本的质量，而且还可以获取大量的外部信息、机会与资源，更有助于社会分工与合作，提高整个组织的运行效率。因此，本节主要从社区异质性角度出发，分别验证"同质相容论"与"异质互补论"对社会资本的作用效果差异。

6.2.1 不同社区居住空间的异质性描述

李洁瑾等（2007）在探讨村民的异质性对社区信任关系的影响时，将村民之间的信任细分为制度信任与人际信任，发现村民受教育程度的异质性会削弱人际信任的强度，而他们职业的异质性则会增加人际信任的强度。李洁瑾等（2007）主要从四个方面对村民的异质性进行考察：民族、职业、教育和收入水平，并借鉴彼特·布劳在其经典著作《不平等和异质性》中的异质性指标测量公式：$1 - \sum P_i^2$，该公式反映了具有某类社会人口特征 i 的人们占总人口的比例。异质性主要通过从群体成员之中随机选取两个人，这两个人之间具有完全不同社会属性的概率来测量。

借鉴李洁瑾等（2007）的研究成果，以及考虑到数据的可获得性，本书的研究主要通过职业和个人收入水平的异质性来反映新生代农民工居住空间的社会结构差异。职业通常反映阶层地位与社会习惯，以社区内群体成员所从事的职业类别的数量作为职业异质性的测量指标，社区内部群体成员的职业类别越多，说明居民构成越多元化，即职业异质性越大（蔡禾等，2014）；收入通常体现财富分化程度，本书的研究并未选取家庭收入水平作为评价标准，而是以个体收入水平进行测量，主要考虑到家庭月收入很难准确反映个体的实际经济能力，并且家庭收入的隐私程度较高，很难收集到真实有效的数据。因此，以个体月收入标准差作为经济异质性的测量指标，标准差越大说明社区内部群体成员之间社会分化越严重。

由于外来人口主要聚集在北上广等大城市，本书的研究在选择样本时只保留北上广的数据样本，并根据社区样本点编码来分别匹配原始数据中每个社区居民的职业异质性与收入异质性，然后与新生代农民工的住房选择行为进行列联表的比较分析，最终得到表6-4。

表6-4 北上广不同社区内居住空间的异质性描述分析

类别	租赁住房	集体宿舍	保障性住房	购买住房
职业异质性	6.39	4.62	6.75	6.24
收入异质性	2 979.28	2 875.61	4 137.61	5 199.62

根据表6-4可以发现，不同类型的居住空间内异质性存在较大的差异。其中，集体宿舍的职业异质性得分最低，居住在该类空间的群体从事

的职业具有高度相似性。由于集体宿舍交通位置较为便利，生活配套设施健全，租金相对较低，能满足大部分大城市打工者的居住需求，因而对低收入群体具有较大的吸引力，同时为了工作便利，相似职业的外来打工者自然会选择这种经济又实惠的集体宿舍。与之相反，保障性住房的职业异质性得分最高，说明保障性住房的最大特色在于混合性，不同职业、不同收入群体聚居在一起，为不同阶层群体之间交流与互动创造了一个天然的空间场所，从侧面也反映了我国的保障性住房政策实施的有效性，在一定程度上缩小了居住空间分异、缓解了居住隔离现象。

在收入异质性方面，集体宿舍与租赁住房的同质性相对较高，而购买住房与保障性住房的异质性相对较高，这说明在集体宿舍或租赁房屋之中聚居的群体，彼此之间的收入差异相对较小，而在商品住房或保障性住房中聚居的群体，彼此之间的收入差异相对较大。在集体宿舍居住的群体通常是服务业人员或工厂的一线的工人，如清洁工、快递员、外卖骑手、餐饮服务人员、保安、流水线工人等，这些工作对专业技能和学历水平的要求都不高，工资水平相对较低，为了节省生活成本，该群体通常选择在大城市里合租或居住在厂房的集体宿舍之中。城中村地区的房屋供给相对充足，租金便宜且交通相对便利，与其他同类群体紧密而牢固的联系构成了他们在日常生活中获取物质和心理支持的重要社会资本，吸引大量的低收入农民工在此聚居。相反，保障性住房的配套设施、居住环境都相对较为"体面"和"宜居"，居住在保障性住房的居民既有城市低保群体与低收入人员，也有通过特殊关系进入此类社区的高收入群体。由于城市可供开发的土地资源的稀缺性，很多商品房是在老城区住房拆迁基础之上新建起来的，为了弥补那些原住户居民，政府会相应地分配一些还建住房，相比后来购买群体，这些原住户居民的收入水平相对较低，同时考虑到商品住房的投资价值和保值性，一些富裕的上层阶层也会购买这些新开发楼盘作为投资，因而居住的群体相对混杂，收入异质性相对较高。

6.2.2 社区异质性对社会资本的作用效果分析

关于社区异质性对社会资本作用效果，目前学术界主要存在两种观点：第一，"同质相容论"认为在异质性较高的社区，黏合型社会资本更有助于发挥心理认同机制，巩固邻里之间的信任关系，增强群体内部的凝聚力；第二，"异质互补论"认为在异质性较低的社区，桥梁型社会资本更有助于发挥资本功效机制的作用，不仅有利于互惠规范的社会行为的发生，提升社会资本的质量，而且还可以获取大量外部信息、机会与资源，提高整个组织的运行效率。因此，本章节在第五章表5-8模型3的基础上构建多元回归模型，考虑到社区异质性中职业异质性指标已经包含职业的特征，所选样本数据主要为北上广地区，不存在流动特征的影响，故控制变量中主要包含个体社会属性特征、社会经济特征，分别验证这两种观点在不同类型居住空间对新生代农民工社会融入的效果差异。从表6-4的研究结果可以发现，在收入异质性上，租赁住房与集体宿舍的异质性较低，保障性住房与商品住房的异质性较高。为了简化分析的过程，本书的研究重点选择农民工经常居住的租赁住房与商品住房这两类居住空间进行比较分析，最终得到表6-5。

表6-5　社区异质性对社会资本作用效果的回归分析结果

项目	租赁住房		购买住房	
	模型5 社会融入	模型6 社会融入	模型7 社会融入	模型8 社会融入
社会资本类型				
桥梁型社会资本	0.044* (0.022)		0.070* (0.036)	
黏合型社会资本		−0.031* (0.015)		0.026*** (0.007)
社区异质性				
桥梁型社会资本*职业异质性	−0.030 (0.044)		−0.121** (0.058)	
桥梁型社会资本*收入异质性	0.113* (0.060)		0.040 (0.052)	
黏合型社会资本*职业异质性		−0.033 (0.022)		−0.028 (0.117)
黏合型社会资本*收入异质性		0.053 (0.046)		0.120* (0.061)
个体人口属性特征				
性别（女性为参照）	0.004 (0.007)	0.005 (0.007)	0.003 (0.019)	0.002 (0.019)
年龄队列（"80后"为参照）				

表6-5(续)

项目	租赁住房		购买住房	
	模型5 社会融入	模型6 社会融入	模型7 社会融入	模型8 社会融入
"90后"	-0.003 (0.008)	-0.003 (0.008)	0.003 (0.021)	0.001 (0.022)
"00后"	-0.080*** (0.027)	-0.076*** (0.024)	—	—
婚姻（未婚为参照）	-0.002 (0.009)	-0.001 (0.009)	0.022 (0.027)	0.019 (0.027)
受教育程度（初中及以下为参照）				
高中	0.034*** (0.008)	0.033*** (0.008)	0.042* (0.024)	0.041* (0.024)
大专	0.057*** (0.010)	0.057*** (0.010)	0.030 (0.023)	0.035 (0.023)
本科	0.082*** (0.012)	0.078*** (0.012)	0.059** (0.027)	0.069** (0.027)
研究生	0.107** (0.050)	0.098* (0.050)	0.214*** (0.030)	0.211*** (0.036)
单位性质（个体户为参照）				
社团/民办组织	0.074** (0.032)	0.077** (0.032)	0.078 (0.088)	0.064 (0.081)
私营企业	0.016 (0.010)	0.018* (0.009)	0.093*** (0.027)	0.094*** (0.027)
公有部门与企业	0.042** (0.018)	0.045** (0.018)	0.122*** (0.041)	0.111** (0.044)
外资企业	0.033*** (0.012)	0.037*** (0.012)	0.079*** (0.028)	0.074** (0.028)
个体社会经济特征				
居住时间（5年及其以下为参照）				
5~10年	-0.005 (0.008)	-0.007 (0.008)	0.053** (0.025)	0.054** (0.024)
10年以上	-0.001 (0.011)	-0.001 (0.011)	0.027 (0.024)	0.026 (0.025)
居住证（无居住为参照）	0.008 (0.008)	0.007 (0.008)	-0.016 (0.027)	-0.016 (0.027)

表6-5(续)

项目	租赁住房		购买住房	
	模型 5 社会融入	模型 6 社会融入	模型 7 社会融入	模型 8 社会融入
家庭收入水平(3 000 元以下为参考)				
3 000~5 000 元	0.071 *** (0.018)	0.071 *** (0.018)	-0.114 *** (0.035)	-0.121 *** (0.037)
5 000~8 000 元	0.076 *** (0.018)	0.077 *** (0.018)	-0.076 * (0.042)	-0.083 * (0.043)
8 000~10 000 元	0.079 *** (0.018)	0.082 *** (0.019)	-0.043 (0.033)	-0.042 (0.035)
10 000 元以上	0.107 *** (0.019)	0.107 *** (0.019)	—	—
就业身份 (无固定雇主的雇员为参照)	0.043 ** (0.019)	0.044 ** (0.019)	—	—
常数项	0.255 *** (0.041)	0.292 *** (0.042)	0.479 *** (0.056)	0.497 *** (0.053)
F 检验值	12.51	12.85	8.33	5.61
R^2 (拟合优度)	0.227 3	0.228 3	0.268 5	0.254 3
VIF (方差膨胀系数)	3.96	3.37	2.76	3.21
样本量 N	817	817	148	148

注: ***、**、* 分别表示在 0.01、0.05、0.1 的统计水平下显著, 括号中汇报了稳健标准误。

从表6-5的模型5和模型6可以发现, 在异质性相对较低的租赁住房空间内, 桥梁型社会资本对新生代农民工社会融入的影响呈现显著正相关, 而黏合型社会资本呈现显著负相关, 并且当群体内部成员存在较大的收入差异时, 桥梁型社会资本与收入异质性的调节变量呈现显著正相关, 从而验证本书所提出的假设 H4a："在群体成员异质性较低的居住空间内, 桥梁型社会资本更有助于促进新生代农民工的社会融合"是成立的。这一研究结果与周晨虹（2015）的结论相似, 她在调查 J 市城中村的外来住户时, 发现"乡村黏合型"社会资本减弱了他们在"城市融入"的动力与能力, 而"城乡连接型"社会资本作为外来务工人员与本地居民或组织之间的社会关系网络, 有助于他们获取异质性的信息和资源, 能给他们提供更多的发展机会。唐灿等（2000）早期在调研北京"河南村"的形成原因时, 就发现"货场主通常在做重要决定和有烦心事时, 也更愿意找本地人说说，因为他们觉得老乡没有北京人有见识，不能给他们提供想要的帮助。"在城中村的租赁住房空间内，群体成员之间的社会属性具有较强的同质性，这会导致其不自觉地固化其亚文化生态环境，从而对本地的异质性文化产生畏惧与排斥，阻碍他们参与更多本地社交活动；反之，通过桥梁型社会资本，他们可以获取新的、额外的资源，有利于其获得社会地位和增加收入，提高其融入流入地生活的信心。

从模型7与模型8可以发现，在异质性相对较高的购买住房空间内，桥梁型社会资本与黏合型社会资本都对新生代农民工社会融入的影响呈现显著正相关，并且当群体内部成员存在较大的职业差异时，桥梁型社会资本与职业异质性的调节变量呈现显著负相关；而当群体内部成员存在较大的收入差异时，黏合型社会资本与收入异质性的调节变量呈现显著正相关，从而验证本书的研究所提出的假设H4b："在群体成员异质性较高的居住空间内，黏合型社会资本更有助于促进新生代农民工的社会融入"是成立的。在一些商品房居住空间内，本地人与外地人之间的交流相对"表面化""客套化"，由于生活习惯与思想观念的差异，本地人与外地人之间并没有很深的交情，当外地农民工家庭遇到困难时，会更多地依赖那些基于血缘、地缘关系的亲朋好友提供的情感与工具性支持。对他们而言，虽然桥梁型社会资本具有一定程度的积极作用，比如提供异质性的信息和资源，但在向群体内部具有特殊权力的阶层寻求帮助时，往往需要付出更大的代价才能获取相应的支持。反之，黏合型社会资本能给予他们更多实质的情感与工具性支持，更有助于他们解决实际生活中的困难，并且"共情"的心理促使他们有着更多共同的话题，能在相互的交流与互动中加深对彼此的理解与认同。

谷玉良（2014）在调查武汉百步亭社区时，发现在异质性相对较高的混合居住区内，农民工与市民的交往和融入呈现出低度交往和低度融入的状态，具体表现为以下几个方面：首先，农民工与本地市民的互动是以社区集体活动为媒介的，例如志愿者活动、讨论会以及节假日主题活动等，短时间的共同在场并不能培养深厚的感情，交往层次相对较浅且趋于形式化；其次，社区内农民工向周边本地居民邻居求助的现象非常少，双方之间也没有建立很强的邻里意识，彼此之间的关系仅仅表现为"知道这家的主人是谁，是干什么的，碰面之后象征性地打个招呼"，正如被访谈的T先生所说："年轻人平时有工作，都上班，哪有这么多时间接触，工作一天回到家之后，门一关，谁也不用见，都过自己的生活。"最后，由于生活与休息时间的错位以及工作性质的差别，彼此之间共同在场的机会较少，降低了群体间建立关联的可能性。特别在他们遇到困难时，他们更愿意向自己的亲朋好友或社区居委会寻求帮助。

6.3　本章小结

基于 2017 年 CMDS 数据，本章从住房社会空间属性视角出发，对新生代农民工住房选择行为影响社会融入结果的机制进行了补充：①检验了新生代农民工住房选择行为如何通过个体社会资本积累的形式差异显著地影响社会融入结果；②个体社会资本在不同居住空间内的异质性效果取决于居住群体成员的构成差异。具体而言：

第一，新生代农民工选择不同住房类型，实际上意味着选择不同类型居住空间，而居住空间的差异性又会显著影响个体社会资本积累的形式。

租赁住房与集体宿舍的黏合型社会资本相对较高，而桥梁型社会资本相对较低，这可以用布劳德的"接近性"理论以及范德普尔的社会支持理论予以解释，前者认为社会结构相似性更有利于社会交往，后者认为较强的血缘或地缘关系能提供更多的情感支持、物质支持以及陪伴支持。保障性住房与购买住房的黏合型社会资本相对较低，而桥梁型社会资本相对较高，这可以用制度障碍理论和社会组织理论予以阐释，前者强调户籍制度的限制导致该居住空间范围内本地人所占的比例较大，后者强调该类居住空间拥有更多的社会资源，可以通过发挥社会组织的作用，开展各种丰富多样的趣味性、公益性及维权性活动，为新生代农民工与本地居民交往创造碰面的机会与互动的空间。

第二，相较租赁住房而言，集体宿舍与桥梁型社会资本的交互项呈现显著负相关，保障性住房与桥梁型社会资本的交互项不显著，购买住房与桥梁型社会资本的交互项呈现显著正相关。

集体宿舍与桥梁型社会资本的交互项呈现显著的负相关，其可能的原因在于居住空间的同质性，会不自觉地固化其亚文化生态环境，从而强化内卷化的群体互动，并切断了与异质化社会关系网络的节点，导致社会融入程度较低。保障性住房与桥梁型社会资本的交互项的影响系数不显著，形式上的混合居住只是为不同阶层居民实现在场交往提供了空间场域，并不必然产生社会融入的结果，社区需要加强居民参与以及互动，从而培育社区文化和集体桥梁型社会资本。购买住房与桥梁型社会资本的交互项呈现显著的正相关，其可能原因有三个方面：权利与资源杠杆、榜样效应以及社会地位。

第三，不同类型居住空间的群体成员之间异质性存在较大的差异。在职业异质性方面，集体宿舍的得分最低，而保障性住房的得分最高。由于集体宿舍的交通较为便利，生活配套设施健全，租金相对较低，为了工作便利，相似职业的外来打工者自然会选择这种经济又实惠的集体宿舍；而保障性住房的最大特色在于混合性，不同职业、不同收入的群体聚居在一起，为不同阶层群体之间的交流与互动创造了一个天然的空间场所。在收入异质性方面，集体宿舍与租赁住房得分较低，而保障性住房与购买住房得分较高。由于集体宿舍和出租公寓主要居住的群体都是服务业人员或工厂的一线的工人，这些工作对专业技能和学历水平的要求都不高，因而收入水平相对较低；保障性住房的配套设施相对齐全、居住环境相对较为"体面"和"宜居"，既有城市中低保群体与低收入人员，也有通过特殊关系进入此类空间的高收入群体。在新建的商品住房，既有那些还建的低收入原始住户，也有为了投资而买房的富裕阶层，居住的群体相对混杂，收入异质性相对较高。

第四，个体社会资本在不同居住空间的作用效果取决于社区群体成员的异质性程度。

在群体成员异质性较低的居住空间内，个体桥梁型社会资本更有助于促进新生代农民工的社会融入。在租赁住房的居住空间内，由于群体成员之间具有较强的同质性，他们会不自觉地固化其亚文化生态环境，从而强化内卷化的群体互动，切断了自身与异质化社会关系网络的节点；而个体桥梁型社会资本是他们与社区外部成员和组织之间的关系网络，更有利于获得外部的资源、信息与机会，提高他们在本地生活的信心。当他们要做重要决定和有烦心事时，更愿意找本地人倾诉，因为本地人能为其提供更有价值的信息和不同的观点。

在群体成员异质性较高的居住空间内，个体黏合型社会资本更有助于促进新生代农民工的社会融入。在商品住房的居住空间内，本地人与外地人之间的交流相对"表面化""客套化"，彼此之间并没有很深的交情，当外地农民工家庭遇到困难时，很难从这些弱关系中获得实质性的支持。虽然个体桥梁型社会资本可以为他们提供异质性的信息和资源，但在异质性资源交换的过程中，往往需要付出更大的代价。反之，黏合型社会资本能给予他们更多实质的情感与工具性支持，更有助于发挥心理认同机制的作用，催发邻里之间的人际信任，增强群体内部的凝聚力。

综上所述，本章从住房的社会空间视角出发，重点检验了个体社会资本在不同类型居住空间对新生代农民工社会融入的影响，该研究有利于启发相关政策部门转变城市更新的思维，由注重物质空间规划转变为关注社会空间规划，进一步从社会规划来开展社会融入导向的住房改革策略。具体来说，相关部门需要加强个体社会资本的培育，尤其区分不同类型个体社会资本在不同居住空间内的作用效果差异。从理论层面来看，本书的研究在现有理论的基础上，将社会资本与新生代农民工住房类型建立紧密的关系，阐述了住房作为一种社会空间，如何通过社会资本积累差异显著地影响新生代农民工社会融入结果。

7 社会融合视角下国内外住房实践经验

　　第 4 章至第 6 章通过实证主义的定量研究方法在探讨新生代农民工住房选择与社会融合之间的关系时，虽然从多个视角对这个问题进行全面的分析，得到了一些有价值的研究结论，但始终存在一个遗憾，就是尚未系统地解决新生代农民工的住房问题，这是实证研究本身存在的局限性。实证主义的本质是以自然科学方法的逻辑作为科学合理性的依据，通过客观数据和量化统计分析确定因果关系并作出解释，进而评估或验证研究假设，是以一种先验性假设为起点，进行"自上而下"的验证过程（艾尔·巴比，2009）。然而，新生代农民工住房选择不仅受到个体的经济能力或心理感受的影响，更会受到地方政府制度约束，而这些难以量化的因素只能借助案例研究的方法来分析，进一步探寻破解现实社会中新生代农民工或社会边缘群体的住房问题的方法。

　　基于此，本章的研究引入案例研究方法，为社会融合视角下解决新生代农民工住房问题提供经验借鉴。笔者通过谷歌学术搜索国外文献，总结发达国家如何解决城市贫困阶层的住房问题，制定什么样的住房政策，采用何种工具或手段，如何来实施及实施效果如何等，一步步地分解发达国家的住房经验，并与我国现实国情相结合，找到可供我国借鉴的住房经验。此外，在本章的研究中，笔者也通过中国知网搜索与新生代农民工住房相关的国内文献，归纳我国各地方如何进行制度创新，解决本地流动人口或农民工住房问题，这些地方的经验是否可复制，能在哪些城市进一步推广。在充分发挥定量研究和定性研究两种方法各自优势的研究基础之上，以求两者之间互为补益，进一步确保研究结论的科学性和严谨性。

7.1 国外住房实践经验

在解决我国流动人口或农民工住房问题时，大部分研究的集中反映策略就是规范住房租赁市场，保障他们有房可住；加大保障性住房建设，从供给上满足他们的住房需求。基于此，笔者在选取国外住房实践案例时，首先考虑如何以法律形式规范住房租赁市场发展，借鉴了荷兰最早的住房法；其次，考虑到保障性住房建设在国外已经发展了很长一段时间，而法国在这个过程中，三阶段的社会住房建设经验非常值得我们学习，故借鉴了法国"混合居住"的住房实践；再次，除了保障性住房和租赁住房，德国的"三驾马车"住房政策工具从租金补贴视角进一步完善外来移民住房保障体系，这一住房实践同样值得借鉴；最后，外来移民虽然有了住房，但不同阶层的需求、兴趣、利益都不相同，要使彼此之间产生互动，形成集体意识或社区感，可以进一步借鉴英国的"邻里互动"经验。

7.1.1 荷兰的住房实践——"立法保障"

荷兰是欧洲人口密度最高的国家，其社会住房比例也是欧洲最大的。荷兰的社会住房主要是由住房协会或公立性住房公司提供的用于租赁的非营利性住房。荷兰社会住宅的发展源于城市化之后严重的城市住房问题。19 世纪后半叶，面对快速工业化、城市化带来的劳工阶层住房数量严重不足、住房质量得不到保障、住房供需结构不合理等问题，以及广泛存在的住房投机现象，荷兰政府认识到城市住房问题不可能完全依赖市场来解决，于是加强了政府公共干预。荷兰社会住房的快速发展，主要归功于荷兰政府的公共干预及社会住房机构的成立和发展。2005 年，荷兰大约有680 万个住房单位，其中有 240 万个住房单位是社会住房，在阿姆斯特丹和鹿特丹等大城市，甚至有超过一半的人居住在社会住房里（林艳柳等，2017）。荷兰成功的社会住房建设经验可概括为三个方面：制定住房法、严格的政府监管、广泛惠及不同社会阶层。

（1）制定住房法

1901 年，荷兰成为世界上第一个颁布住房法的国家，随后荷兰根据社会经济的发展程度不断地修订与完善该法，极大地规范了住房租赁市场和社会住宅的建设。住房法规定拥有住房不仅是公民的权利，更是公民的社会义务（惠晓曦，2012）。荷兰住房法的具体内容如表7-1所示。

表7-1　荷兰住房法内容

目的	具体措施
保障住房资源的合理有效分配，最大化地降低城市住房空置率	每个家庭除自住的第一套住房之外，其拥有的第二套或更多住房如不用于出租则需缴纳高额的房产税，如若出租，其获得的租金收入需按比例纳税
保障私人出租住房的质量	私人出租住房的房主应主动承担房屋维护与修缮的义务，并无条件地同意政府强制征收、拆除或处置因长期缺乏维护而导致品质降低的出租住房
保障租户的权益，遏制住房投机行为，稳定租房市场价格	租户租用住宅一年以后，其住宅合同自动转变为无期限合同，除非租户自愿退租或转租，房东无权因个人理由逐出租户，而房屋租金也与租房品质挂钩
明确监管与执行主体	保证每个公民的住房权利是政府、社会住宅建设和管理住房机构的责任

（2）严格的政府监管

在严格的法律框架下，由地方政府对住房机构实施监管，制定社会住房建设标准、限定租金水平，保障社会住宅的建设数量和质量。荷兰建立了针对市场租赁住房及社会住宅品质的评分体系，评分项目主要有房屋面积、建筑质量、室内配套设施、公共空间、绿化率、容积率、物业管理、地理区位等，并将房屋租金与房屋质量评级严格挂钩。如果租户认为租金水平与其居住的租赁住房质量不匹配，即便已经签订了租赁住房合同仍然可以向政府住房部门申请下调租金。

（3）广泛惠及不同社会阶层

在荷兰，有资格申请社会住房的群体不仅包括低收入阶层，也包括中等收入阶层等多个社会阶层。将目标群体定位从低收入阶层调整为中低收入阶层，较高的租金收入回报可以确保住宅整体质量的提升，而对那些无力负担较高租金的低收入阶层，政府发放房租补贴的差价。这种普惠性政策不但保证了高品质住宅建设和维护住宅所需的资金循环，更能有效地避免低收入群体集聚形成城市贫民窟。此外，为了保障特殊弱势群体（城市更新过程中搬迁居民、原始租户、残疾人士、老年人）的利益，政府赋予这些群体在社会住房申请方面的优先选择权。

荷兰的社会住房经验有以下四点值得我们进一步思考与借鉴。第一，我国缺乏关于住房租赁方面的法律，如"租赁住房法"或"住房法"来规范现有住房租赁市场（包括私人租赁和公共租赁），保障租户的利益及稳定市场房屋租赁价格水平。第二，缺乏有效的保障性住宅退出机制。随着保障性住房居民收入水平的提高，不少租户已经不属于中低收入群体，但这些租户仍然占据这部分公共资源，甚至将其私下转租以赚取市场差价，变相地提高了公租房整体的价格水平，实际上给低收入群体增加了额外的经济负担。第三，我国保障性住房分类过于分散，除了廉租房、公租房、经济适用房、限价房四大类之外，还有回迁安置房、棚改区安置房、公务员住宅等带有保障性质的住房，但实际上只有公租房、廉租房担负着中低收入群体的住房保障任务。未来，我国主要以廉租房和公租房作为公共租赁住房的发展方向，而将限价房、安置房、经济适用房等有限产权住房作为公共租赁住房的补充，严格控制其上市交易。第四，我国目前保障性住房采用政府委托房地产开发商建设、委托物业管理企业管理的方式，容易导致公共资源被滥用或企业积极性不高，我国应该借鉴荷兰经验，成立专门的非营利性保障性住房机构，专门负责保障性住房的建设与管理。

7.1.2 法国的住房实践——"混合居住"

法国为解决城镇化进程中的住房问题，在第二次世界大战之后进行了大规模的社会住房建设。建设的过程大致可以分为战后大规模社会住房快速建设阶段、改造衰败社会住房阶段、实施混合居住政策及渐进式城市更新阶段（张祎娴等，2017）。在这三个历史发展阶段中，法国保障性住房在住房政策制定、住房设计和住房规划等方面对我国今后保障性住房的建设与发展具有较大的借鉴价值。

（1）第二次世界大战后大规模社会住房快速建设阶段

由于战争期间住房损毁、战后外来移民大量涌入以及既有住房缺乏维护，法国面临严重的住房短缺问题。1948 年法国政府开始大规模兴建社会住房，并颁布了规范社会住房建设的相关法律，详细规定了社会住房建设标准、租金、住房设计、住房面积等内容，从制度层面奠定了社会住房的发展基础。1949 年，法国将早期设立的廉价住房机构变更为低租金住房机构，统一承担社会住房开发—建设—出租/出售—维护—管理等一系列职责。1953 年，法国集中解决保障性住房的两大难题——土地指标和资金来源。一方面，地方政府简化社会住房建设程序，调整社会住房土地供应政策；另一方面，向本地企业员工征收住房建设税（税率为工资总额的1%），并且发放住房建设补贴鼓励私人投资，贷款期限长达45年，年利率仅为1%。1957年，法国政府重点解决社会住房配套基础设施不足的问题，通过优先城市化地区政策，第一次把住宅建设和由住宅建设引发的公共基础设施建设加以统筹规划。

在住宅设计方面，为了满足社会住房迫切、大规模的建设需要，住宅设计以集合住宅形式为主，选址多位于城市郊区，整体空间布局采用1930年柯布西耶提出的"光辉城市"的规划理念，在城市里建高层建筑、现代交通网和大片绿地。简·雅各布斯在其著作《美国大城市的生与死》中批评这一规划理念为城市精英主义的乌托邦，对于城市问题采用过于简单化的处理方式，忽略了城市的复杂性和多样性，消灭了传统步行街这一重要公共空间，缺少文化活力，少了生动亲切，使城市最终沦为贫民窟。为了降低社会住房建设成本，法国大量修建价格低廉、施工快捷的装配式工业化住房。例如，1958年尝试从"居住面积"出发提出社会住房单套及房间最小居住面积标准，要求每套住房最少应有一间不小于11平方米的房间，单间卧室面积不少于8.5平方米。

（2）改造衰败社会住房阶段

20世纪70年代中期，法国住房短缺问题已经基本解决。全球化快速发展，产业转型加快了法国传统劳动密集型产业的衰败，相关就业岗位不断减少，失业人数逐渐增加，社会住房逐渐变为低收入群体的聚集地，导致住房品质、住房环境快速衰败。为了应对社会住房的衰败问题，法国政府制定了郊区社会住房复兴策略。前期地方政府聚焦于物质空间环境的改善，兴建文化、体育设施，美化街区环境，增加绿地公园，旨在吸引中产阶层回流，摆脱劣势集中的循环困境，改变衰败住房的居住人口结构。后期地方政府认识到单纯地提升居住环境质量无法从根源上有效地解决社会住房所带来的居住边缘化及社会边缘化的双重问题，因此政策的重心转向提升这些贫困人口的人力资本及社会资本，重构街区内部社会网络关系，并创造更多的就业岗位。

在住宅设计方面，该阶段社会住房的建设标准不再要求具体套内面积，更加倡导多样化的居住空间，根据不同房间使用需求和布置方式，设计满足不同需求的功能空间。随着老龄化社会的到来，政府针对社区内部残疾人、老年人等弱势群体的活动方式及需求特征，制定相应的住房标准，考虑不同群体的生活需求，细化社会住房的类型。

（3）实施混合居住政策及渐进式城市更新阶段

20世纪90年代初，郊区社会住房衰败问题得以缓解，但由于当初选择在郊区建房，居住隔离及社会空间分异问题逐渐显现。为了解决这个问题，促进移民社会融合，法国政府于1990年颁布《博松法》，要求地方政府滚动编制为期5年的地方住房发展规划，在社会住房建设空间布局上要充分减少居住隔离。1991年颁布的《城市引导法》建议人口超过2万的市镇应保障不少于20%的社会住房。2000年法国政府颁布的《社会团结与城市更新法》进一步强制性规定人口超过3.5万的市镇必须保障不少于20%的社会住房，达不到要求的地方政府要向中央政府缴纳罚金。此外，法国政府要求开发商将建设住房中至少20%的面积出售给低租金住房机构。2003年，法国成立专门的国家城市更新机构，将城市更新与促进社会融合的社会住房建设结合，一方面拆除郊区质量低劣、社会问题较集中的社会住房，另一方面在城市中心地区建设社会住房，从而实现贫困人口在城市空间上的重新配置，达到混合居住的目的。

在住宅设计方面，这一阶段住房规划布局重心在于逐步提升嵌入式的社会住房建设比例，主要采取两种操作模式：第一，地方政府有计划地收购中心城市小地块，采取嵌入式更新方式建设小面积的社会住房；第二，政府回收部分私人住宅，经过改造之后作为社会住房提供给城市低收入阶层。

法国三个阶段的社会住房改革历史，对我国保障性住房建设有三点启示：第一，保障性住房设计要充分考虑城市的复杂性和多样性，加强住房内部公共空间营造及周边交通、商业等配套设施建设；第二，充分考虑老年人、残疾人、农民工、不同支付能力群体的居住需求差异，提供多样化的社会保障和社会住房类型，满足不同使用需求的住房设计；第三，新建保障性住房要减少在郊区大规模、集中型建设，避免为后期社会隔离埋下隐患，应采取适度分化、小规模更新的社会住房建设方式，促进保障性住房在城市整体层面的均衡、分散布局；第四，公共租赁住房建设与城中村更新改造相结合，在北上广等大城市，保障性住房建设可以结合聚集大量低收入群体的城中村进行渐进式更新改造，一方面改善低收入群体的居住质量和空间品质，另一方面解决保障性住房建设过程中存在的资金短缺、位置偏远、土地短缺以及供不应求等问题。

7.1.3 德国的住房实践——"三驾马车"

德国的经济体制是市场、国家和社会相结合的经济体制，该体制在充分发挥市场经济优势的同时，通过国家干预弥补市场运行的缺陷，并且强调贯彻社会政策达到平衡（顾钰民，1993）。德国住房政策主要通过市场机制解决国民的住房需求，政府对住房市场进行宏观调控和必要的干预，以保障社会弱势群体的住房需求，实现市场经济和社会福利的结合，效率原则和公平原则的统一（约翰·艾克豪夫，2012）。德国住房政策工具主要有社会住房（相当于我国的公共租赁住房）建设、房租补贴、房屋租赁市场管理三种，并且随着社会经济发展，住房政策的重点也在不断调整和优化（比约恩·埃格纳等，2011）。

（1）社会住房建设

德国社会住房政策的核心是为在市场上难以获得住房的家庭提供能够租得起的住房，最大限度地抑制市场经济下的居住分异和社会隔离。社会住房主要是由房屋投资商、私人或住房合作社等社会力量组织建设，政府采取财政拨款、低息贷款、减免税收等方式予以支持，投资方拥有住房产权，但在与政府事先商定的限定期（12 至 40 年不等）内，需按与政府约定的社会住房租金标准出租，限定期期满后，投资方可按市场价格自由出租或出售。社会住房的租金标准约为同地段、同质量房屋市场租金的 50% ~ 60%，如果租住社会住房的居民收入超过规定收入的上限，其将会被收取"额外租金"或市场租金，以便于实现不同收入人群的"混居"。此外，促进混合居住的住房政策的关键措施是规定福利住房建设必须按照明确的比例限定和分布限定，即福利住房必须占有一定的比例，并且必须在城市内部相对均衡地分布。

（2）房租补贴制度

德国《住房补贴法》规定：居民可支付租金一般按家庭收入的 25% 确定，低收入居民实际缴纳租金与可支付租金的差额，可向地区政府申请房租补贴，补贴资金由联邦政府和州政府共同负担。居民领取房租补贴后，可以申请社会住房，也可以在市场上租房，但只能租住一至二级类别的住宅，最高不能超过三级（政府部门根据房屋质量、区位、配套等因素将房屋分成六个等级，一级为最差，六级为最好）。

（3）房屋租赁市场管理

政府制定法律全面规范房屋租赁行为，侧重对承租人的保护，如 1917 年起德国就将对承租人解约保护的规定纳入《民法典》。同时，实行房屋租金管制或指导制度，由住房管理机构、住房协会（租房者协会和住房所有者协会）共同制定城市房租指导价（杨瑛，2014）。

德国的"三驾马车"住房政策工具从住房供给、住房负担及居住稳定性三个方面有效地解决了社会弱势群体的住房问题。在住房建设上，德国政府一方面赋予投资方限制性的住房产权，有利于调动投资者积极参与住房建设，保障大城市保障性住房的供给；另一方面规定福利住房必须在城市内部相对均衡地分布，有效地规避集中建设导致的居住隔离问题。在房租补贴制度上，给予低收入家庭住房租赁补贴，直接为他们减轻了生活成本，缓解了租房者因担心房租上涨而带来的焦虑情绪。在房屋租赁市场管理上，以法律形式，明确规定了承租人解约保护权利，让承租者不用担心随时会被房东撵走，并且房屋市场租赁价格由住房管理机构、住房协会共同指导定价，避免了市场失灵带来租金价格飙升的风险。

7.1.4 英国布拉德福德的住房实践——"邻里互动"

英国作为欧洲最早宣布建成福利制度的国家，有着依托社区发展实现移民社会融入的长期传统和优势。第二次世界大战以后，来自波罗的海、巴基斯坦、巴尔干半岛以及波兰等地的外国移民数量激增，英格兰北部地区普遍面临着贫困、低健康水平、失业、低教育水平、高犯罪率等一系列社会问题。针对较为严重的社会排斥和间歇发生的市民骚动，布拉德福德从三个方面对以往的社区发展实践进行了改良：一是更加注重制订居民参与相关公共服务的计划；二是更加强调特定的群体（如非洲裔、少数族群、残疾人等）的社区利益；三是更加注重以邻里为基础的社区治理。具体来看，布拉德福德的社区发展实践采取了以下四个方面的举措（Henderson P，2005）：

（1）建立社区中心

为了缓和其他族裔群体与本地居民之间的紧张关系，布拉德福德将一些衰落的教堂改建或扩建成新的社区活动中心，作为社区活动的公共平台。通过社区工作者的积极协调，教师、社会工作者等专业人士能够有效参与社区项目的运作和管理，从而为缓和不同群体之间的关系奠定了基础，为社区项目运作提供了现实的载体。

（2）启动心理健康项目

针对非洲裔和少数族群不能享有正式的健康服务这一问题，布拉德福德采用社区发展的原则和方法开展心理健康项目，挑战传统的心理健康服务模式，使精神健康"去神秘化"。为保证心理健康项目的良性运作，布拉德福德积极争取初级照顾信托中心的资助，项目资金不断增加。此外，布拉德福德还专门成立了10个由志愿者组成的心理健康服务组织，以鼓励和帮助人们进行广泛的"自助"。

（3）发展社区服务项目

围绕人们对饮食文化的兴趣，在征求社区居民想法和建议的基础上，在城市中心附近稍微偏僻的大街开设餐馆。餐馆由社区群体负责经营，提供正式的对外服务，通过参与和协作把不同社区的居民联系起来。随着餐馆声望的不断扩大，布拉德福德积极筹集社会资金和项目资助，致力于将其发展成为一个社区公司，业务范围进一步扩大到健康食品领域，同时给予志愿者参加工作和参与培训的机会。

（4）建立社区论坛和社区合作伙伴关系

为了进一步发挥社区的服务支持功能，布拉德福德当地的社区权威机构建立了社区论坛，为当地的居民、政治家和政府官员提供一些及时、有用的信息，同时也建立了社区合作伙伴关系，通过开展网络工作为不同群体提供双向咨询服务，从而在社区内部和不同社区之间扮演了调解冲突、化解矛盾的重要角色。例如："Frizinghall 合作伙伴"改变了"自上而下"的组织方法，通过当地居民的参与，将"外显的冲突"转化为"内在的紧张"，有效消除了不同群体之间的"强对抗"状态。

总的来说，布拉德福德依托社区发展在居住空间内部促进不同族群之间的社会融合取得了良好的实践成效。社区作为外来族群融入当地社会、参与社区管理、参加社区活动的重要平台，具有其他融入渠道所不具备的先天性场所优势，能够有效地提高外来群体的认同感、归属感和责任感。从布拉德福德的邻里互动实践经验来看，其成功之处主要表现在三个方面：第一，注重平台建设，为社区活动和项目运作提供有效的载体和组织机构，使外来群体的社会融合拥有可以依托的现实基础；第二，推进社区活动的项目化运作，根据社区居民较为集中的意见和诉求，以经营性项目的方式进行市场化运作，提高群体内部成员参与的积极性和主动性；第三，优化服务方式，摒弃以往"自上而下"的命令和管控模式，转而采用"自下而上"的协商与合作模式，积极地回应社区每个居民的诉求。

7.2 国内住房实践经验

在选择国内住房实践案例时，笔者选取了重庆、广州、深圳的实践案例。重庆作为西部直辖市，经济较为发达，但房价相对控制得较好，重庆的"地票制度"既让农民工的宅基地变为他们的财产性收入，也为城市发展新增了城市建设用地指标，"棒棒公寓"的做法相当于将空置或烂尾楼交由政府统一回购，改造为可供农民工居住的低价公寓，充分发挥资源再利用的循环效应。此外，广州作为改革开放的前沿阵地，早期集体建设用地使用权流转及与保障性住房用地捆绑模式，虽然作为一项制度创新解决了"南下"打工者的居住问题，但是拥挤的居住环境、简陋的住房设施、违规搭建等现象也成为当下的城中村"治理痛点"。当下广州全力支持发展租赁市场，租赁新政"十六条"政策突破力度较大、亮点颇多，对其他大城市租赁市场发展具有一定的借鉴意义。最后，深圳被评为我国最具包容性的城市，每年吸引大批优秀青年流入，其通过兼顾流动人口居住需求的城中村"微更新"方式，为他们提供宜居、便捷、充满活力的居住空间。

7.2.1 重庆的住房实践——"地票制度"与"棒棒公寓"

重庆市作为西部地区的经济中心和金融中心，是重要的现代制造业基地和网红城市，吸引了众多的外来务工人员。在住房保障方面，重庆是我国唯一的省级统筹城乡综合配套改革试验区，在公共租赁住房建设方面处于全国领先地位。重庆作为一个直辖市，其经济发展程度与其房价不匹配程度一直令许多研究者非常好奇，重庆的房价控制得好得益于重庆"地票制度"以及"棒棒公寓"。

（1）"地票制度"

"地票"本质上是一种跨区域的建设用地指标交易，其实施方式是将重庆近郊的农业用地转变为建设用地以充分实现近郊土地的增值收益，由此占用的农业用地由远郊的宅基地或其他形式的建设用地复垦补充，实现"占补平衡"（藏波等，2014）。2010 年，重庆市政府出台《重庆市人民政府统筹城乡户籍制度改革的意见》，明确规定转户对象为常年在城镇务工经营、稳定就业的农民工，转入主城区 5 年以上，转入县城 3 年以上，并将这些自愿退出农村宅基地的转户对象纳入"新市民"，以宅基地指标换取城市户籍及户籍捆绑下的医疗、教育、养老和获取公租房的租住资格，其过程如图 7-1 所示。同时，为了降低转户成本，政府给予转户农民 3 年过渡期继续保留宅基地和承包地的使用权和收益权，并对这些权益作出如下的规定：第一，自愿保留土地的，继续保留与土地相关的种粮直补、征地补偿等 9 项权益，与身份相关的生育政策、购房契税减免等 26 项权益；第二，自愿退出宅基地，通过土地交易所获得财产性收益；第三，能复垦产生地票的每亩收益不低于 12 万元；第四，流转承包地，要求不能出现闲置撂荒现象。此外，退地农民工也可以依靠"地票收益"在住房市场上自由选择住房方式。

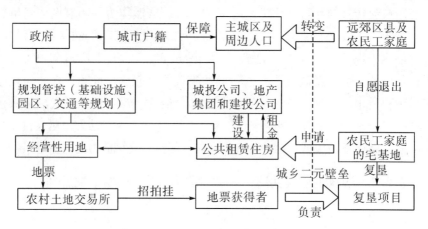

图 7-1　重庆市"地票"制度运作流程

资料来源：藏波，吕萍."人地挂钩"视域下农民工住房问题的解困思路：天津、重庆和广州的经验 [J]. 城市发展研究，2014，21 (12)：26-30，44.

（2）"棒棒公寓"

棒棒（临时搬运工）公寓位于重庆市南岸区南坪步行街附近的正扬大市场，楼体 1~3 层为农贸市场，4~9 层为民工公寓。1995 年，房地产市场处于低谷时期，修建好的正扬农贸市场大量的空房闲置，1997 年被改造为"棒棒公寓"，当时一天一床一元的低收费标准立马吸引附近大量农民工入住。公寓单个房间的面积从 10 平方米到 20 平方米，公寓内配备公用厨房、厕所和洗澡间，接通了天然气和闭路电视，设有公共活动室、保安室，实行严格的安全管理，并且政府还为农民工提供免费办理暂住证等公共服务。经过几轮改造之后，2005年公寓面积已经达到1.1万平方米，房间数量也达到407个，在入住的1 700多人中，95%都是进城务工的农民工（张江涛，2009）。受"棒棒公寓"的启发，南岸区继续尝试将空置或烂尾楼改造为供农民工居住的低价公寓，按照"政府投入、社区管理、市场运行、以寓养寓"的模式，投资250多万元对农民工相对集中且交通便利的政府闲置房产（厂房、招待所、烂尾楼等）进行集中改建和简单装修，修建7个阳光公寓，吸引了4 000多位农民工入住（郭立等，2007）。

"地票制度"是建立在农村土地退出机制之上的，将农民工的宅基地复垦为耕地，保障耕地的占补平衡，为城市扩张提供建设用地指标。重庆的"地票制度"的成功建立与重庆整体房价水平偏低的现实基础密不可分，并且重庆市政府保证复垦土地价值稳定在15万元/亩，从而为退出宅基地的农户提供进城所需安置费。"土地增减挂钩"只是一项保护耕地、节约集约用地的土地政策，却被很多地方政府误解为土地增减挂钩可以创造财富，增加地方财政收入，为农民增加土地财产性收入，从而将其运用到建设新农村乃至用于扶贫。实际上，土地增减挂钩只是依靠土地政策将城市财富向农村转移，农村建设用地减少所形成的价值仅仅是地方政府城市建设用地指标稀缺所产生的价值，如果盲目扩大增减挂钩范围，结果必然是挂钩指标供过于求，导致挂钩指标的成本价降低，不会形成更大的土地极差收益。在贫困地区实行"土地增减挂钩"政策是不合适的，这些地区由于自然条件恶劣，所退出的宅基地无法复耕，也无人去种植，使得"土地增减挂钩"的制度成本极高，产生了很多破坏性后果，却没有产生任何实质性的收益（贺雪峰，2019）。因此，该模式在房价较高的北上广等地区推广比较困难，因为所获得的补偿价格很难保障农民工在本地城市的生活。

此外，将城市中闲置的厂房、图书馆等废弃场所改造为农民工公寓，可能存在改变国有土地用途性质的问题。原本的工业用地在未办理任何变更手续的情况下，土地使用性质被变更，转变为住宅用地，很可能变成违规建筑。街道办事处或委托企业利用破产或倒闭企业的闲置厂房或土地，改造或新建农民工公寓，还可能存在与地方政府土地收购储备政策相矛盾的情况。

7.2.2 广州的住房实践——"捆绑模式"与"商改租"

广州作为我国改革开放的前沿阵地，也是"民工潮"出现最早出现和最突出的地区。广州在解决农民工的居住问题上，早期采取城乡建设用地统一市场基础上的"经营用地+保障房用地"捆绑模式，后期采取扩大租赁市场的"商改租"模式。

（1）"捆绑模式"

2011年，广东省人力资源和社会保障厅颁布了《关于进一步做好农民工积分制入户和融入城镇工作的意见》，广州市率先在全市推行积分制入户新政策，实施对象为在广东省务工的外地农村户籍和外地城市户籍人员，并按农民工占本地常住人口的比例，划出一定保障房数量，将有稳定职业并在城镇居住的农民工纳入以公租房为主的住房保障体系。为了增加农民工保障性住房供给，2015年出台的《广州市集体建设用地使用权流转管理试行办法》，允许在集体建设用地所有权不变的前提下，通过区一级农村集体资产交易服务机构或市公共资源交易中心，以招标、拍卖或挂牌方式将集体建设用地使用权以有偿方式进行公开出让、出租等，进行旅游、商业、娱乐、工业等经营性项目开发。集体建设用地的竞标者必须按照一定比例配套建设保障性住房或农民工住宅，如图7-2所示。

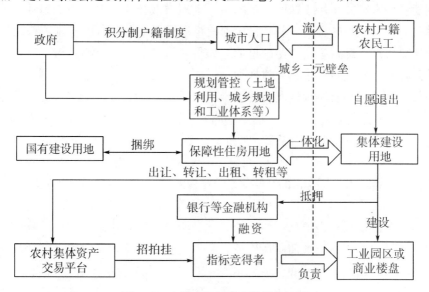

图7-2 广州市捆绑模式的运作流程

资料来源：藏波，吕萍."人地挂钩"视域下农民工住房问题的解困思路：天津、重庆和广州的经验［J］.城市发展研究，2014，21（12）：26-30，44.

（2）"商改租"

2017 年，广州市人民政府办公厅颁发《广州市加快发展住房租赁市场工作方案》，这份租赁新政包含 16 条内容，从商改租、入学、税收、水电等多个方面对住房租赁进行史无前例的大力扶持，旨在形成政府、企业和个人互相补充、协同发展的租赁住房供应体系，规范住房租赁市场，多层面满足住房租赁需求，实现租者幸福居住。具体措施如表 7-2 所示。

表 7-2　广州市加快发展住房租赁市场具体措施

主要目的	开展方式	具体手段	执行主体
保障租赁双方权益	子女教育入学权利	赋予符合条件的承租人子女，以监护人租赁房屋所在地作为唯一居住地且房屋租赁合同经登记备案的，由居住地所在区教育行政主管部门安排学校就读	市教育局
	住房公积金提现权利	职工提供房屋租赁备案证明和发票申请，月住房公积金提取最高限额不超上年度本市职工月平均工资 2 倍的 40%	广州住房公积金管理中心
	优先租赁权利	在公共租赁住房中划出一定比例，优先租赁给符合规定的中低收入住房公积金缴存人	市住房城乡建设局
	税收优惠权利	对个人出租住房的，增值税税率由 5% 减到 1.5%；对个人出租住房月收入不超过 3 万元，免征增值税；房地产中介机构提供住房租赁经纪代理服务，适用 6% 的增值税税率；对企业出租住房的，征收 5% 的增值税	市国税局、地税局
	居住质量权利	加强对租赁住房家具、家装环保监督和燃气消防安全监督，确保室内环保、安全，达到居住标准	市住房城乡建设局、公安消防局、质监局
	稳定居住权利	对租期和租金依法进行规范，控制承租人租房成本，保障承租人长期、稳定的居住权益	市住房城乡建设局
	租赁补贴权利	对符合条件的群体给予租赁补贴	市住房城乡建设局
增加租赁住房供给	增加用地供给	将租赁住房用地供应纳入年度土地供应计划；土地溢价超过一定比例后，由竞价转为竞自持租赁住房面积	市国土规划委
	商改租	经规划行政主管部门批准改建及公安消防部门审批验收，土地使用年限不变，按居民标准调整水电气价格，只准租赁，不得销售	市国土规划委、公安消防局、发展改革委
	增加私人改造住房	按照国家和地方的住宅设计规范改造住房，不得加建卫生间和厨房，不得按床位出租，人均居住面积不得低于本市最低标准	市住房城乡建设局

表7-2(续)

主要目的	开展方式	具体手段	执行主体
壮大现代租赁产业	打造租赁产业总部经济	住房租赁企业按生活性服务业执行相关政策,公租房租赁执行机构享受相关税收优惠	市住房城乡建设局
	发展城中村现代租赁服务业	鼓励村集体、经济联社租赁经营"城中村"住房,统一出租,规范管理;鼓励住房租赁企业、物业服务企业参与老旧小区、城中村、厂区租赁住房微更新	市住房城乡建设局
	发展既有建筑现代服务业	支持传统物业服务企业拓宽服务领域,鼓励"管家式"服务,为业主提供租赁中介、代管理、代维修等服务	市住房城乡建设局
	成立住房租赁发展投资有限公司	负责统筹全市政策性住房(公租房、棚改房、人才公寓、直管公房等)的投资、融资、建设、运营和维护	市住房城乡建设局
	健全房屋租赁信息服务平台	保障住房租赁市场供需信息透明、各方信用透明、交易规则透明	市住房城乡建设局
	发挥行业协会作用	指导租赁企业成立广州市房地产租赁协会,督促指导中介机构、住房租赁企业及时采集、上报租赁房屋、租住人员等信息	市住房城乡建设局

　　广州模式是真正意义上打破城乡二元结构的体制创新,在集体建设用地基础上建设工业园区或商品住房,并绑定保障性住房,激活了农村集体建设用地的资本属性。然而,广州制度的成功与其自身区位优势相关:一是广州市农村地区发展基础条件好,土地自身的资产价值较高,这是其他中西部地区无法比拟的;二是广州作为珠三角加工制造业的发源地,在城郊地区早已存在大量民营企业,民间资本雄厚,城市向郊区扩张的趋势一直受到城乡建设用地体制束缚,广州模式是现实的发展环境倒逼土地制度改革形成的发展模式。经营性用地与保障性用地绑定模式,确实能在一定程度上避免新生代农民工边缘化问题,但是空间混合并不必然导致社会融合,关键是如何通过开展公共空间营造、孵化社会组织、社区治理等活动,动员居民参与,让农民工与本地居民产生社会交集。广州租房新政涉及面广,如符合条件的承租人子女享有就近入学,住房公积金提取由30%上调至40%,非住宅存量房(商业、商务办公等)可申请改造为租赁住房,以及发展城中村现代服务业等,政策突破力度较大、亮点颇多,然而在执行过程中也会派生出一些新的问题和困难,需要后期诸多调整与不断完善。

7.2.3 深圳的住房实践——"城中村改造模式"

深圳是一个包容性极强的城市，不同习俗、不同语言、不同民族、不同省份、不同文化背景的人，在深圳都可以找到适合自己生存的土壤。正是由于深圳的包容性，许多刚毕业的大学生才愿意在那里追逐梦想，奋斗青春。与此同时，深圳也是我国城市房价最高的城市，那么那些外来务工的劳动者是如何解决自己的居住问题呢？或者深圳在解决流动人口与农民工住房问题方面有什么独特的秘诀呢？答案就是在城中村改造过程中兼顾流动人口居住需求。

五和、坂田、杨美三个城中村位于深圳市龙岗区西部、城市干道布龙路北侧，三个地方均有地铁站，交通十分便利。在龙岗区规划过程中，三个城中村都被纳入"华为科技城"范围，需要进行集中改造，改造过程如下（陈可石等，2015）：

（1）以 TOD 引导交通和土地利用再开发

流动人口在选择居住位置时，比较看重交通的便利性。根据 TOD（transit-oriented development）土地开发模式，以 3 个地铁站点为中心进行用地重新划分，实现轨道交通沿线土地二次开发。在以各站点为中心的 1 000 米半径范围内进行不同性质和强度的土地再开发，如图 7-3 所示。

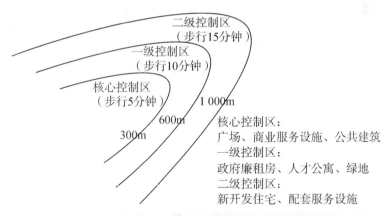

图 7-3　TOD 引导交通和土地联合利用再开发模式

TOD 土地再开发，一方面，极大地提高了流动人口的交通可达性，满足了他们的出行需求；另一方面，轨道交通与土地利用的联合开发效应使得沿线土地价值大为提升，政府可以通过税收手段向开发商及业主回收一部分土地增值利益，用以补贴轨道交通建设和运营成本，以及为廉租房公寓和人才公寓的运营提供资金支持。

（2）以政府廉租房和人才公寓安置流动人口

为了解决大量外来务工人员的住房问题，政府保留了部分出租屋，清除不符合消防规定的一些违规搭建，对出租房屋进行结构翻新和立面改造之后，将其作为政府廉租房低价出租给低收入的外来务工人员，以租金补贴、实物配租和租金减免等方式减轻外来务工人员的住房经济压力。同时，为了解决高技术人才的住房问题，政府新建一定比例的人才公寓作为短期租赁和过渡周转房使用，按照"轮候补租、契约管理、只租不售"的原则进行租赁和管理，严格把关廉租房和人才公寓建设质量及入住门槛。政府廉租房和人才公寓的总建筑面积不低于居住建筑总面积的60%。为了保障人才公寓的落地问题，政府采取"土地置换"的方法，将开发商新建的人才公寓按照一定的标准和期限出租给龙岗区政府，而政府则将600米以外的土地优惠出让给开发商用于商品房开发。

（3）以骑楼式改造创造公共空间

以当地建筑物底层为框架式结构建筑特征，拆除部分建筑底层的墙体，将建筑基底面积控制在80平方米以内，保留底层结构柱和外挂楼梯，形成连续的"骑楼式"空间。这样改造的好处在于：第一，在文化传承方面，"骑楼式"空间传承了岭南地区骑楼的建筑肌理，增加了居住空间的可识别度与景观性，并且骑楼底层布置了休闲景观小品与绿化，为来往的行人提供更多休憩与交流的空间，促进不同群体之间的交流，保留城中村原有的同乡文化或社区文化，让流动人口更有归属感和社区感；第二，在建筑质量方面，"骑楼式"空间更加适应岭南地区高温多雨的环境，并且增加了建筑首层采光面积，在一定程度上缓解了建筑过高而带来的底层采光不足问题，敞开的首层空间形成了独特的通风廊道，有助于缓解街道建筑过密导致的通风不畅等问题，为行人提供舒适、便捷的步行环境；第三，在公共服务方面，建筑底层架空的方式，间接地增加了"骑楼式"空间道路的宽度和高度，有效地提高道路的通行能力，使得消防车、救护车能顺利进入社区，增强了社区的安全性。另外，拓宽的马路下方可以掩埋光纤和电缆，铺设排水、煤气、天然气等市政管线，提高了社区基础设施服务能力及人居环境的质量。

（4）以建筑首层功能置换活化社区

政府对部分建筑首层的居住功能进行置换，将其转换为商铺或公共空间，利用商铺空间与居住空间的利润差，确保功能置换前后经济效益不变，多增加了一部分公共空间的面积，如表7-3所示。多增加的公共空间可以用于新建图书馆、同乡会馆、社区活动室、绿地或广场等，为流动人口提供多元化的公共空间和交流空间。政府依托社会组织，整合社区现有的资源，利用节庆活动、公共空间的布置和文艺演出等多种活动形式，丰富了流动人口的业余生活，增加了流动人口与本地居民碰面的机会，促进了异质性群体之间的交往，为他们的互动提供多元化的渠道。

表7-3　功能置换前后经济效益比较

项目	首层商铺	首层住宅	公共空间	总和
租金/元·平方米$^{-1}$	4 000	1 000	0	—
原比例	34%	66%	0	100%
调节后比例	42.2%	33%	24.8%	100%
原经济效益/元·平方米$^{-1}$	1 360	660	0	2 020
调节后经济效益/元·平方米$^{-1}$	1 688	330	0	2 018

资料来源：陈可石，邱浩. 兼顾流动人口需求的城中村改造探索：以深圳五和、坂田、杨美村改造为例〔J〕. 现代城市研究，2015（7）：113-118.

当前城中村改造过程中更多强调物质空间层面的改善和提升，更多关注政府、房地产开发商及村集体三方利益协调，而忽视了城中村流动人口的居住及商户们的经营问题（叶裕民，2015）。深圳的城中村改造模式，用TOD引导交通和土地再开发、廉租房以及人才公寓建设、骑楼式建筑设计及首层建筑功能置换等方式，解决了流动人口居住地通勤成本过高、住房质量差、基础设施不完善、服务能力不足、缺乏公共空间、绿化率低等问题，以最小的改造成本为流动人口创造了宜居、便捷、充满活力的居住空间。

7.3　本章小结

本章通过国内外案例研究，对国外如何解决外来移民或城市低收入阶层的住房问题进行了梳理，以及对国内开展的成功的住房实践进行了简要介绍，并对其是否值得进一步推广进行了反思；通过案例研究方式，对之前定量研究无法深入回答的"如何解决新生代农民工稳定居住问题"，提供了有价值的经验借鉴和内容补充。本章研究结论如下：

第一，成立专门的非营利性保障性住房机构，有助于极大地规范住房租赁市场和社会住宅的建设、运营和管理。

从国际经验来看，制定较为全面的法律体系是解决农民工住房问题的重要保障。我国的住房政策大多以各层次各种类的政府部门"指导意见""通知"等形式出现，没有以法律形式固定下来（董昕，2013），保障性住房在地方建设的动力不足，农民工的住房也未被正式地纳入城市的总体规划或专项规划，保障性住房的保障对象、保障标准、退出机制、资金来源、土地来源都缺乏明确的规定及具体的执行机构。像荷兰有专门的非营利性保障性住房机构、新加坡有建屋发展局（housing & development board，HDB），作为独立性非营利机构，专门来负责保障性住房的规划、建设、运营和管理。我们国家保障性住房管理，采用政府委托房地产开发商开发和物业管理企业管理的方式进行，容易导致公共资源被滥用或企业积极性不高。

第二，社区作为外来移民融入当地社会、参与社区管理、参加社区活动的重要平台，具有其他融入渠道所不具备的先天性场所优势，邻里互动及社区活动的项目化运作，能够有效地提高他们的认同感、归属感和责任感。

从广州早期的经营性用地与保障性住房用地捆绑模式来看，其借鉴西方商品房配建保障性住房思想，认为地理位置上的邻近性会进一步增强外来移民与本地居民碰面的机会，碰面越多才越有机会与本地居民进行社会互动及社会交往，才能在沟通中相互理解，彼此认同，最终建立社区感与归属感。然而，一些学者对此进行了批判，其认为混居有时不仅不能形成榜样效应，反而凸显了小区内部享有不同住房业权阶层的区别，这种区别更可能增加外来移民与本地居民之间的偏见和社会交往的障碍（Allen C，2005），例如：高收入邻居优越的生活不仅没有达到榜样示范的效果，反而被低收入家庭认为是对自己和孩子的"一种深深的刺激"。促进外来农民工融入本地社区，关键是抓住社区的先天性场所优势，通过邻里互动、公共空间营造、社区组织孵化及社区活动的项目化运作，有效地提高他们的归属感与认同感。

第三，公共租赁住房建设与城中村更新改造相结合，在更新改造的过程中兼顾流动人口居住需求，通过 TOD 引导交通和土地再开发、廉租房及人才公寓建设、骑楼式建筑设计，以及首层建筑功能置换等方式，真正地为流动人口提供宜居、便捷、充满活力的居住空间。

城中村和旧城区住房普遍存在两大问题：第一，房东通常以经济利益最大化为目的，倾向于出租更多的住房以此获得租金收入，因此，存在乱搭乱建的违规现象和建筑密度较大、消防通道狭窄等安全隐患问题；第二，缺少必要的基础设施及公共服务供给，电线在半空中乱搭乱扯，线路老化，小区内部的环境卫生无人治理，存在房屋破旧、外墙脱落，公共空间缺乏、绿化率低等居住质量问题。然而，在存量规划时代大拆大建已不符合主流城市发展趋势，一方面通过骑楼式建筑设计及首层建筑功能置换等微更新方式，来改善城中村的居住环境，提高基础设施服务能力；另一方面，地方政府秉持"涨价归公""土地置换"原则，为外来务工人员和技术人才需要廉租房和人才公寓的建设与运营提供资金支持。

总体来看，本章的研究发现有助于解决新生代农民工在人城市的住房需求问题，通过居住空间互动有助于他们融入主流社会活动，提高他们对社区的归属感与认同感。本章通过案例研究的方式，更生动形象地展示国内外住房实践经验，对于地方政府相关部门的实际政策制定与执行具有借鉴意义，为社会融合视角下新生代农民工住房政策制定及住房设计提供切实可行的操作经验。

8 结论与讨论

8.1 研究结论

随着以人为本的新型城镇化建设在全国迅速推进，以新生代农民工为主体的流动人口已经成为当前城市经济发展的主力军，并且大多数新生代农民工都希望扎根城市及完全融入城市，是市民化最为迫切的群体之一。由于在受教育程度、专业技能和市场机会等诸多方面存在差异，新生代农民工群体内部也分化成不同的阶层。个体所处的阶层差异不仅会影响其享受的社会资源、市场机会与政治权利，而且还会导致住房选择、交往圈子、价值观念、城市认同感的差异。

社会阶层差异会反映在农民工的社会行为上，内部社会阶层地位的差异使得他们受到不同的社会资源与市场机会的制约，导致新生代农民工内部的住房选择行为存在较大的差异。例如：在制造业就业的新生代农民工大多选择居住在工厂提供的集体宿舍，建筑业工人大多选择居住在工地搭建的临时工棚，在商业服务业就业的新生代农民工大多选择居住在城中村（城乡接合部）或直接居住在就业场所，白领阶层的新生代农民工更倾向于选择品质较高、本地人较多的商品房社区。这种居住空间差异又会进一步影响他们与本地居民之间的互动、信息的传播和获取、人际关系及其他社会联系的建立，从而强化他们对自我阶层的定位及交往的边界。特别对于底层新生代农民工而言，如果说他们个人专业技能缺乏、受教育程度低、就业渠道狭窄、社会地位较低及权益保障缺失，使其一直处于城市社会的边缘阶层，那么其居住特征就会进一步加剧底层阶层的"劣势的集中"，成为影响其城市融入的重要因素之一。

当前我国学者关于农民工的社会融入研究，主要集中在探讨农民工社会融入的发展模式、影响因素及解决办法等问题，这些研究对农民工社会经济融入、心理融入关注较多，对居住融合的关注相对较少。现有研究虽然涉及了农民工的居住融合问题，但这些研究更多从住房的物质空间属性关注农民工住房选择的影响因素，以及如何从政策供给方面来解决其住房问题，研究的重点集中在农民工"住进社区之前"，而对农民工"住进社区之后"的研究还很欠缺，特别是对进入不同类型居住空间之后的社会融入差异，以及产生此差异的原因与相应的对策还缺乏系统的探究。本书研究的主要问题是为什么新生代农民工进入不同类型居住空间之后，彼此之间的社会融入程度存在较大差异。对该问题的研究有利于形成被理论和实证证据充分支持的社会融入导向住房政策，从而推动新型城镇化高质量发展与非户籍人口市民化进度。

本书的研究基于社会资本的理论基础，重点从住房的社会空间视角，构建了新生代农民工住房选择、社会资本与社会融入的研究分析框架，利用 2017 年全国流动人口监测数据（CMDS），采用探索性因子分析、卡方分析、多元 OLS 回归、调节变量、分组回归等研究方法，遵循"行为—结果—机制—实践"的逻辑思维，以新生代农民工住房选择行为作为研究的逻辑起点，分别实证检验了新生代农民工群体内部产生住房分化的行为表现及原因，不同住房选择行为对其社会融入结果的影响程度，住房选择行为通过个体社会资本积累的形式差异影响社会融入结果的机制。考虑新生代农民工自身具有较强的流动性，本书的研究进一步比较个体社会资本在不同居住空间内的异质性效果。具体而言，本书的主要研究结论如下：

第一，借鉴边燕杰教授关于获取住房资源的二维度分析框架，本研究分别从新生代农民工社会位置与个人能力，比较新生代农民工与老一代农民工在住房选择行为方面的代际与代内差异。

从代际比较来看，在社会位置方面，相较老一代农民工而言，新生代农民工选择购买住房的比例整体较低，但那些在公有部门上班、具有雇主身份资源及收入水平相对较高的新生代农民工更偏爱"体面"且"宜居"的保障性住房。收入水平较低、不具有政治资源的新生代农民工更偏爱经济实惠的集体宿舍。在个人能力方面，由于保障性住房资源的稀缺性及早期住房政策红利，老一代农民工在购买住房与保障性住房时具有明显的先发优势，相较于老一代农民工，研究生学历、拥有社保的新生代农民工选择购买住房与保障性住房的比例相对较高，学历较低、拥有社保意识的新生代农民工选择集体宿舍的比例相对较高，工作不稳定、学历低、缺乏社保意识的新生代农民工选择租赁住房的比例相对较高。

从代内比较来看，在社会位置方面，高职业阶层（国家干部或办事人员）、公有部门、拥有雇主身份及个人收入较高的新生代农民工选择购买住房、保障性住房的比例相对较高；低职业阶层（工人或服务人员）、外企、低收入的新生代农民工选择集体宿舍的比例相对较高；个体户、公益组织、高收入的新生代农民工选择租赁住房的比例相对较高。在个人能力方面，高年龄、高学历、稳定职业、办理社保的新生代农民工选择购买住房与保障性住房的比例相对较高；低年龄、具有社保意识的新生代农民工选择集体宿舍的比例相对较高；低学历、无社保意识的新生代农民工选择租赁住房的比例相对较高。

第二，从宏观制度与微观个体两个视角分析，本研究发现市场能力论、文化认同论、户籍制度以及城中村更新制度，能够较好地解释新生代农民工群体内部住房分化的形成原因。

对于新生代农民工来说，其群体内部住房分化是由外部宏观环境、农民工自身因素和家庭状况共同决定的，因而笔者从宏观制度与微观个体两个视角，分析该群体内部住房分化的形成原因。在宏观制度方面，户籍制度会对新生代农民工产生整体性排斥，会导致"马太效应"产生，而城中村更新的排斥性改造政策进一步加剧了底层阶层新生代农民工在住房选择上的弱势地位；在微观个体方面，个体资源禀赋及家庭经济实力差别导致他们在住房消费上呈现不同的阶层化特征。底层阶层为了获取老乡的工具性支持与情感认同，更倾向于聚居在城中村，而上层阶层为了下一代教育及身份转变，更倾向于购买住房。

第三，相较租赁住房而言，新生代农民工选择集体宿舍对社会融入的影响不显著，选择保障性住房与购买住房对社会融入的影响都呈现显著正相关，其中购买住房对社会融入的影响系数更大。

相对租赁住房而言，集体宿舍不仅减轻了新生代农民工在城市生活的压力，而且还为他们提供了一个安稳的落脚之处，在集体宿舍这样的空间中，工作关系与生活关系的交织重叠，能够给予他们更多的心理慰藉和物质支持，但也正是因为生活场所与工作场所的重叠交织，其社交网络拓展受限，内卷化的群体互动比较严重，两者作用相互抵消之下对其社会融入程度影响不显著；相较于拥挤且简陋的集体宿舍，保障性住房的居住面积、配套设施、居住环境都相对较为"体面"和"宜居"，有助于提升个体社会地位并形成心理优势。特别通过参与式的干预，能够帮助农民工学习和内化社区规范，增加新老居民接触、互动的机会。拥有自主产权住房的新生代农民工会投入更多的时间和资源建立良好的邻里关系，从而导致其社会融入程度最高。因此，验证本书提出的 H1 假设："新生代农民工不同住房选择行为会导致其社会融入程度产生显著的差异"是成立的；H1a 假设："相较于租赁住房，选择购买住房更有利于促进新生代农民工的社会融入"是成立的，H1b 假设："相较于租赁住房，选择保障性住房更有利于促进新生代农民工的社会融入"是成立的，H1c 假设："相较于租赁住房，选择集体宿舍对新生代农民工社会融入的影响效应不显著"是成立的。

第四，相较于租赁住房，在经济整合方面，集体宿舍呈现显著的正相关，购买住房呈现显著的负相关，保障性住房影响不显著；在社会适应方面，集体宿舍、购买住房和保障性住房这三种住房选择均呈现显著正相关，但购买住房影响系数较小；在文化习得方面，集体宿舍影响不显著，而保障性住房与购买住房呈现显著正相关；在心理认同方面，集体宿舍呈现显著负相关，而保障性住房与购买住房呈现显著正相关。

首先，在经济整合方面，集体宿舍的住房成本更低且更稳定，而购买住房会使他们每个月背负沉重的房贷压力，不利于其经济融入。由于保障性住房供给在大城市面临着市场与政府的双重失灵，新生代农民工难以享受到这种保障性住房福利，因而对其经济融入影响不显著。其次，在社会适应方面，集体宿舍的居住人群社会地位、收入水平更为接近，群体的同质性或相似的生活经历让他们有更多的共同语言，更容易形成熟人关系；保障性住房为两类群体之间的社会互动创造共同在场的社区空间环境，通过有意识的空间营造对社会关系的再生产起到积极作用；而商品房单元化管理及独门独户的居住空间特征，虽有利于保护个人的隐私生活，但却减少了串门与碰面的机会，实际上限制了邻里之间的日常互动与交流。再次，在文化习得方面，集体宿舍的居住群体拥有较少的机会与本地人接触，而保障性住房和购买住房的居住群体相对混合，新生代农民工与本地人接触机会较多，其通过模仿与学习效应影响自身对城市生活方式的适应与接受程度，这更有助于他们的文化习得。最后，在心理认同方面，集体宿舍简陋且拥挤的居住环境会加剧空间相对剥夺感，削弱他们对城市的心理认同与归属感，而保障性住房相对"体面"和"宜居"的居住环境，以及购买住房代表着的社会地位，都有助于强化新生代农民工市民化的意愿，形成对城市的归属感与认同感。因此，验证本书提出的H2假设："新生代农民工不同住房选择行为对其经济整合与文化习得的影响不显著，但对其社会适应与心理认同影响显著"是部分成立的。

第五，相较于租赁住房，集体宿舍与桥梁型社会资本的交互项呈现显著负相关，保障性住房与桥梁型社会资本的交互项不显著，购买住房与桥梁型社会资本的交互项呈现显著正相关。

集体宿舍与桥梁型社会资本的交互项呈现显著的负相关，可能的原因在于居住空间的同质性会不自觉地固化其亚文化生态环境，从而强化内卷化的群体互动，并切断了与异质化社会关系网络的节点，从而导致社会融入程度较低。保障性住房与桥梁型社会资本的交互项的影响系数不显著，形式上的混合居住只是为不同阶层居民提供了在场交往的空间场域，并不必然产生社会融入的结果，实现社会融入需要加强居民参与及互动，从而培育社区文化和集体桥梁型社会资本。购买住房与桥梁型社会资本的交互项呈现显著正相关，其可能的原因归结为以下三个方面：权利与资源杠杆、榜样效应及社会地位。因此，验证本书提出的H3假设："新生代农民工不同住房选择行为，会通过不同类型个体社会资本积累差异，从而加剧他们社会融入程度的差异"是成立的。

第六，社会资本在不同居住空间的作用效果取决于社区群体成员的异质性程度。

在群体成员异质性较低的居住空间内，桥梁型社会资本更有助于促进新生代农民工的社会融入。在租赁住房的居住空间内，群体成员之间较强的同质性，会导致他们不自觉地固化其亚文化生态环境，从而强化内卷化的群体互动；而桥梁型社会资本是他们与社区外部成员与组织之间的关系网络，更有利于他们获得外部的资源和信息，能给他们提供更多的发展机会。特别是当他们要做重要决定和有烦心事时，更愿意找本地人倾诉，因为本地人能提供更有价值的信息和不同的观点。在群体成员异质性较高的居住空间内，黏合型社会资本更有助于促进新生代农民工的社会融入。在商品住房的居住空间内，本地人与外地人之间的交流相对"表面化""客套化"，彼此之间并没有很深的交情，当外地农民工家庭遇到困难时，很难从这些弱关系中获得实质性的支持。虽然桥梁型社会资本可以为他们提供异质性的信息和资源，但在异质性资源交换的过程中，往往需要付出更大的代价。反之，黏合型社会资本能给予他们更多实质的情感与工具性支持，更有助于发挥心理认同机制的作用，催发邻里之间的人际信任，加强群体内部的凝聚力，从而提升他们的社会融入程度。因此，验证本书提出的 H4 假设："新生代农民工的不同类型个体社会资本对社会融入的作用效果，会因为社区群体成员异质性发生变化"是成立的；H4a 假设："在群体成员异质性较低的居住空间内，个体桥梁型社会资本更有助于促进新生代农民工的社会融入"是成立的；H4b 假设："在群体成员异质性较高的居住空间内，个体黏合型社会资本更有助于促进新生代农民工的社会融入"是成立的。

第七，新生代农民工住房问题的解决不仅取决于宏观制度设计，更需要关注微观居住场所的社会空间互动。

考虑到定量研究只回答"新生代农民工的不同住房选择行为如何影响个体的社会融入结果"，并未给出新生代农民工在大城市居住问题的解决方案，因而本书的研究进一步梳理国内外关于如何解决外来移民或城市低收入阶层的住房问题的实践经验。从这些实践案例中，我们可以得到一些有益的启示：首先，在宏观方面，建立较为全面的法律体系是解决农民工住房问题的重要保障，像荷兰有专门的非营利性保障性住房机构、新加坡有建屋发展局专门来负责保障性住房的规划、建设、运营和管理，避免公共资源被滥用或企业积极性不高；其次，在中观层面，在地价高昂的城市解决社会住房建设的资金与土地问题，或提高闲置住房的使用率，在更新改造的过程中兼顾流动人口居住需求，可以通过 TOD 引导交通和土地再开发、廉租房及人才公寓建设、骑楼式建筑设计及首层建筑功能置换等方式，真正地为流动人口提供宜居、便捷、充满活力的居住空间；最后，在微观层面，抓住社区的先天性场所优势，通过邻里互动、公共空间营造、社区组织孵化及社区活动的项目化运作，有效地提升新生代农民工的认同感、归属感和责任感。

8.2 政策建议

在农民工转化为市民的过程中，职业转换已无障碍，住房问题已然成为阻碍其在流入地长期稳定就业、生活，实现城市融入的主要障碍。关于农民工住房问题的解决办法，主要集中在以下三个方面：一是物质环境更新。如通过拆除违规建筑、清理垃圾乱堆与乱放、取缔占道经营和无证经营的流动摊贩、开展环境卫生集中整治、增加小区绿化面积等。二是增加农民工住房供给。如将新市民纳入城镇住房保障体系、进行城中村改造、在工业园区附近集中建设职工公寓、利用破产或倒闭企业的闲置厂房修建农民工公寓、利用城乡接合部农民集体土地兴建农民工宿舍、促进多元化租赁市场发展等。三是提高农民工的个人支付能力。如在流入地向租房者提供住房补贴、住房公积金异地申请及买房的利率优惠等，在流出地促进承包地、宅基地的土地流转及集体土地建设的合法化等。这些研究提出的政策建议比较零散、缺乏系统性，普遍地将农民工视为一个高度同质化的整体，并且仅仅关注住房的物质空间，缺乏对农民工进入不同类型居住空间之后，如何与本地居民开展社会空间互动的研究。因此，基于本书的研究结论，笔者提出一些促进新生代农民工社会融入导向的住房政策建议。

第一，倡导分类实施的住房策略，提高新生代农民工社会融入程度。

根据第4章与第5章的实证研究成果，笔者发现新生代农民工在"社会位置"与"个人能力"两个方面上，表现出不同的住房选择行为特征，这种住房选择差异会进一步拉大彼此的社会融入程度。因此，我们应该根据新生代农民工个体的能力与位置来制定不同的住房策略。社会位置和个人能力都是反映新生代农民工获取住房资源的能力，同时考虑到他们的工作具有较强的流动性，单纯地依靠住房能力难以匹配他们的住房类型，需要综合考虑他们的居留意愿，即他们是否打算以后长期待在这里，两者结合最终能得到图8-1。

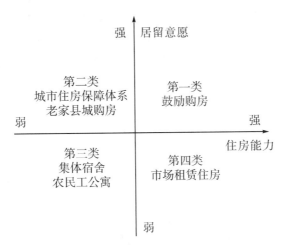

图 8-1　新生代农民工住房能力与居留意愿的住房策略分析

第一类是住房能力与居留意愿都很强的新生代农民工，应通过住房公积金、金融服务制度来提高他们的支付能力，鼓励其购房。这类农民工通常在城市拥有较稳定的工作，并且大多是携家属迁移，收入较高而且比较稳定，具有较强的购房能力，在流入城市的定居意愿较强烈。对这类农民工应该将其纳入住房公积金政策范围，并在用工合同中予以明确，建立公积金异地互认、转移接续制度，在公积金贷款额度及年限上给予适当政策照顾，同时也要引导商业性银行对其提供低息长期的银行贷款或公积金贷款，政府要放开廉租房、经济适用房、公租房对农民工的申请限制，以及加快建设农民工老家土地流转与宅基地有偿退出制度，最终保障这类新生代农民工能在城市拥有自己的住房。

第二类是住房能力较弱但居留意愿较强的新生代农民工，应赋予他们保障性住房的申请资格。这类农民工通常拥有相对固定工作，想要留在城市或在离家近的县城购房，但他们的收入水平相对较低，自身的购房能力较弱。这部分农民工应该被纳入城市廉租房或公租房等保障性住房范围。特大城市保障性住房存量相对稀缺，未来可以以规章制度的形式，比如制定《农民工保障性住房建设条例》来明确地方政府建设保障性住房的职责，并在条例中赋予农民工申请保障性住房的资格。在具体的建设过程中，主管部门还可以考虑嵌入式混合开发模式，统筹考虑住房位置、基础设施、公共设施服务能力等软硬件配套，避免出现大面积集中建设的情况，这有利于不同阶层居民的融合，提高不同阶层的交往频次。在建设资金方面，主管部门可以要求地方政府在公共财政预算中详细列出保障性住房建设所需投资额、建设面积及占公共支出的比例，或通过采用PPP（公私合营）模式及发行地方政府债券，来为廉租房和公租房筹集建设与运营的资金。

第三类是住房能力与居留意愿都较弱的新生代农民工，主要依靠用人单位提供的集体宿舍、农民工公寓、活动板房来解决其居住的问题。这类农民工流动性较大、收入较低，个人经济能力较弱，只想在城市有个安稳睡觉的地方。这类农民工，主要追求务实性，要求用人单位为其提供生活设施配套健全的集体宿舍。为了增加这部分住房的市场供应，政府还可以通过工业园区集中修建职工公寓、将破产或倒闭企业闲置厂房改造为公寓住房或利用近郊区农村的集体土地来建设集体宿舍；在遵守国家基本土地政策的基础上，积极探索，明确土地利用性质，使农民工的住房建设合法化。

第四类是住房能力较强，居留意愿较弱的新生代农民工，应将其纳入城市租赁住房市场。这类农民工在城市拥有较为体面且收入较高的工作，但由于工作流动性较强，且大部分都是一人在城市独自打拼，没有明确的定居意愿。对这类新生代农民工可以考虑住房租赁补贴的办法，补贴的金额与他们的收入构成一定的比例关系，纳入个人社会保障体系。此外，由于农民工的工作具有较大的流动性和不确定性，政府可以允许他们满足一定工作期限后，不限次数、不限地域地提取住房公积金，缓解他们租房的压力。为了稳定住房租赁市场的充分供给，政府可以考虑向提供租赁住房给农民工的机构或业主提供一定的税收减免，鼓励更多私人业主加入住房租赁市场，扩大租赁住房的供给数量。

第二，扩大保障性住房政策的保障对象，构建以公租房、集体租赁住房与村民租赁住房为支柱的新型住房保障体系，并采取嵌入式更新方式建设小面积的社会住房，提高新生代农民工社会融入程度。

根据第5章实证研究成果，笔者发现，相较于租赁住房，新生代农民工选择集体宿舍对社会融入的影响不显著，选择保障性住房与购买住房对社会融入的影响都呈现显著正相关，但购买住房的影响系数更大。然而，集体宿舍供给取决于用人单位的包容性态度，集体宿舍居住空间本身的同质性与封闭性，会不自觉地强化亚文化生态环境，从而导致群体内部互动的内卷化。购买住房虽然对社会融入有显著的正向影响，但大城市高昂的房价及购房政策限制，导致他们很难拥有稳定的居所。租赁住房居住权益保障缺失、较差的居住环境与较远的通勤距离，也不符合大部分新生代农民工"低租金、较舒适、秩序好、配套不错"的住房需求，因而保障性住房成为促进新生代农民工社会融入的最佳选择。

从现实生活来看，保障性住房政策在实施过程中存在以下几个问题：一是保障性住房覆盖面不足。保障性住房的保障对象主要为城市中等偏下收入水平且住房困难的家庭，而住房困难的新市民、青年人不在保障性住房政策的保障范围之内。二是保障性住房供给不足。一方面，由于建设资金渠道单一，保障性住房建设主要依赖地方财政资金、住房公积金和银行信贷，政府财政资金有限，地方政府债务负担较重，住房公积金对保障性住房建设的支持力度不足，导致保障性住房建设资金入不敷出；另一方面，由于土地出让收入诱惑，资本的逐利性与土地招拍挂制度所带来的土地财政使资本与地方政府在保障性住房建设动机上缺乏激励，加上保障性住房项目自身不赚钱、投资回收期太长，企业建设的积极性也不高。三是保障性住房选址偏僻，导致供求结构失衡。一些大城市保障性住房的地理位置偏远，周边配套设施不完善，户型较小，导致部分保障性住房出现空置现象，职住不平衡问题严重，并且一些租户还无法充分享受落户、子女教育等配套权益。

针对上述保障性住房问题，我们提出以下的对策建议：①扩大保障性住房政策的保障对象，将住房困难的新市民、青年人纳入城市保障性住房体系之中，打破以往以户籍与收入为门槛的保障性住房申请标准。②构建以公租房、集体租赁住房与村民租赁住房为支柱的新型住房保障体系。国家统计局发布的《2018年农民工监测调查报告》显示，只有2.9%的农民工享受到保障性住房。政府提供的公共住房比例比较低，这是符合国际惯例的，因为绝大多数国家主要依靠市场提供住房，第一支柱公共租赁住房杯水车薪。近年来，住房城乡建设部、自然资源部联合出台政策推进市场租赁住房，其中最重要的是利用集体建设用地建设租赁住房，它有效地解决了一些大城市农民工的住房难题，但由于发达城市的发达村庄机会成本较高，发展产业比租赁住房获得的利润更高，并且在村集体土地上大规模建设租赁住房，又会与村民产生同水平竞争，导致村民很难达成集体共识，因而第二支柱集体租赁住房不堪重负。在城中村长期积累的中低收入者住房规模巨大，短期内很难有其他的方式来整体替代城中村。我们可以通过城中村更新方式，将原来村民自发性供给的非正规市场转变为正规市场，并利用城中村更新回迁房的建筑面积，将村民自主富余、用于出租的面积规划为与新市民可支付住房相匹配的小面积住房，从而构建大城市租赁住房的第三支柱——村民租赁住房（叶裕民，2021）。③新建保障性住房要减少在郊区大规模、集中型建设，避免为后期社会隔离埋下隐患，采取"嵌入式"更新方式建设小面积的社会住房。例如：利用集体经营性建设用地、企事业单位自有土地、产业园区配套用地、非居住存量房屋、商办改租赁等存量土地与存量住房建设保障性租赁住房，并由市政府牵头成立保障性租赁住房工作小组，负责审查方案及出具保障性租赁住房项目认定书，拿到项目认定书之后方可办理其他相关手续，从而促进保障性住房在城市整体层面均衡、分散的空间布局。

第三，加强社会资本培育，并区分不同类型社会资本的作用效果，提高新生代农民工社会融入程度。

根据第 6 章实证研究成果，笔者发现居住空间作为社会资本形成的载体，新生代农民工的住房选择通过桥梁型社会资本积累差异显著地影响着社会融入程度，并且社会资本的作用效果取决于社区内部群体成员的异质性程度，即在群体成员异质性较低的居住空间内，桥梁型社会资本对新生代农民工社会融入的作用更为显著；而在群体成员异质性较高的居住空间内，黏合型社会资本更有助于促进新生代农民工的社会融入。因此，如何在不同类型的居住空间培育不同类型的社会资本，是促进社会融入导向住房政策实施的关键。

社区居民之间重复且持续的互动与参与是社区社会资本形成的基础。因此，促进邻里之间多种形式的社会互动是培育社会资本的根本途径。社区中的社会互动是居民主观的社区交往需求和客观的结构性条件相互作用的产物，其内生需求动力机制取决于三个方面：①社区或邻里归属感产生的互动需求，寻求社区归属感的心理需求，推动着业主们主动参与社区的公共事务管理活动；②共同生活需求产生的互助与合作需求，共同的养老抚幼需求及兴趣爱好催生邻里互助组织的形成，激发居民社区交往的意愿；③维护共同利益有助于形成合作的共识，共同利益会使得成员之间自主地进行交流或成立组织，从而有助于达成集体行动与构建群体内部网络关系。

外在结构性条件也取决于三个方面：①社区公共空间的营造和设计会

影响居民停留的时间、互动的频率及碰面的机会，为居民日常社会活动在空间上的集聚创造了机会；②培育社区社会组织，促进组织内外的交往与合作，公益类组织有助于形成公民精神，互助类组织能够促进邻里联系与互惠规范；③完善社区治理结构，为居民参与社区治理提供制度化、组织化渠道，并且在不同的治理主体之间搭建沟通、协商与合作的平台（方亚琴等，2019）。

从具体实践经验来看，可以借鉴英国布拉德福德邻里互动社区发展实践经验，包括建立社区中心、启动心理健康项目、发展社区服务项目、建立社区论坛和社区合作伙伴关系。布拉德福德的邻里互动实践的成功之处主要表现在三个地方：第一，注重平台建设，为社区活动和项目运作提供有效的载体和组织机构，使外来移民可以找到替他们发声并维护他们利益的渠道；第二，以项目运作方式推进社区公共活动的开展，通过调查社区居民的诉求与治理意见，将社区集中的需求或问题以项目的方式进行打包，并开展市场化的经营运作模式，有助于提高居民参与的热情和动力；第三，优化居民的服务方式，摒弃传统科层制的"自上而下"的管控模式，转而采取更为民主的"自下而上"的协商沟通，并搭建社区内部合作伙伴关系，通过非正式网络关系为社区内不同群体成员提供双向咨询服务，从而在社区内部或社区之间扮演"协调者"的角色。

总之，新生代农民工居住融合问题成为当前城市发展的重要制约因素。作为城市发展的一项公共政策，城市规划应该坚持以问题为导向，理应将其纳入城市的发展规划之中。城市市民化的核心在于坚持以人为本，而解决农民工的住房问题是推动市民化发展的关键与突破口（叶裕民，2009），在城市未来整体空间布局设计及城市治理的过程中，应重点考虑新生代农民工在社区内社会空间互动及参与式干预，促使本地居民主动接纳与包容新生代农民工，并赋予其在城市公平发展的机会与权利。

8.3　研究贡献

第一，基于社会资本理论，本书的研究构建了新生代农民工住房选择行为、社会资本与社会融入的研究分析框架，建立了住房类型与个体社会资本的联系。

现有研究仅仅关注不同类型社会资本对外来移民或农民工社会融入的影响差异，普遍认同农民工既有的黏合型社会资本对其社会融入存在积极与消极双重影响，容易导致农民工处于一种亚文化的半融入状态。相比之下，桥梁型社会资本更具积极作用，但也更显匮乏和不足，因而提升农民工桥梁型社会资本成为解决其城市融入问题的重点与难点问题。然而，不同类型社会资本对社会融入的影响效果会因为住房类型差异而发生变化，这些研究并未在社会资本与住房类型之间建立关系。从社会空间视角来看，社区社会结构为同伴效应的发挥创造不同的结构性条件，为认同机制的发挥营造不同的文化氛围。当新生代农民工与优势群体居住在一起，更容易发挥同伴效应中学习机制的作用，使得个体行为内化为一种群体共同遵守的社会规范，从而逐步积累个人桥梁型社会资本；当他们与劣势群体居住在一起，更容易发挥同伴效应中固化机制的作用，继续保持原来的生活习惯和社交方式，逐渐积累他们的个人黏合型社会资本。除此之外，当他们选择购买住房或保障性住房，由于其与政府部门签订相对稳定的契约，从而导致他们与所居住社区居委会产生直接关系，使他们更容易产生主人翁意识与权利意识，影响他们参与社区交往的意愿，而住房本身作为社会阶层的"筛选器"，不同住房类型的居住空间与居住环境质量存在较大差异，不同住房类型有着不同的居住文化氛围，使得个体很容易产生与居住环境相匹配的阶层意识，进而影响面他们参与社区交往的内在需求。

第二，聚焦新生代农民工"进入社区之后"环节，实证检验了新生代农民工进入不同类型居住空间之后，在经济整合、社会适应、文化习得、心理认同方面的差异性，拓展了西方居住融合论的研究范围。

西方学者对居住融合的研究，强调那些成功的移民群体成员通过个人的文化融入和社会流动，离开他们本族群不太成功的成员，进入到社会福利设施更好、白人较多的郊区社区居住，但西方学者并没有继续对移民进入白人占比较高的社区后的问题进行研究。我国在探讨农民工居住融合问题时，主要集中在两个方面：一是关注制度因素及经济因素对其住房选择的影响，二是探讨如何进行政策制度改革来提高农民工的住房购买能力或增加住房供给。这些研究的重点都集中在农民工"进入社区之前"的环节，且将住房视为一种遮风避雨的物理空间，较少地关注到住房的社会空间属性，即农民工进入不同类型居住空间之后如何与本地居民开展社会空间互动。因此，本书的研究实证检验了新生代农民工进入不同类型居住空间之后，他们在经济整合、社会适应、文化习得、心理认同方面的差异性。

第三，根据"同质相容论"与"异质互补论"的争论，实证检验了社区内群体成员异质性对社会资本的作用效果的差异影响。

"同质相容论"认为在异质性较高的社区内，黏合型社会资本更有助于发挥心理认同机制的作用，催发邻里之间的人际信任，加强群体内部的凝聚力，更有助于动员居民参与社区公共事务；"异质互补论"认为在异质性较低的社区内，桥梁型社会资本更有助于发挥资本功效机制的作用，不仅促进互惠规范的社会行为的发生，提升社会资本的质量，而且还可以获取大量外部信息、机会与资源，更有助于社会分工与合作，提高整个组织的运行效率。现有研究仅停留在理论争辩层面，本书以北上广聚居的新生代农民工为研究对象，实证检验了社区群体成员异质性对社会资本作用效果影响，即在群体成员异质性较低的居住空间内，桥梁型社会资本对新生代农民工社会融入的促进作用更大；而在群体成员异质性较高的居住空间内，黏合型社会资本更有助于促进新生代农民工的社会融入。该研究从定量角度辨析了群体成员异质性程度对社会资本作用效果的差异影响，进一步丰富了社会资本理论的研究内容。

第四，提出了扩大保障性住房政策的保障对象，构建以公租房、集体租赁住房与村民租赁住房为支柱的新型住房保障体系，并采取嵌入式更新方式建设小面积社会住房的政策建议。

根据第5章实证研究成果，笔者发现相较于租赁住房而言，新生代农民工选择集体宿舍对社会融入的影响不显著，选择保障性住房与购买住房对社会融入的影响都呈现显著正相关。然而，集体宿舍供给取决于用人单位的包容性态度，集体宿舍居住空间本身的同质性与封闭性，会不自觉地强化亚文化生态环境，从而导致群体内部互动的内卷化。购买住房虽然对社会融入有显著的正向影响，但大城市高昂的房价及购房政策限制，导致他们很难获得稳定的居所。租赁住房居住权益保障缺失、较差的居住质量与较远的通勤距离，也不符合大部分新生代农民工"低租金、较舒适、秩序好、配套不错"的住房需求，因而保障性住房成为促进新生代农民工社会融入的最佳选择。然而，在保障性住房政策实施过程中，存在以下几个方面的问题：一是由于保障性住房覆盖面不足，住房困难的新市民、青年人不在保障性住房政策的保障范围之内，对此提出扩大保障性住房政策的保障对象；二是由于土地与资金短缺造成住房存量不足，对此提出了构建以公租房、集体租赁住房与村民租赁住房为支柱的新型住房保障体系；三是由于住房选址偏僻导致供求结构失衡，对此提出了采取嵌入式更新方式建设小面积社会住房的办法。

8.4 研究不足与未来展望

8.4.1 研究不足

第一，本书的研究在新型冠状病毒感染疫情期间进行，受国内防控政策影响，笔者未能实地观察现实农民工在不同类型居住空间的生活状态并访谈他们的心理感知差异。本书的研究在探讨新生代农民工住房选择与其社会融入关系时，更多通过定量分析的统计学方法，揭示新生代农民工住房选择通过个体社资本积累差异影响其社会融入结果的机制。受国内基层社区防控政策影响，笔者未能实地进行结构访谈或参与式观察，并生动地描绘出新生代农民工背后的个体认知、行为动机、心理活动及主观感知等细节特征，可能无法深刻地感受到新生代农民工在不同居住空间的生活面貌与心理状态。虽然本书的研究没有专门的社会调查，但笔者曾经跟随导师到广州、成都、北京等地区亲身参与基层社区治理与流动人口社会融合专题调研，笔者也在武汉、重庆等地区多次参与课题组的社区调研活动。通过前期开展的一系列调研活动，自己也近距离地观察过新生代农民工在城中村、集体宿舍、建筑工棚等不同居住空间内真实的生活状况，通过与他们的交谈，了解到他们在本地的社交状况及面临的现实融入困境。在本书的写作过程之中，笔者也将这些调研经历与真实体验融入相关论据之中，丰富本书的研究内容。

第二，农民工的社会融入测量指标是否要去除经济融入的维度，学界存在一定的争议。一些学者认为经济融入是农民工在流入地生存和发展的前提，也是全面融入流入地的最基本保障（张文宏，2008；杨菊华，2010；周皓，2012；悦中山等，2012）。农民工要实现城市融入，前提条件就是能在城市生存下来，这就需要有稳定的就业及物质基础。他们只有在经济上打好基础，才有可能在本地建立新型社会关系网络，进而更有信心参与到与本地居民互动的社会活动之中，在参与的过程中加深对彼此的理解，从而使他们产生对城市的归属感与认同感（杨菊华，2016）。对于他们而言，经济融入具有基础核心作用，是其他阶段的基础和前提。然而，另一些学者认为社会融入应该剔除经济维度，其认为个人经济地位的高低并不能说明其参与社会互动积极与否，经济地位也不是社会互动的结果，将经济维度从社区治理中剥离出来，更有利于社区居民自治及社区文化建设（陆自荣等，2014）。

第三，关于住房选择对社会融入的影响可能存在互为因果关系。Zou 等（2019）认为，相较于那些住在非正规社区的居民，住在正规社区的居民通常表现出更高水平的社会经济互动。反之，社会融合的差异也会导致农民工在居住选择上存在较大的差异。邹静等（2017）通过实证研究，发现流动人口为了追求更高水平的社会融入程度，也会主动增加购房的概率或提高住房的消费水平。简而言之，更好的住房选择为流动人口创造更多与本地人互动的机会，但向往更高水平社会融合的流动人口也有可能努力寻求更好的住房条件，以便更好地融入。一般而言，处理此类内生性问题，通常选择 2SLS 的工具变量法，一方面要求所选择的工具变量为独立的外生变量，即与扰动项不相关，可以通过 Stata 中 overid 命令进行过度识别检验，如果显著性 p 值大于 0.1，说明接受工具变量为外生变量的原假设；另一方面，要求所选择的工具变量与内生解释变量相关，可以通过 Stata 中 firststage 命令进行是否存在弱工具变量的检验，如果所得到的 F 统计量大于 11.59，说明可以拒绝弱工具变量假设。本书的内生性解释变量住房选择是多元有序变量，并非连续变量或二元离散变量，因而无法通过 2SLS 模型来解决可能存在的内生性问题，需要通过更高级的计量研究方法来克服这个潜在的问题。同时，在寻找合适的工具变量时，由于受到问卷调查问题的限制，无法在截面数据中找到一个合适有效的工具变量来克服此类问题，希望今后能通过自设问卷来解决此类内生性问题。

8.4.2 未来展望

随着新生代农民工的流动模式从"候鸟式"迁移逐步转为"举家迁

移"模式，并表现出在城市长期居住的趋势，新生代农民工在社会融入中面临的困境开始进入一个新的发展阶段：从居住隔离困境进入到社区参与和融入困境。在新型城镇化持续推进和我国经济发展进入新常态的时代背景下，如何促进有能力在城镇稳定就业和生活的新生代农民工有序实现"市民化"成为我国城镇化进入新阶段后面临的一个新问题。本书是在当前研究基础上，从住房的社会空间视角出发，探索新生代农民工住房选择如何通过社会资本积累差异显著地影响社会融入程度，只是对该领域进行的一个初步探索。未来的研究工作可以从以下方面进一步深化和延伸：

一方面，通过定性分析，进一步深入到大城市农民工的不同类型居住空间内，客观地记录他们的住房质量、住房体验、心理活动、与本地居民日常互动及社会参与情况。本书从定量角度揭示了新生代农民工住房选择对社会融入的影响，但并未进入新生代农民工常常聚集的城乡接合部、城中村、工棚及集体宿舍等居住空间内，通过与他们面对面聊天，与他们一起居住一段时间，感同身受地了解他们的日常生活状况、社会交往情况及心理认同。对此，可以借鉴国外居住质量评价指标体系及社会距离理论，通过采取摄像方式来真实地记录他们的室内与室外居住环境，并对拍摄影像中观察到的物件进行编码和打分，从而对他们不同居住空间的物质环境、社会环境与社会网络情况进行客观评价。类似于美国社会学家马修·德斯蒙德（2018）在《扫地出门：美国城市的贫穷与暴利》中对底层贫困阶层的研究，通过搜集个案资料进行对比分析，比较不同城市之间以及不同社会地位的农民工住房体验与社会融入状况差异，能更生动地、全面地展现新生代农民工在大城市的住房境遇。

另一方面，本书揭示了社会融入导向住房政策的关键在于培育社会资本，并区分不同类型社会资本的作用效果，如何在社区内部培育不同类型的社会资本是我们未来研究的重点。社区作为农民工融入当地社会、参与社区管理、参加社区活动的重要平台，具有其他融入渠道不具备的先天性场所优势，能够有效地组织和动员居民参与公共事务治理，有利于培育他们的归属感与责任意识。从我国早期商品房配建保障性住房的实践政策来看，政策出发的起点是好的，但是现实效果不太理想，原因在于社区内部不同群体的参与及互动环节的缺失。现有的研究主要强调引入外来社会组织或孵化内部社会组织，或通过公共空间营造，或通过社区党组织的动员，吸引居民参与互动，并在这个过程中培育不同类型的社会资本。然而，这些策略是否在不同类型的社区有效，是否有助于提升新生代农民工的社会资本需要进一步实践与对比分析。接下来的研究需要深入新生代农民工聚居的空间内，进一步观察他们的日常生活、社会交往及社会参与状况。

在未来的研究中，笔者将进一步围绕这些不足的地方做出更深入的探索，以期更好地解决新生代农民工的社会融入问题，最终顺利地实现新生代农民工市民化过渡。

参考文献

[1] 艾尔·巴比. 社会研究方法 [M]. 邱泽奇, 译. 北京: 华夏出版社, 2017.

[2] 比约恩·埃格纳, 左婷. 德国住房政策: 延续与转变 [J]. 德国研究, 2011, 26 (3): 14-23, 78.

[3] 边燕杰, 刘勇利. 社会分层、住房产权与居住质量: 对中国"五普"数据的分析 [J]. 社会学研究, 2005 (3): 82-98, 243.

[4] 卜长莉. 社会资本与和谐 [M]. 北京: 社会科学文献出版社, 2005.

[5] 蔡禾, 曹志刚. 农民工的城市认同及其影响因素: 来自珠三角的实证分析 [J]. 中山大学学报 (社会科学版), 2009, 49 (1): 148-158.

[6] 蔡禾, 贺霞旭. 城市社区异质性与社区凝聚力: 以社区邻里关系为研究对象 [J]. 中山大学学报 (社会科学版), 2014, 54 (2): 133-151.

[7] 蔡禾, 王进. "农民工"永久迁移意愿研究 [J]. 社会学研究, 2007 (6): 86-113.

[8] 蔡禾, 张蕴洁. 城市社区异质性与社区整合: 基于2014年中国劳动力动态调查的分析 [J]. 社会科学战线, 2017 (3): 182-193.

[9] 蔡鹏, 严荣. 新市民的住房问题及其解决路径 [J]. 同济大学学报 (社会科学版), 2020, 31 (1): 70-82.

[10] 曹子玮. 农民工的再建构社会网与网内资源流向 [J]. 社会学研究, 2003 (3): 99-110.

[11] 曾旭晖. 非正式劳动力市场人力资本研究: 以成都市进城农民工为个案 [J]. 中国农村经济, 2004 (3): 34-38.

[12] 陈纪, 李论. 论社会资本对少数民族流动人口融入城市的影响

［J］．广西民族研究，2016（3）：32-38.

［13］陈可石，邰浩．兼顾流动人口需求的城中村改造探索：以深圳五和、坂田、杨美村改造为例［J］．现代城市研究，2015（7）：113-118.

［14］陈梦凡．居住状况与流动人口的社会融合研究［D］．武汉：华中师范大学，2018.

［15］陈湘满，翟晓叶．流动人口社会融合影响因素实证分析：基于湖南省流动人口动态监测调查数据［J］．西北人口，2013，34（6）：106-110.

［16］陈晓磊．社会过程视角下的城市社区空间分异与社会融合［D］．重庆：重庆大学，2017.

［17］程诚，王宏波．农民工市民化途径实证研究［J］．城市问题，2010（7）：97-102.

［18］程姝．城镇化进程中农民工市民化问题研究［D］．哈尔滨：东北农业大学，2013.

［19］次宇，郭泽英．购买城市住房对农民工社会融合的影响［J］．中国市场，2020（17）：23-26.

［20］崔岩．流动人口心理层面的社会融入和身份认同问题研究［J］．社会学研究，2012，27（5）：141-160.

［21］戴维·斯沃茨．文化与权力：布迪厄的社会学［M］．陶东风，译．上海：上海译文出版社，2010.

［22］单文慧．不同收入阶层混合居住模式：价值评判与实施策略［J］．城市规划，2001（2）：26-29.

［23］董昕．中国农民工的住房政策及评价（1978—2012年）［J］．经济体制改革，2013（2）：70-74.

［24］杜巍，杨婷，靳小怡．中国城镇化背景下农民工公共服务需求层次的代次差异研究［J］．西安交通大学学报（社会科学版），2016，36（3）：77-87.

［25］段成荣，靳永爱．新生代流动人口：对新生代流动人口的新划分与新界定［J］．人口与经济，2017（2）：42-54.

［26］范晓光，吕鹏．找回代际视角：中国大都市的住房分异［J］．武汉大学学报（哲学社会科学版），2018，71（6）：177-187.

［27］方然．"社会资本"的中国本土化定量测量研究［M］．北京：社会科学文献出版社，2014.

［28］方亚琴，夏建中. 社区、居住空间与社会资本：社会空间视角下对社区社会资本的考察［J］. 学习与实践，2014（11）：83-91.

［29］方亚琴，夏建中. 社区治理中的社会资本培育［J］. 中国社会科学，2019（7）：64-84.

［30］风笑天. "落地生根"？三峡农村移民的社会适应［J］. 社会学研究，2004（5）：19-27.

［31］冯长春，李天娇，曹广忠，等. 家庭式迁移的流动人口住房状况［J］. 地理研究，2017，36（4）：633-646.

［32］嘎日达，黄匡时. 西方社会融合概念探析及其启发［J］. 国外社会科学，2009（2）：20-25.

［33］格鲁特尔特. 社会资本在发展中的作用［M］. 成都：西南财经大学出版社，2004.

［34］龚文海. 农民工分层分类及其城市融入程度差异性研究［J］. 河南教育学院学报（哲学社会科学版），2014，33（2）：93-98.

［35］龚文海. 农民工群体的异质性及其城市融入状况测度［J］. 城市问题，2014（8）：74-80.

［36］谷玉良. 城市混合社区农民工与市民的融合研究［D］. 武汉：华中师范大学，2014.

［37］顾钰民. 市场、国家、社会相结合的经济体制：德国社会市场经济体制的启示［J］. 同济大学学报（人文·社会科学版），1993（1）：8-12，44.

［38］桂勇，黄荣贵. 社区社会资本测量：一项基于经验数据的研究［J］. 社会学研究，2008（3）：122-142.

［39］郭开元. 新生代农民工权益保障研究报告［M］. 北京：中国人民公安大学出版社，2012.

［40］郭立，李永文. 重庆：建农民工"一元公寓"［J］. 瞭望，2007（28）：22-23.

［41］郭新宇，薛建良. 农民工住房选择及其影响因素分析［J］. 农业技术经济，2011（12）：87-93.

［42］国务院发展研究中心课题组. 农民工市民化对扩大内需和经济增长的影响［J］. 经济研究，2010，45（6）：4-16.

［43］韩俊强. 农民工住房与城市融合：来自武汉市的调查［J］. 中国

人口科学，2013（2）：118-125.

[44] 何艳玲，汪广龙，高红红. 从破碎城市到重整城市：隔离社区、社会分化与城市治理转型 [J]. 公共行政评论，2011，4（1）：46-61.

[45] 何炤华，杨菊华. 安居还是寄居？不同户籍身份流动人口居住状况研究 [J]. 人口研究，2013，37（6）：17-34.

[46] 贺雪峰. 城乡建设用地增减挂钩政策的逻辑与谬误 [J]. 学术月刊，2019，51（1）：96-104.

[47] 洪大用. 农民分化及阶层化研究的回顾与展望 [R]. 社会学与社会调查，1992.

[48] 洪亮平，王旭. 美国保障性住房政策变迁及其启示 [J]. 城市发展研究，2013，20（6）：129-134.

[49] 侯力，解柠羽. 城市农民工新生代移民社会融入的障碍研究 [J]. 人口学刊，2010（6）：55-59.

[50] 胡武贤，游艳玲，罗天莹. 珠三角农民工同乡聚居及其生成机制分析 [J]. 华南师范大学学报（社会科学版），2010（1）：10-14.

[51] 黄斌欢. 双重脱嵌与新生代农民工的阶级形成 [J]. 社会学研究，2014，29（2）：170-188.

[52] 黄丽芬. 农新生代阶层分化的表现、特点与社会基础 [J]. 中国青年研究，2021（3）：68-75.

[53] 惠晓曦. 寻求社会公正与融合的可持续途径：荷兰社会住宅的发展与现状 [J]. 国际城市规划，2012，27（4）：13-22.

[54] 吉尔·格兰特，叶齐茂. 良好社区规划：新城市主义的理论与实践 [M]. 倪晓晖，译. 北京：中国工业建筑出版社，2010.

[55] 简·雅各布斯. 美国大城市的死与生 [M]. 金衡山，译. 南京：译林出版社，2006.

[56] 江立华，谷玉良. "混合社区" 与农民工的城市融合：基于湖北省两个混合社区的比较研究 [J]. 学习与实践，2013（11）：96-102.

[57] 江立华，谷玉良. 居住空间类型与农民工的城市融合途径：基于空间视角的探讨 [J]. 社会科学研究，2013（6）：94-99.

[58] 江立华，王寓凡. 空间变动与 "老漂族" 的社会适应 [J]. 中国特色社会主义研究，2016（5）：68-72.

[59] 蒋耒文，庞丽华，张志明. 中国城镇流动人口的住房状况研究

［J］．人口研究，2005（4）：16-27．

［60］焦龙跃．重庆保障房社区社会融合及其影响因素研究［D］．重庆：重庆大学，2019．

［61］孔祥利，卓玛草．农民工城市融入的非制度途径：社会资本作用的质性研究［J］．陕西师范大学学报（哲学社会科学版），2016，45（1）：116-125．

［62］雷敏，张子珩，杨莉．流动人口的居住状态与社会融合［J］．南京人口管理干部学院学报，2007（4）：31-34．

［63］雷小雪，江易华．阶层分化背景下农村流动人口城镇化探究［J］．湖北工业大学学报，2016，31（3）：17-21．

［64］黎红．从嵌入、漂移到融合：农民工城市融入进程研究［J］．浙江社会科学，2021（6）：95-102，159．

［65］李爱芹．社会资本与农民工的城市融入［J］．广西社会科学，2010（6）：142-145．

［66］李安方．社会资本与区域创新［M］．上海：上海财经大学出版社，2009．

［67］李斌．分化的住房政策：一项对住房改革的评估性研究［M］．北京：社会科学文献出版社，2009．

［68］李斌．城市单位职工位置能力与获取住房利益关系的实证研究［J］．中南大学学报（社会科学版），2004，10（2）：166-171．

［69］李春玲，吕鹏．社会分层理论［M］．北京：中国社会科学出版，2008．

［70］李含伟，王贤斌，刘丽．流动人口居住与住房视角下的社会融合问题研究［J］．南方人口，2017，32（5）：38-47．

［71］李怀，鲁蓉．住房空间分化与社会不平等：一个解释框架［J］．西北师范大学报（社会科学版），2012，49（1）：87-94．

［72］李洁瑾，桂勇，陆铭．村民异质性与农村社区的信任：一项对农村地区的实证研究［J］．中共福建省委党校学报，2007（2）：53-56．

［73］李洁瑾，黄荣贵，冯艾．城市社区异质性与邻里社会资本研究［J］．复旦学报（社会科学版），2007（5）：67-73．

［74］李君甫，齐海岩．农民工住房区位选择意向及其代际差异研究［J］．华东师范大学学报（哲学社会科学版），2018，50（2）：159-168，173．

[75] 李莉. 二战后美国高层公共住房的兴与衰 [J]. 厦门大学学报 (哲学社会科学版), 2018 (3): 139-147.

[76] 李明欢. 20 世纪西方国际移民理论 [J]. 厦门大学学报 (哲学社会科学版), 2000 (4): 12-18.

[77] 李培林, 田丰. 中国新生代农民工: 社会态度和行为选择 [J]. 社会, 2011, 31 (3): 1-23.

[78] 李培林. 流动民工的社会网络和社会地位 [J]. 社会学研究, 1996 (4): 42-52.

[79] 李强, 刘海洋. 变迁中的职业声望: 2009 年北京职业声望调查浅析 [J]. 学术研究, 2009 (12): 34-42.

[80] 李强. 关于城市农民工的情绪倾向及社会冲突问题 [J]. 社会学研究, 1995 (4): 63-67.

[81] 李强. 关注转型时期的农民工问题 (之三) 户籍分层与农民工的社会地位 [J]. 中国党政干部论坛, 2002 (8): 16-19.

[82] 李荣彬. 女性农民工的阶层差异与社会融合: 基于 2014 年流动人口动态监测数据的实证研究 [J]. 青年研究, 2016 (5): 1-10.

[83] 李新功. 社会资本理论与区域技术创新: 河南技术创新体系建设 [M]. 北京: 中国经济出版社, 2007.

[84] 李勇辉, 沈波澜, 刘南南. 城市公共卫生服务获得对农民工就业身份选择的影响效应 [J]. 财经科学, 2021 (4): 91-104.

[85] 李志刚, 吴缚龙, 卢汉龙. 当代我国大都市的社会空间分异: 对上海三个社区的实证研究 [J]. 城市规划, 2004 (6): 60-67.

[86] 李志青. 社会资本技术扩散和可持续发展 [M]. 上海: 复旦大学出版社, 2005.

[87] 梁波, 王海英. 国外移民社会融入研究综述 [J]. 甘肃行政学院学报, 2010 (2): 18-27.

[88] 梁宏. 新生代流动人口界定标准的实证检验 [J]. 人口与经济, 2020 (1): 100-112.

[89] 梁鸿, 叶华. 对外来常住人口社会融合条件与机制的思考 [J]. 人口与发展, 2009, 15 (1): 43-47.

[90] 林艳柳, 刘铮, 王世福. 荷兰社会住房政策体系对公共租赁住房建设的启示 [J]. 国际城市规划, 2017, 32 (1): 138-145.

[91] 刘程. 资本建构、资本转换与新生代农民工的城市融合 [J]. 中国青年研究, 2012 (8)：60-64.

[92] 刘传江, 徐建玲. 第二代农民工及其市民化研究 [J]. 中国人口·资源与环境, 2007 (1)：6-10.

[93] 刘传江, 王婧, 董延芳. 第二代农民工的新特征及其市民化进程研究 [J]. 发展经济学研究, 2013 (1)：298-308.

[94] 刘传江, 周玲. 社会资本与农民工的城市融合 [J]. 人口研究, 2004 (5)：12-18.

[95] 刘传江, 董延芳. 农民工的代际分化、行为选择与市民化 [M]. 北京：科学出版社, 2014.

[96] 刘传江, 徐建玲. 中国农民工市民化进程研究 [M]. 北京：人民出版社, 2008.

[97] 刘传江. 新生代农民工的特点、挑战与市民化 [J]. 人口研究, 2010, 34 (2)：34-39.

[98] 刘芳. 桥接型社会资本与新移民社会融入：兼论社会组织与基层社区对新移民融入的推动作用 [J]. 学习论坛, 2015, 31 (11)：67-72.

[99] 刘建娥. 中国城移民的城市社会融入 [M]. 北京：社会科学文献出版社, 2011.

[100] 刘精明, 李路路. 阶层化：居住空间、生活方式、社会交往与阶层认同：我国城镇社会阶层化问题的实证研究 [J]. 社会学研究, 2005 (3)：52-81.

[101] 刘琳. 影响流动人口定居意愿的居住因素分析：居住隔离抑或社区社会资本? [J]. 河海大学学报 (哲学社会科学版), 2019, 21 (1)：87-96.

[102] 刘涛, 韦长传, 仝德. 人力资本、社会支持与流动人口社会融入：以北京市为例 [J]. 人口与发展, 2020, 26 (2)：11-22.

[103] 刘婷婷, 李舍伟, 高凯. 家庭随迁流动人口住房选择及其影响因素分析：以上海市为例 [J]. 南方人口, 2014, 29 (3)：17-27.

[104] 刘望保. 国内外生命历程与居住选择研究回顾和展望 [J]. 世界地理研究, 2006, 15 (2)：100-106.

[105] 刘晔, 李志刚, 吴缚龙. 1980 年以来欧美国家应对城市社会分化问题的社会与空间政策述评 [J]. 城市规划学刊, 2009 (6)：72-78.

[106] 柳剑平，程时雄. 社会资本的双重特性及其对国家创新体系构建的作用机理 [J]. 管理世界，2012 (5)：172-173.

[107] 龙翠红，柏艺琳，刘佩. 新生代农民工住房模式选择及影响机制 [J]. 社会科学，2019 (11)：14-29.

[108] 陆淑珍，魏万青. 城市外来人口社会融合的结构方程模型：基于珠三角地区的调查 [J]. 人口与经济，2011 (5)：17-23.

[109] 陆学艺. 当代中国社会十大阶层分析 [J]. 学习与实践，2002 (3)：55-63.

[110] 陆益龙. 超越户口：解读中国户籍制度 [M]. 北京：中国社会科学出版社，2004.

[111] 陆自荣，徐金燕. 社区融合测量的去经济维度：兼析"整合"与"融合"的概念功能 [J]. 广东社会科学，2014 (1)：214-221.

[112] 陆自荣，张颖. 城市社区感知融合度的影响因素：基于三个群体的比较 [J]. 城市问题，2016 (3)：92-103.

[113] 罗伯特·帕特南. 独自打保龄球：美国社区的衰落与复兴 [M]. 刘波，祝乃娟，张孜异，等译. 北京：北京大学出版社，2011.

[114] 罗伯特·帕特南. 使民主运转起来 [M]. 王列，赖海榕，译. 南昌：江西人民出版社，2001.

[115] 罗伯特·桑普森. 伟大的美国城市：芝加哥和持久的邻里效应 [M]. 陈广渝，梁玉成，译. 北京：社会科学文献出版社，2018.

[116] 罗丞. 安居方能乐业：居住类型对新生代农民工市民化意愿的影响研究 [J]. 西北人口，2017，38 (2)：105-110.

[117] 罗恩立. 我国农民工就业能力及其城市化效应研究 [D]. 上海：复旦大学，2012.

[118] 罗力群. 对美欧学者关于邻里效应研究的述评 [J]. 社会，2007 (4)：123-135.

[119] 吕程. 大城市不同阶层居住生活方式的冲突与融合：居住混合与社会融合的理论、实践与反思 [J]. 哈尔滨工业大学学报（社会科学版），2019，21 (2)：47-53.

[120] 吕洪业，沈桂花. 英国住房保障政策的演变及启示 [J]. 行政管理改革，2017 (6)：52-55.

[121] 马莉萍，黄依梵. "近朱者赤"还是"排他性竞争"：精英大学

学生学业发展的室友同伴效应研究 [J]. 北京大学教育评论, 2021, 19 (2): 41-63.

[122] 马西恒, 童星. 敦睦他者: 城市新移民的社会融合之路: 对上海市 Y 社区的个案考察 [J]. 学海, 2008 (2): 15-22.

[123] 马修·德斯蒙德. 扫地出门: 美国城市的贫穷与暴力 [M]. 胡? 谆, 郑焕升, 译. 桂林: 广西师范大学出版社, 2018.

[124] 穆光宗, 江砥. 流动人口的社会融合: 含义、测量和路径 [J]. 江淮论坛, 2017 (4): 129-133.

[125] 聂晨, 田丰. 英国公共住房体系变迁的原因、经验和启示 [J]. 河南社会科学, 2018, 26 (6): 102-106.

[126] 牛喜霞, 谢建社. 农村流动人口的阶层化与城市融入问题探讨 [J]. 浙江学刊, 2007 (6): 45-49.

[127] 欧阳慧, 李智. 迈向 2035 年的我国户籍制度改革研究 [J]. 经济纵横, 2021 (9): 25-33.

[128] 欧阳慧, 李智. 新时期中国户籍制度改革的问题与对策 [J]. 宏观经济研究, 2023 (8): 105-114.

[129] 潘泽泉. 从社会排斥视角解读农民工: 一个分析框架及其运用 [J]. 学术交流, 2008 (5): 135-139.

[130] 彭庆恩. 关系资本和地位获得: 以北京市建筑行业农民包工头的个案为例 [J]. 社会学研究, 1996 (4): 53-63.

[131] 彭文斌, 刘友金. 我国东中西三大区域经济差距的时空演变特征 [J]. 经济地理, 2010, 30 (4): 574-578.

[132] 戚迪明, 江金启, 张广胜. 农民工城市居住选择影响其城市融入吗: 以邻里效应作为中介变量的实证考察 [J]. 中南财经政法大学学报, 2016 (4): 141-148.

[133] 任春荣. 学生家庭社会经济地位 (SES) 的测量技术 [J]. 教育学报, 2010, 6 (5): 77-82.

[134] 任远, 陈春林. 农民工收入的人力资本回报与加强对农民工的教育培训研究 [J]. 复旦学报 (社会科学版), 2010 (6): 114-121.

[135] 任远, 乔楠. 城市流动人口社会融合的过程、测量及影响因素 [J]. 人口研究, 2010, 34 (2): 11-20.

[136] 任远, 陶力. 本地化的社会资本与促进流动人口的社会融合

［J］. 人口研究，2012，36（5）：47-57.

　　［137］任远，邬民乐. 城市流动人口的社会融合：文献述评［J］. 人口研究，2006（3）：87-94.

　　［138］任远. 谁在城市中逐步沉淀了下来：对城市流动人口个人特征及居留模式的分析［J］. 吉林大学社会科学学报，2008（4）：113-119.

　　［139］史斌. 新生代农民工社会距离研究［D］. 上海：上海大学，2010.

　　［140］史敏. 阶层化视角下的农民工社会融入研究［D］. 厦门：厦门大学，2018.

　　［141］司敏. 社会空间视角：当代城市社会学研究的新视角［J］. 社会，2004（5）：17-19.

　　［142］孙艳飞. 农民工内部分化及市民化水平差异研究［D］. 兰州：西北师范大学，2015.

　　［143］唐灿，冯小双.“河南村”流动农民的分化［J］. 社会学研究，2000（4）：72-85.

　　［144］唐丹. 流动人口社会融合心理测量方法与数据的使用：基于2013年流动人口动态监测［J］. 人口与经济，2015（5）：25-30.

　　［145］唐琼，李诗. 新型城镇化背景下国内外城市内部二元结构治理研究［J］. 现代管理科学，2018（5）：118-120.

　　［146］唐若兰. 新生代农民工市民化与统筹城乡发展［J］. 财经科学，2010（10）：96-102.

　　［147］陶霞飞. 农民工住房需求的转型问题研究：兼论农民工住房问题研究的新转向［J］. 河北农业大学学报（社会科学版），2020，22（5）：69-76.

　　［148］田凯. 关于农民工的城市适应性的调查分析与思考［J］. 社会科学研究，1995（5）：90-95.

　　［149］童星，马西恒.“敦睦他者”与“化整为零”：城市新移民的社区融合［J］. 社会科学研究，2008（1）：77-83.

　　［150］童雪敏，晋洪涛，史清华. 农民工城市融入：人力资本和社会资本视角的实证研究［J］. 经济经纬，2012（5）：33-37.

　　［151］托马斯·福特·布朗，木子西. 社会资本理论综述［J］. 马克思主义与现实，2000（2）：41-46.

[152] 汪丽，李九全. 西安城中村改造中流动人口的空间剥夺：基于网络文本的分析 [J]. 地域研究与开发，2014，33 (4)：148-152.

[153] 汪毅. 欧美邻里效应的作用机制及政策响应 [J]. 城市问题，2013 (5)：84-89.

[154] 王春光. 农村流动人口的"半城市化"问题研究 [J]. 社会学研究，2006 (5)：107-122.

[155] 王春光. 农民工的国民待遇与社会公正问题 [J]. 郑州大学学报（哲学社会科学版），2004 (1)：77-80.

[156] 王春光. 温州人在巴黎：一种独特的社会融入模式 [J]. 中国社会科学，1999 (6)：3-5.

[157] 王春光. 新生代农村流动人口的社会认同与城乡融合的关系 [J]. 社会学研究，2001 (3)：63-76.

[158] 王春光. 新生代农民工城市融入进程及问题的社会学分析 [J]. 青年探索，2010 (3)：5-15.

[159] 王桂新，罗恩立. 上海市外来农民工社会融合现状调查研究 [J]. 华东理工大学学报（社会科学版），2007 (3)：97-104.

[160] 王桂新，沈建法，刘建波. 中国城市农民工市民化研究：以上海为例 [J]. 人口与发展，2008 (1)：3-23.

[161] 王小章. 何谓社区与社区何为 [J]. 浙江学刊，2002 (2)：20-24.

[162] 王星. 市场与政府的双重失灵：新生代农民工住房问题的政策分析 [J]. 江海学刊，2013 (1)：101-108.

[163] 王雪力. 基于居住状况视角的流动人口社会融合研究 [D]. 武汉：华中师范大学，2015.

[164] 王毅杰，童星. 流动农民社会支持网探析 [J]. 社会学研究，2004 (2)：42-48.

[165] 王兆宇. 英国住房保障政策的历史、体系与借鉴 [J]. 城市发展研究，2012，19 (12)：134-139.

[166] 卫万明，洪介仁. 社区配置及居民特质与邻里关系影响的研究 [J]. 都市与计划，2001 (1)：39-67.

[167] 吴华安，杨云彦. 中国农民工"半城市化"的成因、特征与趋势：一个综述 [J]. 西北人口，2011，32 (4)：105-110.

[168] 吴维平，王汉生. 寄居大都市：京沪两地流动人口住房现状分

析 [J]. 社会学研究, 2002（3）: 92-110.

[169] 吴炜. 劳动力再生产视角下农民工居住问题研究 [D]. 南京: 南京大学, 2013.

[170] 吴晓. "边缘社区"探察: 我国流动人口聚居区的现状特征透析 [J]. 城市规划, 2003（7）: 40-45.

[171] 席宇平. 住房获得与新生代农民工的城市融入 [D]. 长沙: 湖南师范大学, 2014.

[172] 夏建中. 社会为中心的社会资本理论及其测量 [J]. 教学与研究, 2007（9）: 36-42.

[173] 项飚. 社区何为: 对北京流动人口聚居区的研究 [J]. 社会学研究, 1998（6）: 56-64.

[174] 谢桂华. 中国流动人口的人力资本回报与社会融合 [J]. 中国社会科学, 2012（4）: 103-124.

[175] 谢建社. 农民工分层: 中国城市化思考 [J]. 广州大学学报（社会科学版）, 2006（10）: 44-49.

[176] 谢宇. 回归分析 [M]. 北京: 社会科学文献出版社, 2013.

[177] 熊景维, 季俊含. 农民工城市住房的流动性约束及其理性选择: 来自武汉市 628 个家庭户样本的证据 [J]. 经济体制改革, 2018（1）: 73-80.

[178] 熊易寒. 整体性治理与农民工子女的社会融入 [J]. 中国行政管理, 2012（5）: 79-83.

[179] 徐晓军. 我国城市社区的阶层化趋势研究 [D]. 武汉: 华中师范大学, 2001.

[180] 许传新. 农民工的进城方式与职业流动: 两代农民工的比较分析 [J]. 青年研究, 2010（3）: 1-12.

[181] 闫小培, 赵静. 中国经济发达地区城市非正规住房供给及其影响因素研究 [J]. 城市与区域规划研究, 2009, 2（2）: 100-113.

[182] 燕继荣. 投资社会资本: 政治发展的一种新维度 [M]. 北京: 北京大学出版社, 2006.

[183] 杨昌鸣, 张祥智, 李湘桔. 从"希望六号"到"选择性邻里": 美国近期公共住房更新政策的演变及其启示 [J]. 国际城市规划, 2015, 30（6）: 41-49.

[184] 杨菊华,陈传波. 流动人口家庭化的现状与特点:流动过程特征分析 [J]. 人口与发展, 2013, 19 (3): 2-13.

[185] 杨菊华,张娇娇. 人力资本与流动人口的社会融入 [J]. 人口研究, 2016, 40 (4): 3-20.

[186] 杨菊华. 从隔离、选择融入融合:流动人口社会融入问题的理论思考 [J]. 人口研究, 2009, 33 (1): 17-29.

[187] 杨菊华. 对新生代流动人口的认识误区 [J]. 人口研究, 2010, 34 (2): 44-53.

[188] 杨菊华. 流动人口在流入地社会融入的指标体系:基于社会融入理论的进一步研究 [J]. 人口与经济, 2010 (2): 64-70.

[189] 杨菊华. 论社会融合 [J]. 江苏行政学院学报, 2016 (6): 64-72.

[190] 杨菊华. 中国流动人口的社会融入研究 [J]. 中国社会科学, 2015 (2): 61-79.

[191] 杨黎源. 外来人群社会融合进程中的八大问题探讨:基于对宁波市1 053位居民社会调查的分析 [J]. 宁波大学学报 (人文科学版), 2007 (6): 65-70.

[192] 杨巧,李仙. 家庭禀赋、住房选择与农民工迁移意愿 [J]. 山西农业大学学报 (社会科学版), 2019, 18 (1): 62-70.

[193] 杨田. 居住区户外交往空间与邻里关系的思考 [J]. 南京艺术学院学报 (美术与设计版), 2010 (2): 145-149.

[194] 杨绪松,靳小怡,肖群鹰,等. 农民工社会支持与社会融合的现状及政策研究:以深圳市为例 [J]. 中国软科学, 2006 (12): 18-26.

[195] 杨瑛. 借鉴德国经验加快建设以公租房为主的住房保障体系 [J]. 城市发展研究, 2014, 21 (2): 77-82.

[196] 姚嘉玉. 城市居民住房选择行为交互关系研究 [D]. 哈尔滨:哈尔滨工业大学, 2016.

[197] 姚先国,俞玲. 农民工职业分层与人力资本约束 [J]. 浙江大学学报 (人文社会科学版), 2006 (5): 16-22.

[198] 姚星亮,黄盈盈,潘绥铭. 国外污名理论研究综述 [J]. 国外社会科学, 2014 (3): 119-133.

[199] 叶裕民,袁蕾. 转型期中国农民工住房与规划政策研究 [J].

城市与区域规划研究，2009，2（2）：29-47.

[200] 叶裕民，张理政，孙玥，等. 破解城中村更新和新市民住房"孪生难题"的联动机制研究：以广州市为例 [J]. 中国人民大学学报，2020，34（2）：14-28.

[201] 叶裕民. 大城市租赁住房的第三支柱：村民租赁住房 [EB/OL]. （2021-11-01）[2023-05-07]. https://new.qq.com/omn/20211101/20211101A02ZOV00.html.

[202] 叶裕民. 特大城市包容性城中村改造理论架构与机制创新：来自北京和广州的考察与思考 [J]. 城市规划，2015，39（8）：9-23.

[203] 易成栋. 制度安排、社会排斥与城市常住人口的居住分异：以武汉市为例的实证研究 [J]. 南方人口，2004（3）：58-64.

[204] 易成栋. 中国城市家庭住房选择的时空变动和社会分化研究 [M]. 北京：北京大学出版社，2012.

[205] 虞晓芬，傅玳. 多指标综合评价方法综述 [J]. 统计与决策，2004（11）：119-121.

[206] 约翰·艾克豪夫. 德国住房政策 [M]. 毕宇珠，丁宇，译. 北京：中国建筑工业出版社，2012.

[207] 悦中山，杜海峰，李树苗，等. 当代西方社会融合研究的概念、理论及应用 [J]. 公共管理学报，2009，6（2）：114-121.

[208] 悦中山，李树苗，费尔德曼. 农民工社会融合的概念建构与实证分析 [J]. 当代经济科学，2012，34（1）：1-11.

[209] 张晨. 城市化进程中的"过渡型社区"：空间生成、结构属性与演进前景 [J]. 苏州大学学报（哲学社会科学版），2011，32（6）：74-79.

[210] 张辉. 保障性租赁房政策对青年新市民群体的影响 [J]. 人民论坛，2021（26）：83-86.

[211] 张江涛. 农民工住房问题研究 [D]. 西安：西安建筑科技大学，2009.

[212] 张立媛. 农民工住房获得与社会融合：基于CGSS2015调查数据 [J]. 萍乡学院学报，2018，35（5）：49-54.

[213] 张清勇. 中国住房保障百年：回顾与展望 [J]. 财贸经济，2014（4）：116-124.

[214] 张庆武，卢晖临，李雪红. 流动人口新生代社会融入状况的实

证研究：基于北京市的问卷调查分析 [J]. 中国青年研究，2015 (7)：61-67.

[215] 张婷，张启瑞. 新生代农民工居住形态与城市融入：基于城市社会学视角 [J]. 建筑与文化，2015 (10)：171-173.

[216] 张文宏，雷开春. 城市新移民社会融合的结构、现状与影响因素分析 [J]. 社会学研究，2008 (5)：117-141.

[217] 张祎娴，张伟. 二战后法国社会住房发展历程及启示 (一) [J]. 城市规划通讯，2017 (10)：17.

[218] 张子珩. 中国流动人口居住问题研究 [J]. 人口学刊，2005 (2)：16-20.

[219] 赵延东，罗家德. 如何测量社会资本：一个经验研究综述 [J]. 国外社会科学，2005 (2)：18-24.

[220] 赵延东，王奋宇. 城乡流动人口的经济地位获得及决定因素 [J]. 中国人口科学，2002 (4)：10-17.

[221] 赵延东. 再就业中的社会资本：效用与局限 [J]. 社会学研究，2002 (4)：43-54.

[222] 郑思齐，曹洋. 农民工的住房问题：从经济增长与社会融合角度的研究 [J]. 广东社会科学，2009 (5)：34-41.

[223] 郑思齐，廖俊平，任荣荣，等. 农民工住房政策与经济增长 [J]. 经济研究，2011，46 (2)：73-86.

[224] 周晨虹. 城中村居民的"城市融入"：基于社区社会资本的类型分析 [J]. 农林经济管理学报，2015，14 (5)：531-537.

[225] 周皓. 流动人口社会融合的测量及理论思考 [J]. 人口研究，2012，36 (3)：27-37.

[226] 周敏，林闽钢. 族裔资本与美国华人移民社区的转型 [J]. 社会学研究，2004 (3)：36-46.

[227] 朱静. 社会结构中流动人口的阶层地位分析 [J]. 中州学刊，2010 (5)：118-122.

[228] 朱磊. 走出困境：共同体再造与价值重构：对新生代农民工居住状况的分析 [J]. 学习与实践，2013 (11)：103-108.

[229] 朱力. 论农民工阶层的城市适应 [J]. 江海学刊，2002 (6)：82-88.

［230］朱祥波，谭术魁，王斯亮，等. 城市流动人口的住房选择：事实与解释［J］. 南方人口，2015，30（3）：35-44.

［231］祝仲坤，冷晨昕. 中国进城农民工的居住状况与主观幸福感：基于流动人口动态监测数据的实证分析［J］. 劳动经济研究，2017，5（2）：56-79.

［232］祝仲坤，冷晨昕. 住房状况、社会地位与农民工的城市身份认同：基于社会融合调查数据的实证分析［J］. 中国农村观察，2018（1）：96-110.

［233］邹静，陈杰，王洪卫. 社会融合如何影响流动人口的居住选择：基于2014年全国流动人口监测数据的研究［J］. 上海财经大学学报，2017，19（5）：64-79.

［234］ALBA R D, LOGAN J R. Assimilation and stratification in the homeownership patterns of racial and ethnic groups［J］. International Migration Review, 1992, 26（4）：1314-1341.

［235］ALBA R, NEE V. Rethinking assimilation theory for a new era of immigration［M］. London; New York：Routledge, 2014.

［236］ALESINA A, LA F E. Participation in heterogeneous communities［J］. The Quarterly Journal of Economics, 2000, 115（3）：847-904.

［237］ALESINA A, LA F E. Who trusts others?［J］. Journal of Public Economics, 2002, 85（2）：207-234.

［238］ALLEN C, TENURE M, CAMINA M, et al. Mixed tenure, twenty years on：nothing out of the ordinary［J］. Joseph Rowntree Foundation, 2005（7）：35-38.

［239］ALWIN F, CONERSE P E, MARTIN S S. Living arrangements and social integration［J］. Journal of Marriage and the Family, 1985, 47（2）：319-334.

［240］BARRY B. Social exclusion, Social isolation, and the distribution of income［J］. Understanding Social Exclusion, 2002（7）：13.

［241］BECKER G S. Investment in human capital：a theoretical analysis［J］. Journal of Political Economy, 1962, 70（2）：9-49.

［242］BLAU P M, DUNCAN O D. The American occupational structure［M］. New York：Wiley, 1967.

[243] BLOOM N D. Learning from New York: America's alternative high-rise public housing model [J]. Journal of the American Planning Association, 2012, 78 (4): 418-431.

[244] BOLLEN K A, HOYLE R H. Perceived cohesion: a conceptual and empirical examination [J]. Social Forces, 1990, 69 (2): 479-504.

[245] BOLT G, PHILLIPS D, VAN KEMPEN R. Housing policy, (de) segregation and social mixing: an international perspective [J]. Housing Studies, 2010, 25 (2): 129-135.

[246] BOLT G, VAN K R, VAN W J. After urban restructuring: relocations and segregation in Dutch cities [J]. Tijdschrift Voor Economische En Sociale Geografie, 2009, 100 (4): 502-518.

[247] BOLT G, VAV K R. Ethnic segregation and residential mobility: relocations of minority ethnic groups in the Netherlands [J]. Journal of Ethnic and Migration Studies, 2010, 36 (2): 333-354.

[248] BROWN L A, MOORE E G. The intra-urban migration process: a perspective [J]. Geografiska Annaler: Series B, Human Geography, 1970, 52 (1): 1-13.

[249] BURCHARDT T, LE G J, PIACHAUD D. Social exclusion in Britain 1991—1995 [J]. Social Policy and Administration, 1999, 33 (3): 227-244.

[250] BURROWS R. How the other half lives: an exploratory analysis of the relationship between poverty and home-ownership in Britain [J]. Urban Studies, 2003, 40 (7): 1223-1242.

[251] BURT R. Structural holes: the social structure of competition [M]. Cambridge: Harvard University Press, 1992.

[252] CAMERON S, FIELD A. Community, ethnicity and neighbourhood [J]. Housing Studies, 2000, 15 (6): 827-843.

[253] CHEKKI D A. Inheriting the city: the children of immigrants come of age [J]. Choice Reviews Online, 2008, 46 (4): 786-787.

[254] CHEN X, STANTON B, KALJEE L M, et al. Social stigma, social capital reconstruction and rural migrants in urban China: a population health perspective [J]. Human Organization, 2011, 70 (1): 22.

[255] CHEN Y, WANG J . Social integration of new-generation migrants in Shanghai China [J]. Habitat International, 2015, 49: 419-425.

[256] CLARK W A V, DEURLOO M C, DIELEMAN F M. Entry to home-ownership in Germany: some comparisons with the United States [J]. Urban Studies, 1997, 34 (1): 7-19.

[257] CLARK W A V. Residential segregation in American cities: a review and interpretation [J]. Population Research and Policy Review, 1986, 5 (2): 95-127.

[258] COLEMAN J S. Social capital in the creation of human capital [J]. American Journal of Sociology, 1988, 94 (1): 95-120.

[259] CONSTANT A F, ROBERTS R, ZIMMERMANN K F. Ethnic identity and immigrant homeownership [J]. Urban Studies, 2009, 46 (9): 1879-1898.

[260] CROOK T, MONK S. Planning gains, providing homes [J]. Housing Studies, 2011, 26 (7): 997-1018.

[261] CZASNY K. On the concept of social cohesion [J]. Project SRZ Urban and Regional Research Initiative, 2002 (8): 13-14.

[262] DAVID L. The blackcoated worker: a study in class consciousness [M]. Aylesbury, Bucks, Great Britain: Hazell Watson and Viney Ltd, 1958.

[263] DORR S, FAIST T. Institutional conditions for the integration of immigrants in welfare states: a comparison of the literature on Germany, France, Great Britain, and the Netherlands [J]. European Journal of Political Research, 1997, 31 (4): 401-426.

[264] EDWARDS C. Joined - up places? Social cohesion and neighbourhood regeneration [J]. Scottish Geographical Journal, 1999, 115 (4): 330-332.

[265] FRIEDRICHS J, GALSTER G, MUSTERD S. Neighbourhood effects on social opportunities: the European and American research and policy context [J]. Housing Studies, 2003, 18 (6): 797-806.

[266] FUKUYAMA F. Trust: the social virtues and the creation of prosperity [J]. Orbis, 1996, 40 (2): 333.

[267] GALSTER G C. Residential segregation and interracial economic

disparities: a simultaneous - equations approach [J]. Journal of Urban Economics, 1987, 21 (1): 22-44.

[268] GIDDENS A, DUNEIER M, APPELBAUM R P, et al. Introduction to sociology [M]. New York: Norton, 1991.

[269] GOERING J M, FEINS J D. Choosing a better life? Evaluating the moving to opportunity social experiment [M]. Washington D.C.: The Urban Insitute, 2003.

[270] GOLDLUST J, RICHMOND A H. A multivariate model of immigrant adaptation [J]. International Migration Review, 1974, 8 (2): 193-225.

[271] GOODCHILD B, COLE I. Social balance and mixed neighbourhoods in Britain since 1979: a review of discourse and practice in social housing [J]. Environment and Planning D: Society and Space, 2001, 19 (1): 103-121.

[272] GORDON M M . America as a multicultural society ‖ Models of pluralism: the new American dilemma [J]. Annals of the American Academy of Political and Social Science, 1981, 454: 178-188.

[273] GORDON M M. Assimilation in american life: the role of race, religion, and national origins [M]. New York: Oxford Universsity Press, 1964.

[274] GRANOVETTER M. The strength of weak ties [J]. American Journal of Sociology, 1973, 78 (6): 1360-1380.

[275] GRANOVETTER M. Getting a Job: a study of contacts and careers [M]. Chicago: University of Chicago Press, 1995.

[276] GROOTAERT, CHRISTIAAN, THIERRY V B. Understanding and measuring social capital: a multi-disciplinary tool for practitioners [M]. The World Bank, 2002.

[277] GUEST A M, WIERZBICKI S K. Social ties at the neighborhood level: two decades of GSS evidence [J]. Urban Affairs Review, 1999, 35 (1): 92-111.

[278] HAGGERTY L J. Differential social contact in urban neighborhoods: environmental vs. sociodemographic explanations [J]. The Sociological Quarterly, 1982, 23 (3): 359-372.

[279] HASAN, S. The mechanics of social capital and academic performance in an Indian college [J]. American Sociological Review, 2013, 78 (6):

1009-1032.

[280] HENDERSON J, KARN V. Race, class and the allocation of public housing in Britain [J]. Urban Studies, 1984, 21 (2): 115-128.

[281] HENDERSON P. Including the excluded: from practice to policy in European community development [M]. Bristol: Policy Press, 2005: 201-207.

[282] HERBERT D T. Urban deprivation: definition, measurement and spatial qualities [J]. Geographical Journal, 1975 (5): 362-372.

[283] HIGHAM J. Strangers in the land: patterns of American nativism, 1860—1925 [M]. New Brunswick: Rutgers University Press, 2002.

[284] HULSE K, BURKE T M. Social exclusion and the private rental sector: the experiences of three market liberal countries [J]. Swinburne Institute for Social Research, 2001, 45 (6): 47-51.

[285] JESSOP B. Liberalism, neoliberalism, and urban governance: a state-theoretical perspective [J]. Antipode, 2002, 34 (3): 452-472.

[286] JUNGER T J. Ethnic minorities, social integration and crime [J]. European Journal on Criminal Policy and Research, 2001, 9 (1): 5-29.

[287] KALLEN H M, CHAPMAN S H. Cultural pluralism and the American idea: an essay in social philosophy [M]. Philadephia: University of Pennsylvania Press, 1956.

[288] KAVANAUGH A L, REESE D D, CARROLL J M, et al. Weak ties in networked communities [J]. The Information Society, 2005, 21 (2): 119-131.

[289] KEARNS A, PARKES A. Living in and leaving poor neighbourhood conditions in England [J]. Housing Studies, 2003, 18 (6): 827-851.

[290] KEUNG WONG D F, LI C Y, Song H X. Rural migrant workers in urban China: living a marginalised life [J]. International Journal of Social Welfare, 2007, 16 (1): 32-40.

[291] KRISHNA A, UPHOFF N. Mapping and measuring social capital through assessment of collective action to conserve and develop watersheds in Rajasthan, India [J]. The Role of Social Capital in Development, 2002: 85-124.

[292] LANCEE B. The economic returns of bonding and bridging social

capital for immigrant men in Germany [J]. Ethnic and Racial Studies, 2012, 35 (4): 664-683.

[293] LANDECKER W S. Types of integration and their measurement [J]. American Journal of Sociology, 1951, 56 (4): 332-340.

[294] LEE P, MURIE A. Poverty, housing tenure and social exclusion [M]. Bristol: Policy Press, 1997.

[295] LENOIR R. Les exclus: un Français sur dix [M]. Editions du Seuil, 1974.

[296] LESSER, E L. Knowledge and social capital: foundations and applications [M]. London; New York: Routledge, 2000.

[297] LEVITAS R. The inclusive society? Social exclusion and New Labour [M]. Berlin: Springer, 2005.

[298] LEWIS O. Five families: mexican case studies in the culture of poverty, by Lewis Oscar, with a foreword by Oliver La Farge [M]. New York: Basic Books, 1959.

[299] LI B. Floating population or urban citizens? Status, social provision and circumstances of rural-urban migrants in China [J]. Social Policy Administration, 2006, 40 (2): 174-195.

[300] LI Z, WU F. Residential satisfaction in China's informal settlements: a case study of Beijing, Shanghai, and Guangzhou [J]. Urban Geography, 2013, 34 (7): 923-949.

[301] LIN N. Social capital: a theory of social structure and action [M]. Cambridge: Cambridge University Press, 2001.

[302] LIU C Y, CHEN J, LI H. Linking migrant enclave residence to employment in urban China: the case of Shanghai [J]. Journal of Urban Affairs, 2019, 41 (2): 189-205.

[303] LIU T, WANG J. Bringing city size in understanding the permanent settlement intention of rural-urban migrants in China [J]. Population, Space and Place, 2020, 26 (4): 2295.

[304] LIU Z, WANG Y, CHEN S. Does formal housing encourage settlement intention of rural migrants in Chinese cities? A structural equation model analysis [J]. Urban Studies, 2017, 54 (8): 1834-1850.

[305] LOGAN J R, BIAN Y, BIAN F. Housing inequality in urban China in the 1990s [J]. International Journal of Urban and Regional Research, 1999, 23 (1): 7-25.

[306] MALPASS P. Housing policy and practice [M]. Oxford: Macmillan International Higher Education, 1999.

[307] MANSKI C F. Identification problems in the social sciences [M]. Boston: Harvard University Press, 1995.

[308] MASSEY D S, BITTERMAN B. Explaining the paradox of Puerto Rican segregation [J]. Social Forces, 1985, 64 (2): 306-331.

[309] MASSEY D S, DENTON N A. Trends in the residential segregation of Blacks, Hispanics, and Asians: 1970—1980 [J]. American sociological review, 1987 (8): 802-825.

[310] MASSEY D, DENTON N A. American apartheid: Segregation and the making of the underclass [M]. Boston: Harvard University Press, 1993.

[311] MOULAERT F, SWYNGEDOUW E, RODRIGUEZ A. Large scale urban development projects and local governance: from democratic urban planning to besieged local governance [J]. Geographische Zeitschrift, 2001 (7): 71-84.

[312] MUSTERD S, ANDERSSON R. Housing mix, social mix, and social opportunities [J]. Urban Affairs Review, 2005, 40 (6): 761-790.

[313] MUSTERD S. Response: mixed housing policy: a European (Dutch) perspective [J]. Housing Studies, 2002, 17 (1): 139-143.

[314] MYERS D, GAO X, EMEKA A. The gradient of immigrant age-at-arrival effects on socioeconomic outcomes in the US [J]. International Migration Review, 2009, 43 (1): 205-229.

[315] NG S H, KAM P K, PONG R W M. People living in ageing buildings: Their quality of life and sense of belonging [J]. Journal of Environmental Psychology, 2005, 25 (3): 347-360.

[316] OSTROM E, AHN T K. The meaning of social capital and its link to collective action [J]. Handbook of Social Capital: The Troika of Sociology, Political Science and Economics, 2009: 17-35.

[317] PARK R E, BURGESS E W. Introduction to the Science of Society

[M]. Chicago: University of Chicago Press, 1921.

[318] PAWSON H, KINTREA K. Part of the problem or part of the solution? Social housing allocation policies and social exclusion in Britain [J]. Journal of Social Policy, 2002, 31 (4): 643-667.

[319] PENNINX R. Integration of migrants: economic, social, cultural and political dimensions [J]. The New Demographic Regime: Population Challenges and Policy Responses, 2005, 5 (2): 137-152.

[320] PERCY-SMITH J. Policy responses to social exclusion: towards inclusion? [M]. UK: Mcgraw-Hill Education, 2000.

[321] PETER S. Social exclusion and housing: context and challenges [J]. Housing Studies, 2000, 15 (6): 929-932.

[322] POPKIN S J, LEVY D K, Buron L. Has HOPE Ⅵ transformed residents' lives? New evidence from the HOPE Ⅵ panel study [J]. Housing Studies, 2009, 24 (4): 477-502.

[323] PORTES A, PARKER R N, COBAS J A. Assimilation or consciousness: Perceptions of US society among recent Latin American immigrants to the United States [J]. Social Forces, 1980, 59 (1): 200-224.

[324] PORTES A, RUMBAUT R G. Legacies: the story of the immigrant second generation [M]. University of California Press, 2001: 115-118.

[325] PORTES A, ZHOU M. The new second generation: segmented assimilation and its variants [J]. The Annals of the American Academy of Political and Social Science, 1993, 530 (1): 74-96.

[326] PORTES A. Social capital: its origins and applications in modern sociology [J]. Review of Sociology, 1998, 24 (1): 1-24.

[327] POW C P. Neoliberalism and the aestheticization of new middle-class landscapes [J]. Antipode, 2009, 41 (2): 371-390.

[328] PRED A. Somebody else, somewhere else: racisms, racialized spaces and the popular geographical imagination in Sweden [J]. Antipode, 1997, 29 (4): 383-416.

[329] PUTNAM R D, LEONARDI R, NANETTI R Y. Making democracy work: civic traditions in modern Italy [M]. NJ: Princeton University Press, 1993.

[330] RHODES D. Hitting the target? Area disadvantage, social exclusion and the geography of misery in England' [J]. Social Exclusion and Housing, 2000 (2): 68-75.

[331] RICHARDSON L, LE G J. Outsider and insider expertise: the response of residents of deprived neighbourhoods to an academic definition of social exclusion [J]. Social Policy & Administration, 2002, 36 (5): 496-515.

[332] ROSE D, PEVALIN D J. A researcher's guide to the national statistics socio-economic classification [M]. London: Sage, 2002.

[333] SAMPSON R J, MORENOFF J D, GANNON-ROWLEY T. Assessing "neighborhood effects": social processes and new directions in research [J]. Annual Review of Sociology, 2002, 28 (1): 443-478.

[334] SANDERG N C. Ethnic Identity and Assimilation: the polish - American community [M]. New York: Praeger Publishers, 1974.

[335] SCHELLING T C. Dynamic models of segregation [J]. Journal of Mathematical Sociology, 1971, 1 (2): 143-186.

[336] SCHULTZ T W. Investment in human capital [J]. The American Economic Review, 1961 (2): 1-17.

[337] SHENG M, GU C, WU W. To move or to stay in a migrant enclave in Beijing: The role of neighborhood social bonds [J]. Journal of Urban Affairs, 2019, 41 (3): 338-353.

[338] TALEN E. Sense of community and neighbourhood form: an assessment of the social doctrine of new urbanism [J]. Urban Studies, 1999, 36 (8): 1361-1379.

[339] TOWNSEND P. Deprivation [J]. Journal of Social Policy, 1987, 16 (2): 125-146.

[340] TURNER, RALPH H. Race, community and conflict: a study of Sparkbrook [J]. American Journal of Sociology, 1968, 73 (4): 529-530.

[341] UPHOFF N. Understanding social capital: learning from the analysis and experience of participation [J]. Social Capital: A Multifaceted Perspective, 2000 (4): 215-249.

[342] VEIT-WILSON J. Setting adequacy standards: how governments define minimum incomes [M]. Bristol: Policy Press, 1998.

[343] VERMEULEN H, PENNINX R, VAN H. Het democratisch ongeduld: de emancipatie en integratie van zes doelgroepen van het minderheden-beleid [M]. Het Spinhuis, 1995.

[344] WALKER A, CAROL W. Britain divided: the growth of social exclusion in the 1980s and 1990s [M]. London: Cpag, 1997.

[345] WANG Z, ZHANG F, WU F. Intergroup neighbouring in urban China: implications for the social integration of migrants [J]. Urban Studies, 2016, 53 (4): 651-668.

[346] WHITE M J. American neighborhoods and residential differentiation [M]. New York: The Russell Sage Foundation, 1988.

[347] WOOD M. A balancing act? Tenure diversification in Australia and the UK [J]. Urban Policy and Research, 2003, 21 (1): 45-56.

[348] ZHENG S, SONG Z, SUN W. Do affordable housing programs facilitate migrants' social integration in Chinese cities? [J]. Cities, 2020, 96: 102449.

[349] ZHOU M, BANKSTON C L. Social capital and the adaptation of the second generation: the case of vietnamese youth in New Orleans [J]. International Migration Review, 1994, 28 (4): 821-845.

[350] ZHOU X. Economic transformation and income inequality in urban China: evidence from panel data [J]. American Journal of Sociology, 2000, 105 (4): 1135-1174.

[351] ZOU J, CHEN Y, CHEN J. The complex relationship between neighbourhood types and migrants' socio-economic integration: the case of urban China [J]. Journal of Housing and the Built Environment, 2019 (12): 1-28.